Georg Hasenöhrl

Programmentwicklung

mit C#.NET und SQL Server

1. Auflage

Bestellnummer 01166

Bildungsverlag EINS

Haben Sie Anregungen oder Kritikpunkte zu diesem Produkt?
Dann senden Sie eine E-Mail an 01166_001@bv-1.de
Autoren und Verlag freuen sich auf Ihre Rückmeldung.

www.bildungsverlag1.de

Bildungsverlag EINS GmbH
Hansestraße 115, 51149 Köln

ISBN 978-3-427-01166-8

Vorwort

Die objektorientierte Programmierung (OOP) hat in der modernen Softwareentwicklung einen großen Anteil, da durch sie – richtig angewandt – wieder verwendbare, modulare und wartbare Programme entwickelt werden können. C#.NET ist eine der großen objektorientierten Programmiersprachen, die in der Praxis von der Softwareindustrie in vielen Anwendungsbereichen eingesetzt wird.

Das Lehrbuch „Programmentwicklung mit C#.NET und SQL Server" aus der Reihe IT-Berufe möchte Sie mit folgenden Themen in die Grundlagen von C#.NET einführen:

- Kontrollstrukturen
- Grundlagen objektorientierte Programmierung
- Windows-Anwendungen
- Datenbank-Anwendungen

Eine moderne Software besteht meistens aus mehreren Bausteinen bzw. Technologien wie Datenbanken und Windows-Anwendungen. Daher verwendet dieses Lehrbuch ein möglichst durchgängiges, praxisorientiertes Beispiel in Form einer Hotelsoftware, damit der Fachinformatiker das Zusammenspiel der einzelnen Technologien kennenlernt und so für die Praxis möglichst gut vorbereitet wird. Auch wenn im Buch teilweise von der Visual Studio Version 2010 die Rede ist, sollten Beispiele/Beschreibung auch für neuere Visual Studio Versionen funktionieren.

Zusätzlich zu diesem Lehrbuch finden Sie weiterführende Themen im Internet auf den Seiten des Verlags www.bildungsverlag1.de unter BuchPlusWeb. Dieses Angebot wird laufend erweitert, es lohnt sich also, öfters reinzuschauen.

Ziel ist es, den Lernenden auf die Praxis vorzubereiten. Aus didaktischen und Platzgründen sind im Buch die Beispiele teilweise sehr vereinfacht, oder es wurde auf den optimalen Lösungsweg zwecks Demonstration der Technologie verzichtet.

Der Autor
Georg Hasenöhrl
email@georg-hasenoehrl.at

Inhaltsverzeichnis

4   Grundlagen der objektorientierten Programmierung

5   Fehlersuche und Fehlerbehandlung

6   Grundlegende .NET-Klassen

7   Erstellen von Windows-Anwendungen

8   Weitere Möglichkeiten in C#

9   Grundlagen und Entwurf von Datenbanken

10   Standard Query Language (SQL)

11   Erstellen von Datenbankprogrammen

1010101010101010101010101010101010101010100101010101010010101010100101010101010
100101010101010101010101010101010101010101010101010101010101010101010101010100101
010101C
100101C
001001
0111001

1 Einführung

Dieses Kapitel gibt einen kurzen Überblick darüber, mit welchen Prozessen ein Programmierer in der Praxis konfrontiert ist und welche Prozesse wichtig und notwendig sind, um ein professionelles Programm zu implementieren.

1.1 Einführung in die Programmentwicklung

Öffnen Sie ein beliebiges Computerprogramm, beispielsweise Solitär. Um das Spiel zu gewinnen, müssen Sie die Karten von den Anfangsstapeln in der richtigen Reihenfolge auf die Zielstapel bringen. Karten können per Doppelklick aufgedeckt werden und per Ziehen zwischen den Stapeln hin- und herbewegt werden. Um eine Karte aufzudecken, muss der Computer eine Vielzahl von Anweisungen (Befehle) durchführen. Sehr vereinfacht dargestellt passiert beispielsweise folgendes: Wenn der Mauszeiger auf einem Zielstapel ist und ein Doppelklick passiert, wird geprüft, ob noch Karten vorhanden sind. Falls Karten vorhanden sind, wird die verdeckte Karte (z. B. Karo 4) aufgedeckt und am Monitor neu gezeichnet.

Wie glauben Sie, ist dieses Computerprogramm entstanden? Hat sich hier ein Programmierer einfach vor den Computer gesetzt und ohne Plan das Programm geschrieben? In den Anfängen der Programmierung wurde tatsächlich so gearbeitet. Diese Vorgehensweise scheiterte jedoch sehr schnell, da ein Programm aufgrund der Komplexität sehr unübersichtlich werden kann. Die Unübersichtlichkeit erschwert die Wartung (Support) und Erweiterung (Hinzufügen neuer Features) eines Programms erheblich. Um die Übersichtlichkeit eines Programms zu ermöglichen und ein Softwareprojekt strukturiert umsetzen zu können, sind folgende Prozesse und Themenbereiche wichtig:

* Projektmanagement
* Softwareentwicklung
* Vorgehensmodelle
* Strukturierte und objektorientierte Programmierung
* Dokumentation
* Supportmanagement

Beispiel

Sie arbeiten als Programmierer für ein IT-Unternehmen, das unter anderem Hotelsoftware für Hotelbetriebe herstellt. Das Unternehmen besteht aus einem Geschäftsführer, einer Vertriebs- und einer IT-Abteilung. Im IT-Bereich arbeiten ein Projektleiter und vier Programmierer. Der IT-Bereich betreut sowohl die Standardsoftware, die Individualentwicklungen als auch den Support.

Die Hotelsoftware ist seit vielen Jahren erfolgreich am Markt und wurde in VB6 Technologie (VB6 = Visual Basic 6) entwickelt. Diese Software besteht aus mehreren Bausteinen, wie einem Angebot-, einem Reservierung- und einem Rechnungsmodul.

Immer mehr Kunden fordern eine Reservierungsmöglichkeit per Internet oder Reservie-
rung- bzw. Angebotsmöglichkeiten von Mietautos und anderen Dienstleistungen.

1.2 Einführung in das Projektmanagement

Die Firma hat beschlossen, diese Änderungen umzusetzen, damit einerseits die Wünsche
der Kunden erfüllt werden und andererseits das Produkt konkurrenzfähig bleibt. Damit
dieses Vorhaben gelingt, ist eine gute Projektorganisation bzw. Projektmanagement notwendig. Dabei wird im Projektmanagement zwischen folgenden Phasen unterschieden:

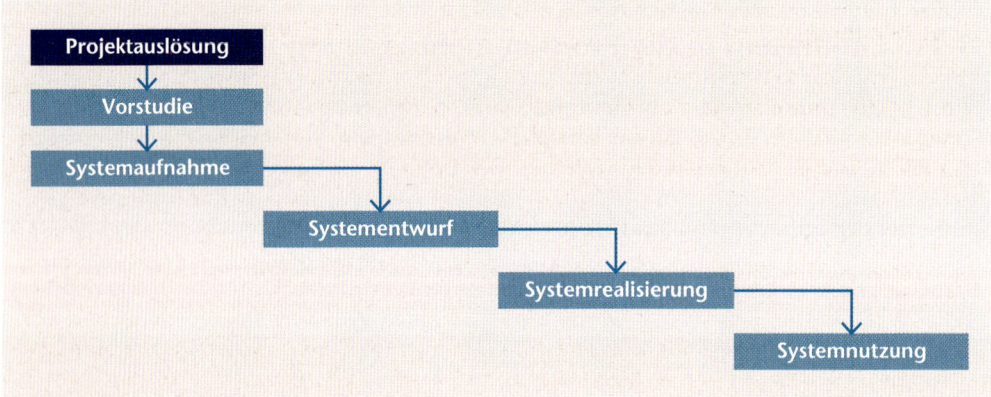

Phasen im Projektmanagement

Projektauslöser

Die Auslöser für dieses konkrete Projekt sind:

* Kundenwünsche
* Konkurrenzdruck

Vorstudie

In einer Vorstudie wird die Projektidee nach verschiedenen Gesichtspunkten untersucht.
Beispielsweise wird das Problem analysiert, die Kosten dem Nutzen gegenübergestellt
oder der Zeit- und Personalbedarf geprüft.

Nach einer Analyse des Source Codes wurde festgestellt, dass diese Erweiterungswünsche
aufgrund des unübersichtlichen Quelltextes (Spaghetti-Code) sehr hohe Kosten verursa-
chen würde. Daher wird überlegt, die Software auf .NET (ausgesprochen: DotNet)
umzustellen.

Projektantrag

Ist die Vorstudie abgeschlossen, wird ein Projektantrag gestellt, der beispielsweise folgende Punkte enthält (Auszug der wichtigsten Punkte):

* Ergebnisse der Vorstudie: Umstellung der Software auf .NET
* Projektziel: Anpassung oder Umstellung der Software an neue Marktgegebenheiten

- Projektbeschreibung: Erweiterung oder Umstellung der Hotelsoftware um Internet-buchungen und Reservierungsmöglichkeiten/Angebotserstellung von Mietautos und anderen Dienstleistungen
- Begründung: Kundenwünsche, Konkurrenzdruck, veralterte Technologie

Projektauftrag

Die Firma entschließt sich, den Projektantrag zu genehmigen, um konkurrenzfähig zu bleiben. Der Projektauftrag enthält ähnlich wie der Projektantrag verschiedene Punkte, damit das Projekt gestartet werden kann. Beispielsweise enthält der Projektauftrag folgende Punkte: Projektname, Projektziel, Projektbeschreibung, Start- und Endtermine, Ressourcen (Personal und Material), geplantes Budget.

Projektplanung

Nachdem der Projektauftrag von der Geschäftsführung unterzeichnet wurde, kann der Projektleiter mit der weiteren Planung beginnen. Unter anderem wird für die Projekt-planung der Projektstrukturplan verwendet, der auflistet, welche Punkte zu erledigen sind. Auf Grund der Größe des Projekts wird dieses Projekt noch zusätzlich in Teilpro-jekte zerlegt:

- Teilprojekt Angebotsmodul
- Teilprojekt Reservierungsmodul
- Teilprojekt Rechnungsmodul

Das Teilprojekt Angebotsmodul selbst wird in folgende Phasen unterteilt, um eine bes-sere Kontrolle bzw. Übersicht über das Teilprojekt zu erhalten:

- Analyse
- Machbarkeitsstudie
- Umsetzung
- Test

In Phase 2 wird zunächst eine Machbarkeitsstudie erstellt. Das Ergebnis der Machbarkeits-studie sind zwei Prototypen. Prototyp 1 enthält die Berechnungslogik für einen Unter-kunftsart als einfache Konsolenanwendung und Prototyp 2 wird so entworfen, dass jederzeit neue Unterkunftsarten hinzukommen können. Da noch kein Know-How über die neue Technologie vorhanden ist und eine Aufwandsabschätzung daher schwer möglich ist, sollen diese Prototypen eine Schätzungsgrundlage für die weiteren Phasen schaffen.

Im Kick-off-Meeting wurde beschlossen, dass Sie für Entwurf, Implementierung und Tests der Prototypen zuständig sind. Die Realisierung der Prototypen dient auch gleich-zeitig als Einschulung in die .NET Technologie.

1.3   Einführung in die Softwareentwicklung

Nachdem das Projekt gestartet wurde, kann noch nicht unmittelbar mit der Programmie-rung begonnen werden. Zuerst muss spezifiziert werden, was die Software können muss. Im Projektauftrag wurde zwar beschrieben, dass bestimmte Bausteine erweitert werden müssen, das ist jedoch für eine Implementierung viel zu ungenau. Um eine Software zu entwickeln, gibt es unterschiedliche Ansätze, die sogenannten Vorgehensmodelle. Die Phasen innerhalb der Softwareentwicklung sind abhängig vom Vorgehensmodell. Bekannte Vorgehensmodelle in der Softwareentwicklung sind Scrum, Extrem Programming oder das

V-Modell. Unabhängig vom Modell besteht die Softwareentwicklung im Wesentlichen aus folgenden Phasen (und wird je nach Modell anders benannt, besteht aus anderen Phasen, oder verwendet Rückkopplungsschleifen):

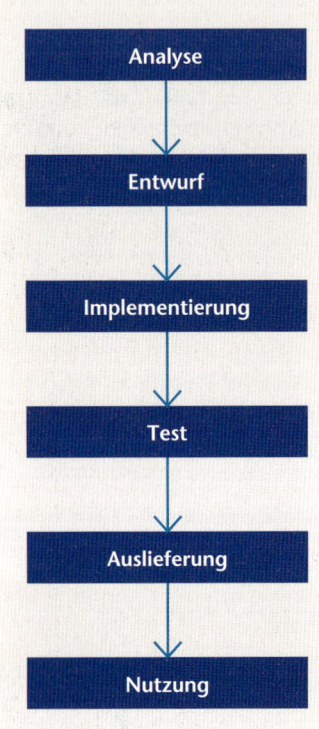

Phasen der Softwareentwicklung

In der Analysephase ist es wichtig, die zu entwickelnde Aufgabenstellung zu untersuchen und zu beschreiben. Für die Beschreibung und Darstellung stehen unterschiedliche Mittel, wie Interview, Fragebögen oder grafische Darstellungen wie Datenflussdiagramme zur Verfügung. Das Ergebnis der Analyse ist ein Pflichtenheft, das alle notwendigen Beschreibungen zur Software wie Funktionalitäten, Workflow und Datenfluss enthält.

Auch jetzt kann noch immer nicht mit der Implementierung begonnen werden. Um die Anforderungen in ein Computerprogramm umsetzen zu können, müssen diese zuerst modelliert werden. Wenn ein Autohersteller ein neues Kraftfahrzeug auf den Markt bringen möchte, werden von dem neuen Auto zuerst ein Modell und ein Konstruktionsplan angefertigt, damit alle Teile zusammenpassen. Erst mithilfe eines Konstruktionsplans kann ein Mechaniker/Roboter die Karosserie zusammenschweißen, oder ein Elektriker/Roboter die Verkabelung im Auto verlegen.

Ähnlich ist es in der Softwareentwicklung. Es muss zuerst auf Basis der Analyse ein Modell entwickelt werden, damit die Datenverarbeitung passt. Das Angebotsmodul unserer Hotelsoftware benötigt beispielsweise den Zimmerpreis, die Anzahl der Übernachtungen usw. Erst auf Basis dieser Daten kann eine Berechnungsfunktion den Preis für einen Gast errechnen. Dabei wird hier das EVA-Prinzip angewandt, welches ein Grundprinzip der Informatik ist: Eingabe (z. B. Anzahl Übernachtungen, Zimmerpreis), Verarbeitung (z. B. Gesamtpreis berechnen) und Ausgabe (z. B. Preis).

Um eine Software zu modellieren existieren folgende Modellierungsansätze:

- Funktionsorientierte Modellierung (strukturierte Programmierung)
- Datenorientierte Modellierung (Entwurf von Datenbanksystemen)
- Objektorientierte Modellierung (objektorientierte Programmierung)

Erst nachdem das Softwaremodell entworfen wurde, kann mit der Implementierung begonnen werden. Danach wird die Software getestet und ausgeliefert. Moderne Softwareentwicklungstechniken verwenden die testgetriebene Entwicklung. Hier werden zuerst Tests geschrieben und erst dann das Programm implementiert, um so eine gewisse Qualität zu ermöglichen.

1.4 Phasen der Programmentwicklung

Um ein lauffähiges Programm in .NET zu schreiben sind folgende Schritte notwendig, die im übernächsten Kapitel anhand eines kleinen Beispiels demonstriert wird.

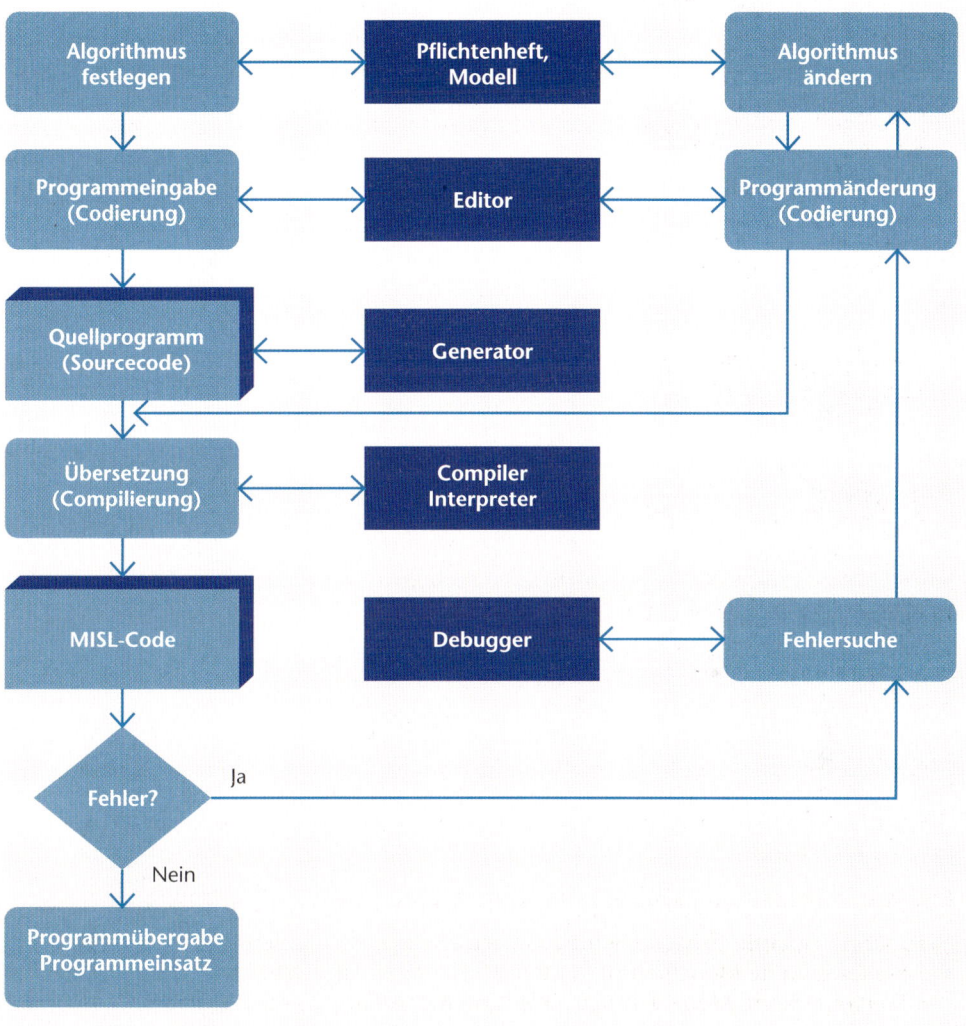

Phasen der Programmentwicklung

Nachdem der Algorithmus (der Lösungsweg) mit Hilfe des Pflichtenhefts und der Softwaremodellierung (Beispielsweise Struktogramm, UML Digramm) festgelegt wurde, kann der Code im Editor eingegeben werden.

Das Ergebnis der Programmeingabe ist ein Source Code, der nun vom Compiler übersetzt werden muss, damit ein Zwischencode (MISL) entsteht (dazu mehr im nächsten Kapitel). Erst zur Laufzeit wird der MISL Code in nativen Code übersetzt.

Tritt beim Testen ein Fehler auf, oder meldet der Kunde einen Fehler, dann muss der Fehler gesucht werden. Liegt der Fehler am Source Code (es gibt auch Situationen, in denen der Code nicht den Fehler verursacht), muss der Source Code geändert werden.

Änderungen am Source Code können Auswirkungen auf den Algorithmus haben. Beispielsweise kann eine Fehlermeldung beim Kunden solche Auswirkungen haben, dass der Algorithmus geändert werden muss, weil die Systemumgebung oder der Ablauf nicht vorgesehen war. Umgekehrt können auch Änderungen des Algorithmus eine Auswirkung auf den Source Code haben, wenn beispielsweise eine Berechnungsvorschrift geändert wird.

1.5 Einführung in .NET und C#

.NET ist eine objektorientierte, sprachunabhängige und plattformunabhängige Softwareumgebung zur Entwicklung und Ausführung von Programmen auf Desktop-Computern, im Web und auf Mobiltelefonen.

Zum Entwickeln von Programmen existierten vor der .NET-Technologie verschiedene Sprachen, wie C, C++, Visual Basic 6 usw. Beispielsweise kann ein Programm zum Zeichnen von einfachen Grafiken (Balkendiagramm, Liniendiagramm) in C++ geschrieben sein. Ein anderes Programm, das Aktienkurse darstellen soll und in Visual Basic 6 geschrieben ist, will auf die Zeichnungsfunktionen des Grafikprogramms zugreifen, um beispielsweise das Rad nicht neu erfinden zu müssen oder um Kosten für die Eigenentwicklung zu sparen. Der Aufruf von Code innerhalb der gleichen Sprache ist meistens einfach, hingegen ist der Aufruf von Code zwischen verschiedenen Sprachen mit einigen technischen Hürden verbunden.

.NET stellt verschiedene Sprachen wie C# (ausgesprochen: C Sharp), Visual Basic, J# (ausgesprochen: J Sharp) und andere zur Verfügung. Die Sprachunabhängigkeit ermöglicht es, dass ein Programm, das in C#.NET geschrieben ist, sehr einfach Funktionalitäten aus einem Programm verwenden kann, das in Visual Basic.NET geschrieben wurde. Zusätzlich gibt es durch die sogenannte Interoperationalität die Möglichkeiten, Funktionalitäten von nicht .NET-Programmen, die in C++ oder Visual Basic geschrieben wurden, zu verwenden.

Programme, die mit Visual C++ oder Visual Basic 6 geschrieben werden, laufen nur unter Windows. Die Portierung auf andere Betriebssysteme, wie Linux, ist sehr aufwendig, da viele Teile neu geschrieben werden müssen. Mit .NET ist es prinzipiell möglich, Programme plattformunabhängig umzusetzen. Praktisch existiert derzeit nur das Monoprojekt für Linux, allerdings nicht in vollem Umfang. Beispielsweise wird die Entwicklung von Webanwendungen nicht unterstützt.

Ein Computer kann nur Anweisungen ausführen, die als Maschinensprache im Speicher liegen. Höhere Sprachen, wie Visual C++ oder Visual Basic 6, sind für den Menschen besser lesbar und verständlich, aber nicht für den Computer. Daher muss ein Compiler den Programmcode in Maschinensprache übersetzen.

In .NET übersetzt der Compiler den Programmcode nicht direkt in Maschinencode, sondern in einen Intermediate Language Code. Das ist ein Zwischencode, der nicht direkt am Computer ausgeführt werden kann. Erst dieser Zwischencode ermöglicht eine sprach- und plattformunabhängige Programmierumgebung. Erst zur Laufzeit wird der Zwischencode in Maschinencode übersetzt.

1.6 Einführung in Visual Studio

Wenn Sie ein Programm entwickeln möchten, müssen Sie den Programmcode – also die Befehle – in einem Editor schreiben und diesen vom Compiler in einen Zwischencode übersetzen lassen. Den Programmcode könnten Sie theoretisch auch in einem gewöhnlichen Texteditor schreiben und den Compiler über Kommandozeile aufrufen.

Für die Programmentwicklung ist es jedoch bequemer, eine integrierte Entwicklungsumgebung (IDE: engl. Integrated Development Environment) zu verwenden. Die Entwicklungsumgebung von Microsoft für .NET heißt Visual Studio. Diese enthält bereits einen Editor für den Programmcode (Code-Editor), Compiler und andere nützliche Tools für ein angenehmes Programmierumfeld.

Microsoft bietet die kostenlose Version „Visual Studio Express Edition" an, die im Internet zum Download angeboten wird. In dieser Edition ist auch die Datenbank SQL Server inkludiert.

Mit der Express Edition können Sie folgende Programmarten implementieren:

- Windows-Forms-Anwendungen
- WPF-Anwendungen
- Konsolenanwendung
- Klassenbibliothek
- WPF-Browseranwendung

Nach Durcharbeiten dieses Fachbuchs können Sie folgende Programmarten implementieren:

- Konsolenanwendung
- Windows-Forms-Anwendungen
- Klassenbibliothek

Dieses Buch konzentriert sich auf die Grundlagen zur Erstellung von Windows-Anwendungen (Konsole und Windows Form), sowie auf die Erstellung von datenbankbasierenden Windows-Anwendungen mit SQL Server.

Der Texteditor, Paint oder Microsoft Word sind typische Beispiele von Windows-Forms-Anwendungen. Windows-Forms-Anwendungen (Dateiendung EXE) sind also Anwendungen mit einer grafischen Bedienungsoberfläche (GUI: engl. Graphical User Interface), die von einem Menschen bedient werden.

Der PING oder DIR Befehl, den man über die Eingabeaufforderung absetzen kann, sind typische Beispiele von Konsolenanwendungen. Konsolenanwendungen (Dateiendung EXE) haben eine textbasierte Bedienungsoberfläche. Sie werden in der Praxis für Programme verwendet, die ohne Benutzerbedienung auskommen sollen. Beispielsweise können damit Programme, wie automatische Datenimporte, auf einem Server von einem Schedule Task zu einer bestimmten Uhrzeit aufgerufen werden, ohne dass ein Mensch die Anwendung starten muss.

Die Klassenbibliothek (Dateiendung DLL) ist eine Sammlung von verschiedenen Objekten. Beispielsweise kann man eine Klassenbibliothek zum Zeichnen von Grafikobjekten oder für die Prognose des Wetters implementieren. Die Klassenbibliothek kann selbst nicht aufgerufen werden, sondern muss von einem aufrufbaren Programm (beispielsweise Windows-Anwendung oder Konsolenanwendung) verwendet werden. Klassenbibliotheken haben unter anderem den Vorteil, dass man Programmteile, die öfter benötigt werden, wie beispielsweise eine Klassenbibliothek zum Zeichnen von Grafikobjekten, sammeln und immer wieder in anderen Programmen verwenden kann.

1.7 Erstellen einer Konsolenanwendung

Arbeitsauftrag

Erstellen Sie eine Konsolenanwendung.

Auch wenn Konsolenanwendungen auf den ersten Blick nicht so spannend erscheinen mögen, sind sie auf jeden Fall ein guter Einstieg, um die grundlegenden Sprachelemente einer Sprache wie C# zu erlernen. Für einen professionellen Programmierer ist die Beherrschung der Grundlagen sehr wichtig, um später optimale und kreative Lösungen für einen Kunden ausarbeiten zu können.

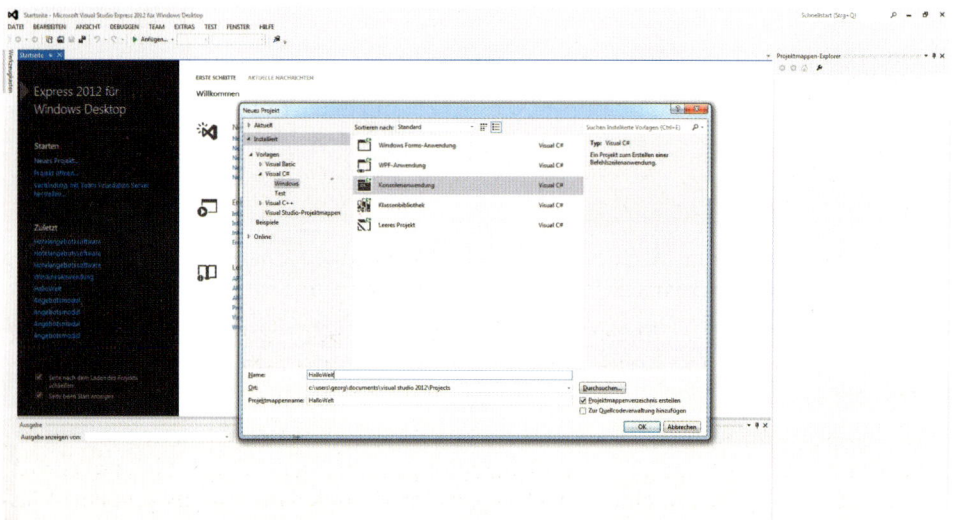

Visual Studio: Neues Projekt anlegen

Wir beginnen mit der Erstellung einer neuen Konsolenanwendung:

- Starten Sie die Visual Studio Express Edition.
- Visual Studio Express präsentiert sich nach dem Start mit einer Startseite.
- Klicken Sie auf dieser Startseite den Link „Neues Projekt ...“.

Im Dialog „Neues Projekt" werden alle installierten Vorlagen (Programmarten) aufgelistet.

- Wählen Sie den Projekttyp „Konsolenanwendung" aus der rechten Liste aus.
- Vergeben Sie einen Namen für das Projekt, beispielsweise „HalloWelt".
- Bestätigen Sie Ihre Eingaben mit „OK".

Visual Studio legt nun ein Projekt für Konsolenanwendung an und präsentiert die folgende Entwicklungsumgebung:

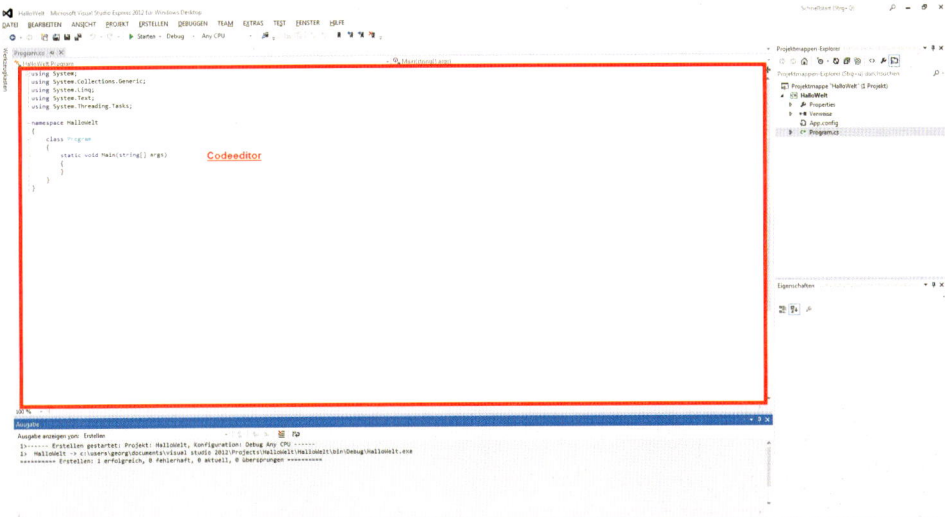

Visual Studio: Entwicklungsumgebung

Visual Studio ist ein sehr mächtiges Werkzeug, bitte lassen Sie sich daher nicht von der Vielzahl an Fenstern verwirren. Die wichtigsten Fenster sind:

- Der Code-Editor auf der linken Seite (Reiter mit der Beschriftung der jeweiligen Datei, hier: Program.cs). Im Code-Editor werden die Anweisungen für das Programm geschrieben.

- Der Projektmappen-Explorer auf der rechten Seite enthält alle Elemente, die für das Projekt notwendig sind. Eine Projektmappe kann ein oder mehrere Projekte enthalten. Beispielsweise kann eine Projektmappe eine Konsolenanwendung und eine Klassenbibliothek enthalten. In den ersten Kapiteln werden wir immer nur mit einem Projekt pro Projektmappe arbeiten. In diesem Beispiel hat die Projektmappe den gleichen Namen „Projektmappe HalloWelt" wie das Projekt selbst.

- Im Eigenschaftsfenster in der rechten, unteren Ecke werden die Eigenschaften des ausgewählten Projektelements angezeigt. Die Anzahl und Art der Eigenschaften hängt von der Art des Projektelements ab.

- Auch der beste Programmierer macht Fehler. Um die Fehler leichter zu finden, werden diese in der Fehlerliste im Fenster links unten angezeigt.

Im Projektmappen-Explorer ist unter anderem das Projektmappenelement Program.cs zu finden. Projektmappenelemente mit der Dateiendung CS enthalten Anweisungen (Code) in der Sprache C#. Program.cs wird standardmäßig von Visual Studio angelegt und auch im Code-Editor geöffnet. Sollte der Code im Code-Editor nicht sichtbar sein, genügt ein Doppelklick auf das Projektmappenelement Program.cs.

```csharp
using System;
using System.Collections.Generic;
using System.Linq;
using System.Text;

namespace HalloWelt
{
    class Program
    {
        static void Main(string[] args)
        {
        }
    }
}
```

Der Code in Programm.cs besteht aus folgenden Teilen:

- Optional: ein oder mehrere Using Direktiven
  Beispiel: using System;
- Ein Namespace
  Beispiel: Namespace HalloWelt
- Die Defintion der Klasse Programm
  Beispiel: class Programm
- Die Definition der Methode (Prozedur) main
  Beispiel: static void Main(string[] args)

Für eine erste Betrachtung genügt die Erläuterung der Methode main. Damit .NET die Anweisungen einer Konsolenanwendung ausführen kann, muss die .NET Common Language Runtime (Laufzeitumgebung) die erste Anweisung finden können. Daher muss jede Konsolenanwendung eine main-Methode besitzen, in der die erste Anweisung steht. Diese Methode ist also der Einstiegspunkt, an dem das Programm beginnt und endet.

Dies wird kurz an einem einfachen Beispiel demonstriert. Fügen Sie in Programm.cs folgenden Code hinzu. Die Anweisung Console. WriteLine schreibt einen beliebigen Text in die Konsole:

```csharp
static void main(string[] args)
{
    Console.WriteLine("Hallo Welt");
}
```

Bevor Sie den Programmcode ausführen können, müssen Sie das Projekt wie folgt speichern:

- Rufen Sie das Menü Datei\Speichern Alle auf.
- Geben Sie als Projektname „HalloWelt" ein.
- Als Speicherort können Sie ein beliebiges Verzeichnis auswählen. Beispielsweise unter „C:\Projekte\Hotelangebotssoftware"

Nun muss diese erste C#-Anwendung in Zwischencode wie folgt kompiliert werden, damit die .NET-Laufzeitumgebung sie ausführen kann:

- Rufen Sie das Menü Debuggen\Projektmappe erstellen auf oder drücken Sie die Funktionstaste F6.

- Bei erfolgreicher Kompilierung steht in der Statusleiste (ganz unten) die Meldung „Erstellen erfolgreich"

War das Kompilieren erfolgreich, kann die Anwendung wie folgt gestartet werden:

- Rufen Sie das „Menü Debuggen\Debuggen starten" auf oder drücken Sie die Funktionstaste F5.

Wenn Sie die Anwendung gestartet haben, werden Sie sich vermutlich wundern, warum das Konsolenfenster nur ganz kurz zu sehen ist. Die Anweisung Console.WriteLine sagt dem Computer nur, dass er den Text „Hallo Welt" ausgeben soll. Nachdem diese Anweisung ausgeführt ist, wird die Anwendung wieder beendet. Grund dafür ist, dass der Computer nicht die Anweisung hatte, solange zu warten, bis der Benutzer eine Taste gedrückt hat.

Soll die Ausgabe „Hallo Welt" sichtbar sein, muss der Befehl Console.ReadKey hinzugefügt werden, damit die Anwendung auf den Tastendruck des Benutzers wartet.

```
[1]         static void main(string[] args)
[2]         {
[3]             Console.WriteLine("Hallo Welt");
[4]             Console.ReadKey();
[5]         }
```

Kompilieren Sie wieder die Anwendung mit F6 und starten Sie die Anwendung mit F5. Nun sollte am Bildschirm die gewünschte Ausgabe stehen. Erst wenn Sie eine beliebige Taste drücken, wird die Anwendung beendet.

Gratulation: Damit haben Sie Ihre erste Anwendung in C# geschrieben!

Aufgaben

1. *Wie lauten die Phasen im Projektmanagement?*

2. *Wie lauten die Phasen in der Softwareentwicklung und warum sollte nicht gleich mit dem Programmieren losgelegt werden?*

3. *Warum ist es möglich in .NET mehrere Programmiersprachen anzubieten?*

Dieses Kapitel demonstriert das Grundprinzip der Datenverarbeitung: das EVA-Prinzip.

Hinweis: Folgende Anweisungen im Source Code der Auftragsarbeit werden ausgelassen:

- using Direktive
- namespace Direktive
- Klassendefiniton

Diese Anweisungen wurden einerseits aus Platzgründen ausgelassen, andererseits fügt Visual Studio diese Befehle automatisch ein und der Programmierer kann den Progamm-code aus den Beispielen direkt in die Main-Methode übernehmen.

2.1   Hauptauftrag

Der Projektleiter beauftragt Sie, ein Programm zu entwickeln, das ein Angebot für Hotel-übernachtungen erstellen soll.

Die Analyse des Hauptauftrages ergibt folgende notwendige Verarbeitungsschritte:

- Eingabe von
  - Anzahl der Personen
  - Aufenthaltsdauer

- Der Gesamtpreis wird wie folgt berechnet, wobei der Zimmerpreis 70 € pro Person und Nacht beträgt:
  - Nettopreis = Zimmerpreis * Aufenthaltsdauer * Anzahl Personen
  - Gesamtpreis = Nettopreis + Nettpreis * MwSt./100

- Am Bildschirm wird Folgendes ausgegeben:
  - Gesamtpreis

Um das Programm zu entwerfen und zu implementieren, sind folgende Sprachelemente notwendig:

- Variablen
- Eingabe und Ausgabe
- Arithmetische Operationen

2.2   Variablen

Arbeitsauftrag

Definieren Sie die notwendige Datenstruktur (Variablen) für die Berechnung.

Wie in der Einleitung beschrieben, besteht zwischen Daten und Funktionen ein Zusammenhang: Um einen Gesamtpreis berechnen zu können, werden als Eingabe(daten) der Zimmerpreis, die Aufenthaltsdauer und die Anzahl der Personen benötigt. Diese Daten speichert ein Computer im Arbeitsspeicher. Im Programm werden die Daten über Variablen angesprochen.

2.2.1 Variablen deklarieren

Dazu müssen zunächst ein oder mehrere Variable deklariert werden:

Syntax

Datentyp Variablenname;

Ein Variablenname wie Zimmerpreis wird beispielsweise wie folgt definiert:

```
double Zimmerpreis;
int Aufenthaltsdauer;
```

Der Variablenname Zimmerpreis ist vermutlich noch verständlich, darin soll schließlich der Zimmerpreis von beispielsweise 50 (Euro) abgespeichert werden. Wahrscheinlich noch unbekannt dürfte hingegen der Datentyp sein. Der Datentyp ist notwendig, damit die .NET-Laufzeitumgebung genügend Speicher reserviert, d. h., erst wenn das Programm gestartet wird und .NET auf die obige Anweisungen stößt, wird der Speicher reserviert und kann in anderen Anweisungen verwendet werden.

Was ist mit genügend Speicher gemeint? Untersuchen wir dazu die benötigten Daten näher. Auch wenn die benötigten Daten auf den ersten Blick nur einfache Zahlen sind, können bei näherer Betrachtung Unterschiede festgestellt werden. So ist die Aufenthaltsdauer eine ganze Zahl, da der Gast nur ganze Tage übernachten kann. Der Zimmerpreis benötigt jedoch einen anderen Datentyp, da dieser Nachkommastellen enthalten kann (z. B. Zimmerpreis von 50,90 Euro).

Die ganze Zahl benötigt einen anderen Speicherbedarf als eine Zahl mit Nachkommastellen, da diese Zahlen im Speicher unterschiedlich abgebildet werden. Den Speicherbedarf ermittelt die .NET-Laufzeit über den Datentyp. Daher muss eine Variablendeklaration einen Datentyp enthalten. In diesem Zusammenhang wird in C#.NET auch von einer typsicheren Sprache gesprochen, da es eine Variable ohne Typ per Definition nicht geben darf. (Hinweis: Es gibt auch nicht typsichere Programmiersprachen wie beispielsweise VB6. Hier können einige Variablen jeden beliebigen Typ annehmen, was oft zu Problemen und Bugs führen kann und daher diese Technik als unsauberer Programmierstil gilt.)

2.2.2 Einfache Datentypen

Zunächst werden die einfachen Datentypen aufgelistet, hingegen sind die Datentypen Text und Datum schon komplexere Datentypen, die später noch detaillierter erklärt werden. C#.NET unterscheidet bei den einfachen Datentypen zwischen:

- Ganzen Zahlen (ohne Nachkommastellen),
- Gleitkommazahlen (das Komma kann an beliebiger Stelle stehen),
- Fixkommazahl (das Komma steht an einer fixen Stelle).

Ganze Zahlen		
Datentyp	**Wertebereich**	**Variablengröße**
int	−2.147.483.648 bis 2.147.483.647	Ganze 32-Bit-Zahl mit Vorzeichen
long	−9.223.372.036.854.775.808 bis 9.223.372.036.854.775.807	64-Bit-Ganzzahl mit Vorzeichen
byte	0 bis 255	Ganze 8-Bit-Zahl ohne Vorzeichen
sbyte	−128 bis 127	Ganze 8-Bit-Zahl mit Vorzeichen
char	U+0000 bis U+ffff	16-Bit-Unicode-Zeichen
short	−32.768 bis 32.767	Ganze 16-Bit-Zahl mit Vorzeichen
ushort	0 bis 65.535	Ganze 16-Bit-Zahl ohne Vorzeichen
uint	0 bis 4.294.967.295	Vorzeichenlose 32-Bit-Ganzzahl
ulong	0 bis 18.446.744.073.709.551.615	Vorzeichenlose 64-Bit-Ganzzahl
Gleitkommazahl		
Datentyp	**Wertebereich**	**Variablengröße**
float	±1,5e-45 bis ±3,4e38	7 Stellen
double	±5,0e-324 bis ±1,7e308	15–16 Stellen
Fixkommazahl		
Datentyp	**Wertebereich**	
decimal	(−7.9 × 1028 bis 7.9 × 1028)/ (100 bis 28)	
Sonstige		
Bool	Wahr oder Falsch (True/False)	
Char	UNICODE Zeichen	

```
double Zimmerpreis;
int Aufenthaltsdauer;
int AnzahlPersonen;
int MwSt.;
double Gesamtpreis;
double Nettopreis;
```

2.2.3   Variablen initialisieren

Eine Variable kann optional bei der Deklaration auf einen Anfangswert gesetzt werden. Dadurch versetzt man die Variable in einen definierten Ausgangszustand. Ein definierter Ausgangszustand ist wichtig, damit ein Programm richtige Ergebnisse liefert. C# setzt zwar verschiedene Datentypen, wie Zahlen, automatisch auf einen Anfangswert, jedoch wird empfohlen, Variablen zu initialisieren. Einerseits ist nicht garantiert, dass C# diese Vorgehensweise ändert (und in der nächsten Version nicht mehr die Werte auf einen Anfangswert setzt), andererseits erleichtert eine Initialisierung die Fehlersuche und Lesbarkeit von Code.

Syntax

Datentyp Variablenname = Anfangswert;

```
int MwSt. = 19;
```

2.2.4   Gleichzeitige Deklaration von Variablen

Bis jetzt wurde pro Codezeile eine Variable deklariert (int `Aufenthaltsdauer`). In einer Zeile können auch mehre Codezeilen deklariert werden, wenn diese vom gleichen Datentyp sind.

Syntax

Datentyp Variable 1, Variable 2, Variable n

```
double Zimmerpreis, Gesamtpreis;
```

Diese Variablen können auch initialisiert werden:

Syntax

Datentyp Variable 1 = Wert 1, Variable 2 = Wert 2, Variable n = Wert n

```
double Zimmerpreis = 0, Gesamtpreis = 0;
```

Ab einer gewissen Anzahl an Variablen wird diese Variante jedoch unübersichtlich. Aus Platzgründen wird in diesem Buch in den Programmbeispielen diese Variante bevorzugt.

2.2.5   Variablen setzen

Durch die Variablendeklaration, reserviert die NET Laufzeitumgebung auf Basis des Datentyps genügend Speicher im Computer. Erst dadurch kann das Programm Daten (Werte) im lokalen Speicher abspeichern. Damit die Werte in den Speicher kommen, wird einerseits die Variableninitialisierung verwendet, anderseits muss ein Wert auch während des Programmablaufs verändert werden können. Der Wert einer Variable wird in C# mit folgender Syntax verändert (gesetzt).

Syntax

Variablenname = Wert;

Dieses Code-Snippet setzt die Aufenthaltsdauer auf 2.

```
int Aufenthaltsdauer;
Aufenthaltsdauer = 2;
```

2.2.6 Typkonvertierung

Mit einer Variablendeklaration – wie `int Aufenthaltsdauer` – legen Sie beispielsweise den Datentyp für die Aufenthaltsdauer auf eine Ganzzahl fest. Der Nettopreis wird durch Multiplikation von Aufenthaltsdauer, Zimmerpreis und Anzahl Personen berechnet. Der Nettopreis ist jedoch als Gleitkommazahl (double) definiert, da der Zimmerpreis zwei Nachkommastellen haben kann. Wenn wir auf Papier oder im Kopf die Rechnung Aufenthaltsdauer * Zimmerpreis * AnzahlPersonen durchführen würden, wäre das für uns leicht, das Endergebnis auszurechnen. Hingegen ist das für einen Computer nicht ohne Weiteres möglich, da es sich um zwei unterschiedliche Datentypen handelt. Daher muss das Programm eine Konvertierung zwischen den Datentypen int und double durchführen. Das Programm muss dann aus der Formel Nettopreis = Aufenthaltsdauer * Zimmerpreis * AnzahlPersonen implizit oder explizit folgende Formel anwenden: Nettopreis = Konvertiere Aufenthaltsdauer auf Double * Zimmerpreis * Konvertiere AnzahlPersonen auf Double.

Diese Konvertierung zwischen den Datentypen passiert im Hintergrund durch den Compiler implizit (d. h., der Compiler führt in bestimmten Situationen die Konvertierung selbstständig durch), oder der Programmierer implementiert eine Konvertierung (cast genannt) explizit. (Der Vollständigkeit halber sei noch erwähnt, dass es auch eine benutzerdefinierte Typkonvertierung und eine Typkonvertierung mit Hilfsklassen wie Convert etc. gibt. Dazu später mehr.)

Syntax

Variable2 = (Datentyp)Variable1
Variable2 = Variable1

```
double Zimmerpreis = 20.5;
int AnzahlPersonen = 0, Aufenthaltsdauer = 0;
double Nettopreis;

AnzahlPersonen = 2;
Aufenthaltsdauer = 7;
Nettopreis = Zimmerpreis * (double)AnzahlPersonen * (double)
Aufenthaltsdauer;
```

2.2.7 Konstanten

Werte, die im Programm nicht geändert werden, können als Konstanten definiert werden.

Syntax

const Datentyp Variablenname = Wert;

```
const double Pi = 3.24;
```

Das Code-Snippet definiert die (mathematische) Konstante Pi.

2.2.8   Entwurf und Realisierung

Lösung zum Arbeitsauftrag

Laut Hauptauftrag werden folgende Werte benötigt:

- Berechnung: Nettopreis, Zimmerpreis (nicht veränderbar), Aufenthaltsdauer , Mehrwertssteuer (MwSt.)
- Ausgabe: Gesamtpreis

Daher ergibt sich für die Variablen folgender Programmcode:

```
[1]          static void main(string[] args)
[2]          {
[3]              const double Zimmerpreis = 70;
[4]              double Gesamtpreis, Nettopreis;
[5]              int AnzahlPersonen, Aufenthaltsdauer, MwSt.;
[6]          }
```

Aufgaben

1. Erstellen Sie eine neue Konsolenanwendung namens „Zinsenberechnung".
    Definieren Sie die Variablen, um die Zinsen für ein Jahr auszurechnen.
    Berechnung: Zinsen = Startkapital * (Zinssatz/100)

2. Erstellen Sie eine neue Konsolenanwendung namens „Energieverbrauch".
    Definieren Sie die Variablen, um den Energieverbrauch eines elektrischen Gerätes für ein Jahr zu berechnen. Berechnung: Verbrauch = Elektrische Leistung * Stunden je Tag * Tage pro Jahr

2.3   Ein- und Ausgabe

Arbeitsauftrag

Schreiben Sie ein Programm, das den Benutzer mit einer Meldung begrüßt („Berechnen eines Angebots"). Danach wird der Benutzer aufgefordert eine Aufenthaltsdauer einzugeben. Nach der Eingabe wird der eingegebene Wert bestätigt.

In der Praxis werden Konsolenanwendungen unter anderem so implementiert, dass sie ohne Benutzerinteraktion auskommen. Beispielsweise wird auf einem Server über einen Schedule Task die Konsolenanwendung zu einer bestimmten Uhrzeit aufgerufen, um Wetterdaten, die sich in einer CSV-Datei auf einem Netzlaufwerk befinden, in eine Datenbank zu importieren.

Es existieren aber auch genügend Konsolenanwendungen, die eine Benutzer-Interaktion vorsehen. Beispielsweise dient die Anwendung sqlplus von Oracle zum Absetzen von SQL-Befehlen an eine Oracle-Datenbank.

Da C# eine objektorientierte Sprache ist, werden vom .NET Framework für die Ein- und Ausgabe (also dem Einlesen von Benutzereingaben und der Ausgabe von Text an die Konsole) ein Objekt (genauer Klasse) namens Console zur Verfügung gestellt. Da die objektorientierte Programmierung erst in Kapitel 4 durchgenommen wird, werden hier die Anweisungen nur soweit kurz vorgestellt, dass in den folgenden Unterkapiteln sinnvoll damit gearbeitet werden kann.

2.3.1 Benutzereingabe

Die Benutzereingabe in einer Konsolenanwendung ist gegenüber einer Windows-Anwendung sehr einfach. Für die Benutzereingabe von Daten wird die Anweisung Console.ReadLine verwendet. Diese fordert den Benutzer auf, Daten einzugeben. Die Dateneingabe wird mit der Enter-Taste beendet. Console.ReadLine liefert eine Variable (Rückgabewert) vom Datentyp string zurück.

```
string EingabeAufenthaltsdauer;
EingabeAufenthaltsdauer = Console.ReadLine();
```

Der Inhalt der eingegebenen Daten hat den Datentyp string. Dieser Datentyp muss in eine Zahl konvertiert werden. Auch diese Funktionalität wird über ein Objekt (Klasse) namens Convert vom .NET Framework bereitgestellt. Die Anweisungen für die Konvertierung lauten:

```
int Ganzzahl;
Ganzzahl = Convert.ToInt32("123");
Double Fließkommazahl;
Fließkommazahl = Convert.ToDouble("123,5");
```

Die Teile der Anweisungen ToInt32 und ToDouble nennt man Methoden. Um diesen Methoden (Funktionen) Daten weiterreichen zu können, übergibt man diese Daten als sogenannte Parameter. In diesem Fall wird der Methode ToInt32 der Parameterwert 123 übergeben und der Methode ToDouble der Wert 123,5.

2.3.2 Konsolenausgabe

Für den Benutzer einer Anwendung ist es sehr hilfreich, wenn er verschiedene Anweisungen wie „Eingabe Aufenthaltsdauer" oder „Eingabe Anzahl Personen" erhält. Wenn Sie sich an Ihr erstes Programm „HalloWelt" erinnern, wie haben Sie den Text „Hallo Welt" ausgegeben? Der Befehl dafür lautete: Console.WriteLine. Die Variante im genannten Programm ist nur eine von mehreren Möglichkeiten, wie Ausgaben auf der Konsole erzeugt werden können. Für dieses Kapitel sind folgende Aufrufe wichtig.

Diese Variante gibt den angegebenen Text am Bildschirm aus und macht einen Zeilenumbruch. D. h., ein weiterer Ausgabebefehl fängt in der nächsten Zeile an. Beispielsweise gut geeignet für allgemeine Ausgaben ohne Eingabeaufforderung.

```
Console.WriteLine("Berechnen eines Angebots");
```

Die nächste Variante gibt den angegebenen Text am Bildschirm ohne Zeilenumbruch aus. D. h., ein weiterer Ausgabebefehl fängt gleich nach dem letzten Zeichen an. Beispielsweise gut geeignet für allgemeine Ausgaben mit Eingabeaufforderung (Eingabe Aufenthaltsdauer).

```
Console.Write("Eingabe Aufenthaltsdauer:");
```

Die dritte Variante gibt den angegebenen Text und den Wert einer Variablen am Bildschirm aus. Im Text muss ein Platzhalter für den Variablenwert angegeben werden. Der Platzhalter hat folgendes Format: {0}

Als zweiter Parameter wird der Name der Variablen angegeben, die ausgegeben werden soll.

```
Console.WriteLine("Eingabe Kilometerstand:{0}", Variable);
```

Die Ausgabe von Zahlen kann auch formatiert werden. Es gibt viele Formatierungsmöglichkeiten. Die folgende ist ein Beispiel, um eine allgemeine Zahl auf zwei Nachkommastellen zu formatieren. Nach dem Doppelpunkt wird der Formatbezeichner (hier N für allgemeine Zahlen) und 2 für Anzahl der Nachkommastellen angegeben. Im MSDN (Microsoft Developer Network) finden Sie unter dem Stichwort „Standardmäßige Zahlenformatzeichenfolgen" eine Auflistung aller Formatierungsmöglichkeiten.

```
Console.WriteLine("{0:N2} ",2.4918);
```

2.3.3 Entwurf und Realisierung

Lösung zum Arbeitsauftrag

Der Programmablauf sieht wie folgt aus:
- Ausgabe Begrüßung mit Zeilenumbruch
- Ausgabe Aufforderung ohne Zeilenumbruch
- Einlesen der Aufenthaltsdauer in eine Variable
- Ausgabe der Variable

Damit ergibt sich folgender Programmcode:

```
[1]        static void main(string[] args)
[2]        {
[3]            int Aufenthaltsdauer = 0;
[4]            string EingabeAufenthaltsdauer;

[5]            Console.WriteLine("Berechnen eines Angebots");
[6]            Console.Write("Eingabe Aufenthaltsdauer:");
[7]            EingabeAufenthaltsdauer = Console.ReadLine();
[8]            Aufenthaltsdauer = Convert.ToInt32(EingabeAufenthaltsdauer);
[9]            Console.WriteLine("Die eingegebene Aufenthaltsdauer
               beträgt:{0}", Aufenthaltsdauer);
[10]           Console.ReadKey();
[11]       }
```

Aufgaben

1. *Implementieren Sie im Programm „Zinsenberechnung" folgende Ein- und Ausgaben:*
    Eingaben: Startkapital, Zinssatz in Prozent
    Ausgabe: Zinsen

2. *Implementieren Sie im Programm „Energieverbrauch" folgende Ein- und Ausgaben:*
    Eingaben: Elektrische Leistung , Stunden je Tag, Tage pro Jahr
    Ausgaben: Elektrische Leistung

2.4 Arithmetische Operation

Arbeitsauftrag

Berechnen Sie den Gesamtpreis eines Angebots wie folgt:
* Nettopreis = Zimmerpreis * Aufenthaltsdauer
* Gesamtpreis = Nettopreis + Nettopreis * MwSt./100

Ein Computer – wie Konrad Zuse Z3 oder ENIAC aus den 1940er-Jahren – wurde ursprünglich erfunden, um automatisch verschiedene Berechnungen durchzuführen. Die Reihenfolge der Berechnungen war nicht fix, sondern konnte programmiert werden, sodass sie den jeweiligen Anforderungen angepasst werden konnten. Heutzutage haben Computer einen wesentlich umfangreicheren Befehlssatz. Operatoren sind ein wichtiger Teil des Sprachumfangs einer Sprache.

Als arithmetische Operatoren werden die Grundrechenarten Addition, Subtraktion, Multiplikation und Division, sowie Modulo bezeichnet.

Bezeichnung	Operator
Addition	+
Subtraktion	–
Multiplikation	*
Division	/
Modulo	%

Der Modulo liefert den Rest einer Division. Beispielsweise ist der Rest einer Division von 10 durch 3 die Zahl 1.

```
int Ergebnis = 0, Rest;
Ergebnis = 5 + 10;
Rest = 10 % 3;
```

Lösung zum Arbeitsauftrag

Die Berechnungsvorschrift aus dem Hauptauftrag zum Ermitteln des Gesamtpreises kann nun direkt in den Programmcode übernommen werden:

```
[1]        static void main(string[] args)
[2]        {
[3]            const double Zimmerpreis = 20.5;
[4]            double Gesamtpreis, Nettopreis;
[5]            int AnzahlPersonen = 2, Aufenthaltsdauer = 7;
[6]            int MwSt. = 7;

[7]            Console.WriteLine("Berechnen eines Angebots");

[8]            Nettopreis = Zimmerpreis * Aufenthaltsdauer *
               AnzahlPersonen;
[9]            Gesamtpreis = Nettopreis + Nettopreis * MwSt./100;

[10]           Console.WriteLine("Der Gesamtpreis beträgt:{0}",
               Gesamtpreis);
[11]           Console.ReadKey();
[12]       }
```

Aufgaben

1. Implementieren Sie im Programm „Zinsenberechnung" die Berechnung für die Zinsen:
    Damit ist der Ablauf im Programm wie folgt:
    *   Eingaben: Startkapital, Zinssatz in Prozent
    *   Berechnung: Zinsen = Startkapital * (Zinssatz/100)
    *   Ausgabe: Zinsen

2. Implementieren Sie im Programm „Energieverbrauch" die Berechnung für den Energieverbrauch:
    Damit ist der Ablauf im Programm wie folgt:
    *   Eingaben: Elektrische Leistung, Stunden je Tag, Tage pro Jahr
    *   Berechnung: Verbrauch = Elektrische Leistung * Stunden je Tag * Tage pro Jahr
    *   Ausgaben: Elektrische Leistung

2.5 Weiterführende Themenbereiche

Auch der beste Programmierer macht Fehler. Visual Studio stellt dafür verschiedene Funktionalitäten zur Verfügung. Mehr Informationen dazu finden Sie im Kapitel 5.1 „Fehlersuche und Debuggen".

2.5.1 Weitere mathematische Funktionen

Neben den Grundrechenarten bietet .NET auch ein paar grundlegende mathematische Funktionen wie Wurzelberechnung an. Hier sehen Sie eine kurze Auflistung. Der Aufruf erfolgt ähnlich wie bei der Convert.ToXXX Funktion. Der mathematischen Funktion werden Parameter übergeben und die Funktion liefert einen Wert zurück.

Funktionsname	Bedeutung	Beispiel
Math.Sqrt(Wert)	Wurzel	double x; x = Math.Sqrt(4); // x = 2
Math.Truncate(Wert)	Rundet ab auf Ganzzahl	double x; x = Math.Truncate(4,9); // x = 4
Math.Sin(Wert)	Sinusfunktion	double x; x = Math.Sin(90);
Math.Pow(x,y)	Potenziert eine Zahl x mit dem Exponent y	double z; z = Math.Pow(2,3); // z = 2 hoch 3

Aufgaben

1. *Entwerfen und implementieren Sie ein Programm, das den Windchill (gefühlte Temperatur) berechnet. Verwenden Sie die Funktion System.Math.Pow, um beispielsweise $v^{0,16}$ zu berechnen.*

    Eingabe: Temperatur T in °C, Windgeschwindigkeit v in km/h
    Berechnung: WCT = 13,12 + 0,6215 * T – 11,37 * ($v^{0,16}$) + 0,3965 * T * ($v^{0,16}$)
    Ausgabe: Windchill-Temperatur (WCT)

2. *In GPS-Geräten und GPS-Softwareprodukten können neben einer Adresse oft auch GPS-Koordinaten eingegeben werden. Für die Eingabe von GPS-Koordinaten stehen verschiedene Formate zur Verfügung: Grad und Dezimalminuten (N48° 10.94017 E16° 21.62083), Grad, Minuten und Sekunde (N 48°10'56,41" O 16°21'37,25") und Dezimalgrad.*

    Um von Dezimalminuten (hier: 10,94017) in Sekunden umzurechnen, wird der Wert nach dem Komma (hier: 0,94017) mit dem Wert 60 multipliziert (ergibt 56,41").

3. *Entwerfen und implementieren Sie ein Programm, welches nach Eingabe einer Dezimalminute (z.B. 21,62083) den Sekundenwert berechnet. Tipp: Um den Wert nach dem Komma zu ermitteln, helfen sowohl die Grundrechenarten als auch die System.Math.Truncate Funktion.*

3 Kontrollstrukturen, Datentypen und Operatoren

Dieses Kapitel beschreibt die grundlegenden Sprachelemente wie Kontrollstrukturen, Datentypen und Operatoren der Sprache C#.

3.1 Hauptauftrag

Der Projektleiter beauftragt Sie, ein Programm zu entwickeln, das ein Angebot für Hotelübernachtungen erstellen soll.

Die Analyse des Hauptauftrags ergibt folgende wesentliche Verarbeitungsschritte:

Eingabe von:

- Aufenthaltsdauer
- Anzahl der Personen
- Saison (Frühling = 1, Sommer = 2, Herbst = 3, Winter = 4) und
- Zimmerkategorie (Standard = 1, Komfort = 1 und Suite = 2)
- Kundenkategorie (Stammkunde = 1, Firmenkunde = 2, Reisebüro = 3)
- Anzahl der Kinder (0 bis 2)
- Alter je Kind (0 bis 18)

Der Gesamtpreis wird wie folgt berechnet:

- Der Zimmerpreis ist abhängig von Zimmerkategorie, Saison und Anzahl Personen: Nettopreis = Zimmerpreis * Aufenthaltsdauer * Anzahl Personen
- Wenn der Gast nur eine Übernachtung bestellt, wird ein Zuschlag berechnet.
- Abhängig von der Kundenkategorie werden unterschiedliche Rabatte gewährt.
- Für jedes eingegebene Kind werden folgende Rabatte angeboten:
  - 0 bis 6 Jahre: 100 %
  - 7 bis 11 Jahre: 70 %
  - Sonst 30 %

- Gesamtpreis = Nettopreis + Nettopreis * MwSt./100

Am Bildschirm wird Folgendes ausgegeben:

- Meldung „Berechnen eines Angebots"
- Preisliste je Zimmerkategorie und Saison
- Für jede Eingabe wird eine Eingabeaufforderung ausgegeben
- Anzahl der Kinder
- Gesamtpreis

Nur mithilfe von Kontrollstrukturen und den grundlegenden Datentypen kann diese Berechnung durchgeführt werden, welche im Folgenden beschrieben werden.

3.2 Kontrollstrukturen

Wie in der Einleitung beschrieben, enthält ein Computerprogramm eine oder mehrere Anweisungen, die vom Computer der Reihe nach ausgeführt werden, um dem Benutzer eine bestimmte Funktionalität anzubieten.

Wie im Beispiel von Kapitel 2 zu sehen war, können im einfachsten Fall die Anweisungen der Reihe nach ausgeführt werden, um den Gesamtpreis zu berechnen. Angenommen für Familien mit Kindern soll ein Rabatt abgezogen werden, wenn das Kind jünger als 7 Jahre ist. Ist das Kind zwischen 7 und 10 Jahren, beträgt der Rabatt 70 %, sonst wird ein anderer Rabatt gewährt. Daher müssen Sie den Programmablauf so steuern, dass abhängig von einer Bedingung (hier: Alter des Kindes) andere Anweisungen (Abziehen eines Rabatts) ausgeführt oder ausgelassen werden. Da Gäste kein, ein oder mehrere Kinder haben können, müssen Sie die Anweisungen für die Rabattberechnung pro Kind wiederholen (0, 1 oder mehrmals).

Um den Programmablauf abhängig von Bedingungen zu steuern oder Anweisungen zu wiederholen, existieren folgende Kontrollstrukturen:

- Lineare Sequenz
- Verzweigungen
  - einseitige Auswahl
  - zweiseite Auswahl
  - mehrseitige Auswahl
- Schleifen
  - kopfgesteuerte Schleife
  - fußgesteuerte Schleife
  - Zählschleifen

Diese Kontrollstrukturen ermöglichen es, den Programmablauf eines Programms aus einer oder mehreren Kontrollstrukturen zusammenzusetzen. Sie können so einen lesbaren Source Code implementieren, der ohne Sprünge (GOTO) auskommt. Als es in den Anfängen der Programmierung noch keine Kontrollstrukturen gab, existierte lediglich das GOTO. Hier konnte abhängig von einer Bedingung an eine andere Stelle im Programmcode gesprungen werden. Das GOTO führte aber auch dazu, dass im Programmcode wie wild herumgesprungen wurde, um die Anforderungen im Programm umsetzen zu können. Das verursachte einen unübersichtlichen Code (umgangssprachlich auch Spaghetti-Code genannt). Daher wurde überlegt, wie ein Code ohne GOTO auskommt: Die Kontrollstrukturen sind das Ergebnis dieser Überlegung.

3.3 Struktogramme

Arbeitsauftrag

Zeichnen Sie ein Struktogramm für die Auftragsarbeit aus Kapitel 2.

Um zu erkennen, welche Kontrollstrukturen für ein zu implementierendes Programm notwendig sind, müssen Sie zuerst die Anforderungen an ein Programm analysieren und dann einen Algorithmus (Lösungsweg) entwerfen. Die einzelnen Schritte und zeitliche Abfolge eines Algorithmus werden mit einem Programmablaufdiagramm oder Struktogramm grafisch dargestellt. Neben dem Struktogramm gibt es auch noch das Flussdiagramm. In diesem Buch wird jedoch nur auf das Struktogramm eingegangen.

Anweisung 1
Anweisung 2
Anweisung n

Syntax einer Struktur für lineare Sequenz

Im einfachen Fall der linearen Sequenz wird jede Anweisung in einem Rechteck dargestellt.

Lösung zum Arbeitsauftrag

Auftragsarbeit: Entwurf und Realisierung

In der Entwurfsphase für den ersten Anwendungsfall ist folgendes Struktogramm entstanden. An diesem Struktogramm können Sie erkennen, dass selbst eine einfache Anwendung aus mehreren Anweisungen besteht. Daher ist es wichtig, in der Entwurfsphase den Programmablauf sowohl beschreibend als auch grafisch darzustellen. Erst dann sollte mit der Implementierung begonnen werden.

Variablen Zimmerpreis, Aufenthaltsdauer, MwSt.
Variablen Anzahl Personen, Gesamtpreis, Nettopreis
Eingabedialog fur Aufenthaltsdauer
Eingabedialog fur Aufenthaltsdauer
Nettopreis <— Zimmerpreis * Aufenthaltsdauer * Anzahl Personen
Gesamtpreis <— Nettopreis + Nettopreis * MwSt./100
Ausgabedialog für Gesamtpreis

Struktogramm-Beispiel

Aufgaben

1. *Zeichnen Sie ein Struktogramm für das Programm zur Berechnung des Windchills.*

2. *Zeichnen Sie ein Struktogramm für das Programm zur Umrechnung von Dezimalminuten in Sekunden.*

3.4 Vergleichsoperatoren

Arbeitsauftrag

Definieren Sie einen Vergleichsoperator, der True liefert, wenn die Aufenthaltsdauer einen Tag entspricht.

Vergleichsoperatoren haben die Aufgabe, zwei Werte zu vergleichen. Diese Art der Operatoren können sein: Größer (>), Kleiner (<), Gleichheit (=) oder eine Kombination: größer gleich (>=), kleiner gleich (<=). Ein weiterer Vergleichsoperator ist die Prüfung auf Ungleichheit (!=).

Vergleichsoperator	Prüfung auf
>	größer
<	kleiner
==	Gleichheit
!=	Ungleichheit
<=	größer gleich
>=	kleiner gleich

Arithmetische Operatoren liefern als Ergebnis eine Zahl, wie beispielsweise den Gesamtpreis von 234 (Euro). Hingegen liefern Vergleichsoperatoren einen boolschen Wert. Dieser kann nur den Wert Wahr (True) oder Falsch (False) annehmen.

Syntax

Wahrheitswert = Operand1 Operator Operand2;

```
bool Wahrheitswert = false;
int Operand1 = 1, Operand2 = 3;
Wahrheitswert = Operand1 > Operand2;
Wahrheitswert = Operand1 == Operand2;
Wahrheitswert = Operand1 != Operand2;
```

In C# muss der Gleichheitsoperator mit zwei Gleichheitszeichen geschrieben werden, damit der Compiler zwischen Gleichheit und Zuweisung unterscheiden kann. Mit den Vergleichsoperatoren lassen sich nun verschiedene Bedingungen definieren, die für die folgenden Kontrollstrukturen wie IF, FOR, WHILE und DO/WHILE wichtig sind.

Lösung zum Arbeitsauftrag

Entwurf und Realisierung

Für eine Prüfung auf Gleichheit wird der == Operator verwendet.

```
[1]        static void main(string[] args)
[2]        {
[3]            bool IstEinTag = false;
[4]            int AnzahlTag = 0;

[5]            IstEinTag = (AnzahlTag == 1);
[6]        }
```

3.5 IF-Abfrage: Einseitige Auswahl

Arbeitsauftrag

Schreiben Sie ein Programm, das einen Aufschlag (z. B. 20 Euro) berechnet, wenn der Gast nur einen Tag im Hotel übernachtet.

Die Analyse des Arbeitsauftrages ergibt folgende wesentliche Verarbeitungsschritte:

- Nettobetrag = Zimmerpreis * Aufenthaltsdauer * Anzahl Personen
- Wenn Aufenthaltsdauer = 1, dann addiere 20 Euro zu Nettobetrag

Der erste Berechnungsschritt wird immer ausgeführt. Der zweite Berechnungsschritt soll nur dann ausgeführt werden, wenn die Bedingung Aufenthaltsdauer gleich 1 Tag zutrifft. Um den Programmablauf so zu steuern, dass eine Anweisung abhängig von einer Bedingung ausgeführt wird, wird die einseitige Auswahl verwendet. Die Syntax und das Struktogramm sehen wie folgt aus:

Syntax

If (Bedingung)

        Anweisung;

Das Sprachelement ist das Keyword if, gefolgt von der Bedingung in Klammern. In der nächsten Zeile kommt (eingerückt) die gewünschte Anweisung. Diese wird nur dann ausgeführt, wenn die Bedingung zutrifft (true ist). Das Code-Snippet kann damit wie folgt gelesen werden: Wenn die Aufenthaltsdauer 1 Tag beträgt (Bedingung), dann zähle zum Nettopreis 20 Euro hinzu (Anweisung1).

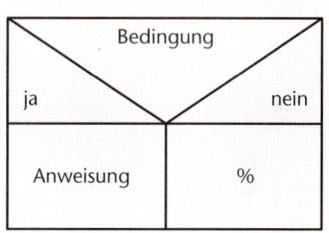

```
if (Aufenthaltsdauer == 1)
        Nettopreis = Nettopreis + 20;
```

Struktogramm für einseitige Auswahlstruktur

Wenn Sie mehr als eine Anweisung abhängig von einer Bedingung ausführen möchte, müssen Sie geschwungene Klammern verwenden, damit der Compiler erkennt, dass diese Anweisungen zusammengehören.

Syntax

If (Bedingung)

{

        Anweisung1;
        Anweisung2;
        AnweisungN;

}

Mit diesen Angaben lässt sich nun die Auftragsarbeit wie folgt entwerfen und umsetzen:

Lösung zum Arbeitsauftrag

Entwurf und Realisierung

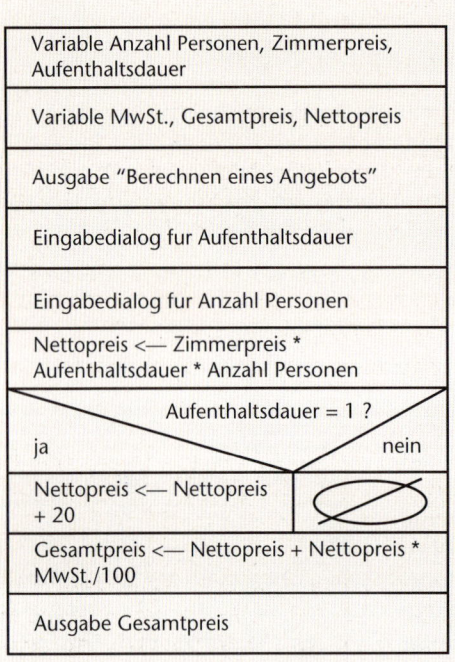

Struktogramm für die Entnahme der notwendigen Anweisungen

```
[1]        static void main(string[] args)
[2]        {
[3]            const double Zimmerpreis = 70;
[4]            int AnzahlPersonen = 2, Aufenthaltsdauer = 0;
[5]            int MwSt. = 19;
[6]            double Gesamtpreis;
[7]            double Nettopreis;
[8]            string EingabeAufenthaltsdauer;
[9]            string EingabeAnzahlPersonen;

[10]           Console.WriteLine("Berechnen eines Angebots");

[11]           Console.Write("Eingabe Aufenthaltsdauer:");
[12]           EingabeAufenthaltsdauer = Console.ReadLine();
[13]           Aufenthaltsdauer = Convert.ToInt32(EingabeAufenthaltsdauer);

[14]           Console.Write("Eingabe Anzahl Personen (1 oder 2):");
[15]           EingabeAnzahlPersonen = Console.ReadLine();
```

```
[16]             AnzahlPersonen = Convert.ToInt32(EingabeAnzahlPersonen);

[17]             Nettopreis = Zimmerpreis * Aufenthaltsdauer *
                 AnzahlPersonen;
[18]             if (Aufenthaltsdauer == 1)
[19]                 Nettopreis = Nettopreis + 20;
[20]             Gesamtpreis = Nettopreis + Nettopreis * MwSt./100;

[21]             Console.WriteLine("Der Gesamtpreis beträgt:{0}", Gesamtpreis);
[22]             Console.ReadKey();
[23]         }
```

Aufgaben

1. *Entwerfen und implementieren Sie ein Programm zur Berechnung des Prämenienlohns. Ob ein Arbeiter einen Prämienlohn erhält, hängt von seiner Leistung pro Schicht à 8 Stunden ab. Unterschreitet er die Normalleistung, bekommt er nur den Basislohn.*

   Stellt der Arbeiter mehr Stück her und überschreitet die Normalleistung (z. B. 150), wird er mit einem stufenförmigen Prämienmodell honoriert. Für je 10 Stück (eine Stufe) entspricht die Prämie 0,2 Cent. Der Basislohn soll 5 € pro Stunde betragen.

   Eingabe: Stückzahl

   Ausgabe: Gesamtlohn und Prämie

   Im Fall einer Prämie (Leistungsergebnis > Normalleistung) lautet die Berechnungsformel wie folgt: Basislohn + PrämieJeStufe x GANZZAHL[(Leistungsergebnis – Normalleistung)/ MengeJeStufe]

2. *Entwerfen und implementieren Sie ein Rechnungsprogramm für einen Autovermieter. Wenn ein Kunde den Normaltarif (68 Euro) auswählt, sind 200 km Fahrtstrecke inkludiert. Erst wenn der Kunde mehr als 200 km fährt, muss er 65 Cent pro weiteren Kilometer zahlen. Die Preise sind exkl. Mehrwertssteuer. Verwenden Sie Konstanten.*

   Eingabe: Gefahrene Kilometer

   Ausgabe: Rechnungsbetrag inkl. MwSt., MwSt. als Betrag

3.6 IF-Abfrage: Zweiseitige Auswahl

Arbeitsauftrag

Schreiben Sie ein Programm, das für eine Familie (zwei Erwachsene und ein Kind) ein Angebot erstellt. Kinder von 0 bis 6 Jahren übernachten kostenlos, ab 7 Jahren gibt es einen Rabatt von 70 % auf den Zimmerpeis pro Person und Nacht.

Die Analyse des Arbeitsauftrages ergibt folgende wesentliche Verarbeitungsschritte:

• Wenn Alter Kind kleiner 7, dann beträgt der Rabatt 100 %
• Sonst beträgt der Rabatt 70 %
• Kinderpreis = Zimmerpreis * Aufenthaltsdauer * (1 – Rabatt/10)

Die Berechnung des Kinderpreises ist immer gleich, jedoch wird vorher der Rabatt abhängig vom Alter des Kindes gesetzt. Die Anweisung zum Setzen des Rabatts auf 100 % wird nur dann ausgeführt, wenn das Alter des Kindes unter 7 Jahre beträgt. In allen anderen Fällen (Alter Kinder ab 7 Jahre) wird der Rabatt auf 70 % gesetzt.

Um den Programmablauf so zu steuern, dass entweder eine Anweisung 1 oder eine Anweisung 2 abhängig von einer Bedingung ausgeführt wird, wird die zweiseitige IF-Abfrage verwendet. Die Syntax und das Struktogramm sehen wie folgt aus:

Syntax

```
if (Bedingung1)
        Anweisung1:
else
        Anweisung2;
```

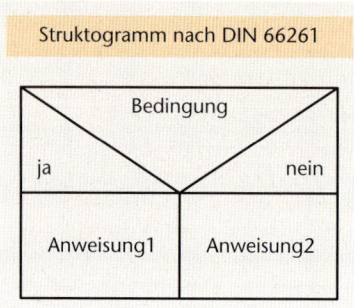

Struktogramm der einseitigen Auswahl

Syntax

```
if (Bedingung1)
{
        AnweisungA1;
        AnweisungA2;
        AnweisungAn;
}
else
{
        AnweisungB1;
        AnweisungB2;
        AnweisungBn;
}
```

Das Sprachelement ist das Keyword if und else. Der if-Teil ist gleich wie beim einseitigen if. Dann folgt das Keyword else mit den Anweisungen zwischen den Klammern. Die Anweisungen im if-Teil (auch Zweig genannt) werden nur dann ausgeführt, wenn die Bedingung zutrifft (true ist). In allen anderen Fällen werden die Anweisungen im else-Zweig ausgeführt. Das Code-Snippet kann damit wie folgt gelesen werden: Wenn das Alter der Kinder unter 7 Jahre beträgt (Bedingung), dann setze den Rabatt auf 100 % (Anweisung1), sonst auf 70 % (Anweisung 2).

```
if (AlterKind < 7)
        Rabatt = 100; // 0 bis 6: 100%
else
        Rabatt = 70; // sonst 70%
```

Mit diesen neuen Sprachelementen lässt sich der Arbeitsauftrag wie folgt entwerfen und umsetzen:

Lösung zum Arbeitsauftrag

Entwurf und Realisierung

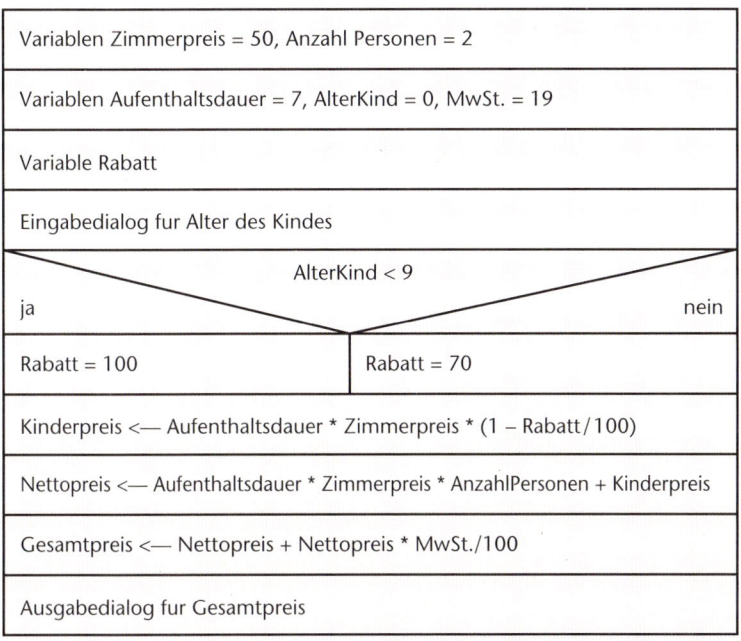

Struktogramm zum Arbeitsauftrag

```
[1]        static void main(string[] args)
[2]        {
[3]            const double Zimmerpreis = 50;
[4]            int AnzahlPersonen = 2, Aufenthaltsdauer = 7;
[5]            int AlterKind = 0, MwSt. = 19;
[6]            double Gesamtpreis, Kinderpreis, Nettopreis;
[7]            string EingabeAlterKind;
[8]            double Rabatt = 0;

[9]            Console.Write("Eingabe Alter Kinder:");
[10]           EingabeAlterKind = Console.ReadLine();
[11]           AlterKind = Convert.ToInt32(EingabeAlterKind);

[12]           if (AlterKind < 7)
[13]               Rabatt = 100; // 0 bis 6: 100%
[14]           else
[15]               Rabatt = 70; // sonst 70%
[16]           Kinderpreis = Aufenthaltsdauer * Zimmerpreis * (1 - Rabatt/100);
[17]           Nettopreis = Aufenthaltsdauer * Zimmerpreis * AnzahlPerso-
               nen + Kinderpreis;
```

```
[18]                 Gesamtpreis = Nettopreis + Nettopreis * MwSt./100;

[19]                 Console.WriteLine("Der Gesamtpreis beträgt:{0}",
                     Gesamtpreis);
[20]                 Console.ReadKey();
[21]          }
```

Aufgaben

1. *Ein Hersteller von Schrauben gibt ab 1000 Stück einen Rabatt von 5 % und verlangt keine Versandgebühr. Werden weniger als 1000 Stück gekauft, wird kein Rabatt gewährt und es fällt eine Versandgebühr von 5 Euro an. Eine Schraube kostet 20 Cent. Entwerfen und implementieren Sie ein Programm, das den Gesamtpreis berechnet.*

2. *Entwerfen und implementieren Sie ein Programm, das den Energieverbrauchskennwert (Schätzwert) für ein Haus berechnet. Dieser Kennwert (kWh/m^2) gibt Auskunft darüber, wie optimal ein Haus Energie verbraucht und ob das Haus eventuell saniert werden sollte. Nach Eingabe des Gesamtverbrauchs (Heizöl in Liter oder Erdgas in m^3) wird die Eingabe mit 10 multipliziert, um auf kWh zu kommen. Wird die Heizung auch für das Warmwasser verwendet, werden 1000 kWh mit der Anzahl der Personen im Haushalt multipliziert und dieser Betrag vom zuvor berechneten Gesamtverbrauch abgezogen (1=Ja, 0=Nein). Nun wird der tatsächliche Verbrauch durch die Anzahl der Wohnfläche dividiert. Ist die Kennzahl unter 120, hat das Haus einen guten thermischen Wert, bei darüber liegenden Werten sollte über eine Sanierung nachgedacht werden. Tipp: Eventuell sind mehrere Abfragen (hintereinander) notwendig.*

3.7   IF-Abfrage: Mehrfachauswahl

Arbeitsauftrag

Schreiben Sie ein Programm, das für Familien (zwei Erwachsene und ein Kind) folgende Rabatte gibt:

- 0 bis 6 Jahre: 100 %
- 7 bis 11 Jahre: 70 %
- Sonst 30 %

Die Analyse des Arbeitsauftrages ergibt folgende wesentliche Verarbeitungsschritte:

- Wenn Alter Kind kleiner 7, dann Rabatt 100 %
- Sonst
  - Wenn Alter Kind kleiner gleich 11, dann Rabatt 70 %
  - Sonst Rabatt 30 %

- Kinderpreis = Zimmerpreis * Aufenthaltsdauer * (1 – Rabatt/10)

Die Berechnung des Nettopreises ist immer gleich, jedoch wird vorher der Rabatt abhängig vom Alter des Kindes gesetzt. Die Anweisung zum Setzen des Rabatts auf 100 % wird nur dann ausgeführt, wenn das Alter des Kindes unter 7 Jahre beträgt. In allen anderen Fällen wird der Rabatt auf 70 % gesetzt, wenn das Alter des Kindes kleiner gleich 11 ist, sonst auf 30 %.

Um den Programmablauf so zu steuern, dass unterschiedliche Anweisungen abhängig von unterschiedlichen Bedingungen ausgeführt werden, wird die Mehrfachauswahl verwendet. Die Syntax und das Struktogramm sehen wie folgt aus:

Syntax

```
if (Bedingung1)
{
        Anweisung1;
}
else
{
        if (Bedingung2)
        {
                Anweisung2;
        }
        else
        {
                Anweisung3;
        }
}
```

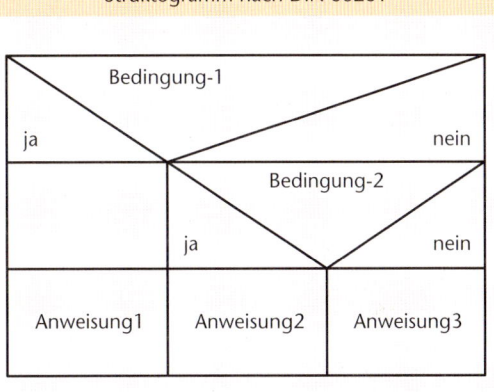

Struktogramm für Mehrfachauswahl

Die Mehrfachauswahl setzt sich aus zwei zweiseitigen IF-Abfragen zusammen, wobei sich die zweite IF-Abfrage im else-Zweig der ersten IFAbfrage befindet. Diese Art der Zusammensetzung wird auch verschachtelte Kontrollstruktur genannt. Aus Gründen der Übersichtlichkeit wird empfohlen, nicht zu viele Verschachtelungen zu verwenden. Sollte dies der Fall sein, müsste man sich über den Programmentwurf Gedanken machen.

```
if (AlterKind < 7)
{
    Rabatt = 100; // 0 bis 6: 100%
}
else
{
    if (AlterKind <= 11)
    {
        Rabatt = 70; // 7 bis 11 Jahre: 70% Rabatt
    }
    else
    {
        Rabatt = 30; // sonst 30%
    }
}
```

Damit lässt sich der Arbeitsauftrag wie folgt entwerfen und umsetzen:

Lösung zum Arbeitsauftrag

Entwurf und Realisierung

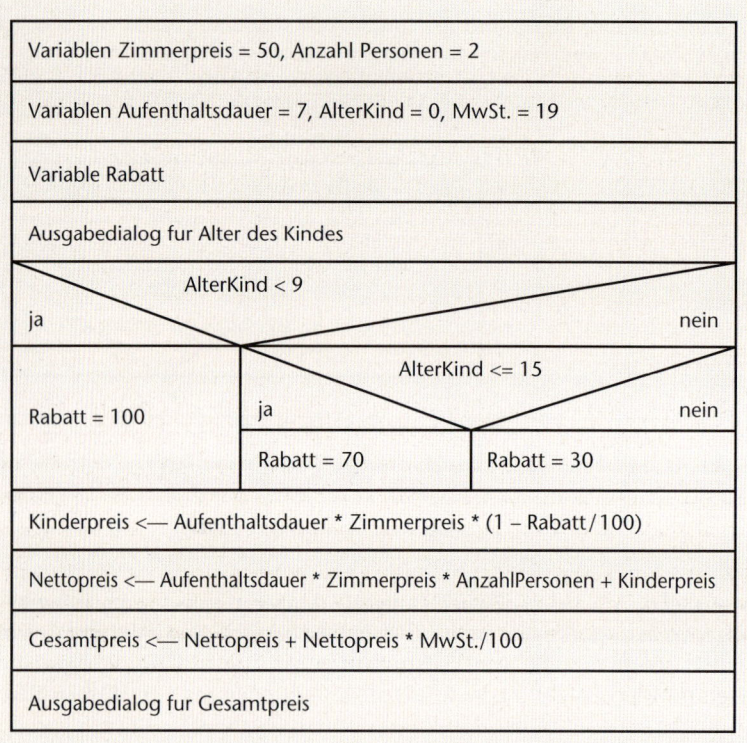

Struktogramm zur Auftragsarbeit

```
[1]        static void main(string[] args)
[2]        {
[3]            const double Zimmerpreis = 50;
[4]            int AnzahlPersonen = 2, Aufenthaltsdauer = 7;
[5]            int AlterKind = 0, MwSt. = 19, Rabatt = 0;
[6]            double Gesamtpreis, Nettopreis;
[7]            string EingabeAlterKind;
[8]            double Kinderpreis;

[9]            Console.Write("Eingabe Alter Kind:");
[10]           EingabeAlterKind = Console.ReadLine();
[11]           AlterKind = Convert.ToInt32(EingabeAlterKind);

[12]           if (AlterKind < 7)
[13]           {
[14]               Rabatt = 100; // 0 bis 8: 100%
[15]           }
[16]           else
[17]           {
```

```
[18]                    if (AlterKind <= 11)
[19]                    {
[20]                        Rabatt = 70; // 7 bis 11 Jahre: 70% Rabatt
[21]                    }
[22]                    else
[23]                    {
[24]                        Rabatt = 30; // sonst 30% Rabatt
[25]                    }
[26]                }
[27]            Kinderpreis = Aufenthaltsdauer * Zimmerpreis * (1 - Rabatt/100);
[28]            Nettopreis = Aufenthaltsdauer * Zimmerpreis * AnzahlPersonen +
               Kinderpreis;
[29]            Gesamtpreis = Nettopreis + Nettopreis * MwSt./100;

[30]            Console.WriteLine("Der Gesamtpreis beträgt:{0}",
               Gesamtpreis);
[31]            Console.ReadKey();
[32]        }
```

Aufgaben

1. Entwerfen und implementieren Sie ein Programm, dass den Body–Mass-Index errechnet. Nach Eingabe von Körpergröße (cm, Umrechnung in m) und Gewicht (kg) wird der Index wie folgt berechnet: BMI = m/l * l. Ist der Wert unter 18,5 wird von Untergewicht gesprochen. Bei einem Wert von ab 25 von Übergewicht. Normalgewicht gilt, bei allen anderen Werten (also zwischen 18,5 und 25). Ausgabe: Übergewicht, Normalgewicht, Übergewicht.

2. Entwerfen und implementieren Sie ein Programm, dass die Treueprämie für Angestellte berechnet. Ein Angestellter, der weniger als drei Jahre angestellt ist, erhält noch keine Prämie. Ab dem 3. Jahr bzw. besteht das Angestelltenverhältnis weniger als zehn Jahre, werden pro Jahr 150 Euro ausgezahlt. Ab dem 10. Jahr werden zusätzlich zu den 150 Euro noch 10 Euro pro Jahr draufgeschlagen.

3.8   Switch

Arbeitsauftrag

Schreiben Sie ein Programm, das für verschiedene Kundenkategorien (Stammkunde = 2%, Firmenkunde = 4%, Reisebüro = 6%) unterschiedliche Rabatte gewährt.

Eingabe: Zimmerkategorie (Stammkunde = 1, Firmenkunde = 2, Reisebüro = 3).

Ausgabe: Gesamtpreis.

Die Analyse des Arbeitsauftrages ergibt folgende wesentliche Verarbeitungsschritte:

• Setze Rabatt abhängig von Zimmerkategorie
  – Stammkunde = 2%
  – Firmenkunde = 4%
  – Reisebüro = 6%

Um den Programmablauf so zu steuern, dass für jeden Fall (Kategorie) eine andere Anweisung ausgeführt wird, wird das Sprachelement Switch verwendet. Die Syntax und das Struktogramm sehen wie folgt aus:

Syntax

```
switch (Bedingung oder Variable)
{
        case 1:
                Anweisung1;
                break;
        case 2:
                Anweisung2;
                break;
        case n:
                Anweisung n;
                break;
        default:
                Anweisung x;
                break;
}
```

Die Switch-Anweisung wird mit dem Keyword `switch` eingeleitet, gefolgt von einer Bedingung oder Variablen in runden Klammern. Für jede Fallunterscheidung wird (eingerückt) das Keyword case verwendet. Nach dem `case` wird das Ergebnis der Bedingung oder Variablen angegeben, gefolgt von einem Doppelpunkt. Danach werden die Anweisungen eingegeben und die Fallunterscheidung mit `break` beendet. Optional können mit dem Keyword default alle anderen Fälle behandelt werden, die nicht in den case-Zweigen behandelt wurden.

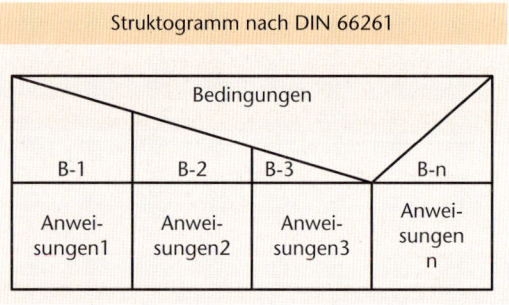

Fallabfrage

```
switch (Zimmerkategorie)
{
    case 1: // Stammkunde
        Rabatt = 2;
        break;
    case 2: // Firmenkunde
        Rabatt = 4;
        break;
    case 3: // Reisebüro
        Rabatt = 6;
        break;
    default:
        break;
}
```

Mit diesem Wissen lässt sich der Arbeitsauftrag entwerfen und umsetzen.

Lösung zum Arbeitsauftrag

Entwurf und Programm

Variablen Zimmerpreis = 0, Gesamtpreis, Nettopreis		
Variablen Anzahl Personen = 2, Aufenthaltsdauer = 0, Zimmerkategorie = 0		
Variablen MwSt. = 19, Rabatt = 0		
Ausgabedialog Begrüßung		
Eingabedialog für Kundentegorie (1-3)		
		Kundenkategorie
Fall 1	Fall 2	Fall 3
Rabatt = 2	Rabatt = 4	Rabatt = 6
Aufenthaltsdauer ←— 7		
Nettopreis ←— AnzahlPersonen * Aufenthaltsdauer * Zimmerpreis * (1 – Rabatt/100)		
Gesamtpreis ←— Nettopreis + Nettopreis * MwSt./100		
Ausgabedialog für Gesamtpreis		

Switch-Anweisung

```
[1]      static void main(string[] args)
[2]      {
[3]          double Zimmerpreis = 0, Gesamtpreis, Nettopreis,
             NettopreisMitRabatt;
[4]          int AnzahlPersonen = 2, Aufenthaltsdauer = 7,
             Zimmerkategorie = 0;
[5]          double MwSt. = 7, Rabatt = 0;
[6]          string EingabeZimmerkategorie;

[7]          Console.WriteLine("Berechnen eines Angebots für unter-
             schiedliche Kundenkategorien");

[8]          // Eingabe Aufenthaltsdauer
[9]          Console.Write("Eingabe Kundenkategorie (1-3):");
[10]         EingabeZimmerkategorie = Console.ReadLine();
[11]         Zimmerkategorie = Convert.ToInt32(EingabeZimmerkategorie);

[12]         // Berechnen
[13]         switch (Zimmerkategorie)
```

```
[14]               {
[15]                   case 1:  // Stammkunde
[16]                       Rabatt = 2;
[17]                       break;
[18]                   case 2:  // Firmenkunde
[19]                       Rabatt = 4;
[20]                       break;
[21]                   case 3:  // Konzern
[22]                       Rabatt = 6;
[23]                       break;
[24]                   default:
[25]                       break;
[26]               }
[27]               Nettopreis = AnzahlPersonen * Aufenthaltsdauer * Zimmer-
                   preis * (1 - Rabatt/100);
[28]               NettopreisMitRabatt = Nettopreis - Nettopreis *
                   (Rabatt/100);
[29]               Gesamtpreis = NettopreisMitRabatt + NettopreisMitRabatt *
                   (MwSt./100);

[30]               Console.WriteLine("Der Gesamtpreis beträgt:{0}",
                   Gesamtpreis);
[31]               Console.ReadKey();
[32]           }
```

Aufgaben

1. Entwerfen und implementieren Sie ein Programm, das folgende Winkelfunktionen anbietet:

    * Cosinus
    * Sinus
    * Tangens

    Nach dem Start des Programms wird dem Benutzer ein Menü mit obigen Winkelfunktionen angeboten. Nach Eingabe einer Zahl von 1 bis 3 wird der Winkel in Grad abgefragt. Danach wird die Winkelfunktion entsprechend der Auswahl aufgerufen und das Ergebnis angezeigt.

2. Entwerfen und implementieren Sie ein Programm, das den Wochentag zu einem Datum nach der Zellerschen Formel berechnet. Nach Eingabe von Jahr, Monat und Tag (alles als Zahl) wird folgende Formel angewandt:

$$h = \left(q + \left[\frac{(m + 1) \cdot 26}{10} \right] + K + \left[\frac{K}{4} \right] + \left[\frac{J}{4} \right] - 2 \cdot J \right) \bmod 7$$

h ist der berechnete Wochentag, wobei 1 für Sonntag, 2 für Montag usw. steht.
q = Tag, k = letzten beiden Stellen der 4-stelligen Jahreszahl, j = Jahrhundertzahl
Es gelten folgende Rahmenbedingungen: Wenn Monat Januar und Februar ist, gilt für Januar ein m von 13 und für Februar ein m für 14, da diese Monate zum Vorjahr gezählt werden. Wenn h negativ ist, wird 7 dazugezählt.

Ausgabe: Wochentag als Text (Sonntag, Montag etc.)

3.9 Eindimensionale Arrays

Arbeitsauftrag

Schreiben Sie ein Programm, das die Berechnung des Gesamtpreises von der eingegebenen Saison (beispielsweise: Frühling 60 €, Sommer 70 €, Herbst 80 € und Winter 65 €) abhängig macht.

- Eingabe: Saison
- Ausgabe: Gesamtpreis

Die Analyse des Arbeitsauftrages ergibt folgende wesentliche Verarbeitungsschritte:

- Saisonpreise im Programm abbilden
- Saison einlesen
- Preis zu Saison ermitteln
- Gesamtpreis ermitteln

3.9.1 Arrays deklarieren

Wie würden Sie die Preisliste aus dem Arbeitsauftrag für eine Saison in einem Programm abbilden? Eine Variable, wie der Zimmerpreis, konnte bisher immer nur einen Wert annehmen. Nach dem bisherigen Wissensstand müsste man für jeden Wert in der Preisliste eine Variable definieren. In C# kann man jedoch auch eine Liste (eindimensionales Array) im Programm abbilden. Diese wird wie folgt deklariert:

Syntax

Datentyp[] Preisliste = new Datentyp[AnzahlElemente];

```
double[] Preisliste = new double[4];
```

Die Variablendeklaration beginnt wie gewohnt mit dem Datentyp. Damit der Compiler (und der Programmierer) erkennt, dass es sich um eine Liste handelt, folgen zwei eckige Klammern: eine Klammer auf und eine zu. Dann folgt der Variablenname.

Diese Syntaxvariante deklariert ein Array ohne Anfangswerte (ausgenommen mit den Anfangswerten, die .NET vergibt). Dazu muss nach dem Gleichheitszeichen ein new angegeben werden, da ein Array ein Objekt ist (dazu später mehr in Kapitel 4). Abschließend wird zwischen den eckigen Klammern die Anzahl der Elemente angegeben (hier: 4).

3.9.2 Arraywerte setzen

Unabhängig davon, ob das Array mit oder ohne Anfangswerte initialisiert wird, kann der Inhalt eines Arrays wie folgt verändert (oder gesetzt) werden.

Syntax

Variablenname[Index] = Wert;

```
Preisliste[0] = 60; // 1. Element in Liste
Preisliste[1] = 70; // 2. Element in Liste
Preisliste[2] = 80; // 3. Element in Liste
Preisliste[3] = 65; // 4. Element in Liste
```

Dazu gibt man zuerst den Variablennamen des Arrays an, gefolgt von einem Index zwischen zwei eckigen Klammern. Der Index in C# beginnt bei 0, d. h., 0 steht für den ersten Eintrag, 1 für den zweiten Eintrag usw.

Nach dem Gleichheitszeichen folgt der Wert, dem man einen Arrayeintrag zuweisen möchte.

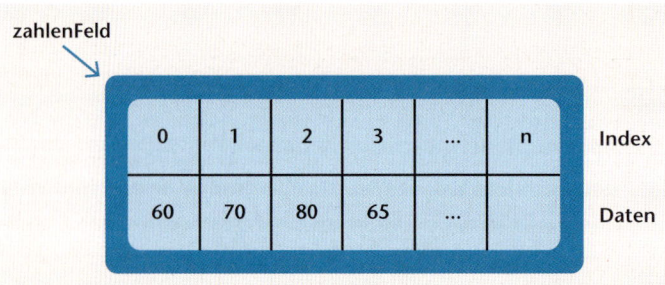

Zusammenhang zwischen Array, Index und Wert

3.9.3   Arraywerte auslesen

Nachdem die Liste definiert wurde, kann auf diese mit folgender Syntax über einen Index zugegriffen werden.

Syntax

Wert = Variablenname[Index];

```
Umsatz = Umsatzliste[0]; // Liefert den 1. Eintrag in der Liste
Umsatz = Umsatzliste[1]; // Liefert den 2. Eintrag in der Liste
```

Den Index gibt man zwischen eckigen Klammern an. Der Index in C# beginnt bei 0, d. h., 0 steht für den ersten Eintrag, 1 für den zweiten Eintrag usw.

3.9.4   Arrays mit Anfangswerten initialisieren

Wenn schon von Anfang an klar ist, welche Werte ein Array haben wird, können Sie folgende Syntaxvariante verwenden.

Syntax

Datentyp[] Variablenname = new Datentyp[AnzahlElemente] {Wert1, Wert2, Wertn};

```
double[] Umsatzliste = new double[4] { 3000, 4503, 2345, 3456 };
```

Diese Syntaxvariante initialisiert schon bei der Deklaration der Variablen das eindimensionale Array mit der Anzahl an Elementen und einer Werteliste, indem man zwischen geschwungenen Klammern die einzelnen Werte angibt.

Unabhängig davon, können Sie trotzdem die Werte eines Arrays wie oben beschrieben verändern.

3.9.5 Entwurf und Programm

Lösung zum Arbeitsauftrag

Array Saisonpreise: 60, 70, 80, 65
Variable Aufenthaltsdauer = 0, Saison = 0, MwSt. = 19
Zimmerpreis = 0, Gesamtpreis, Nettopreis, Anzahl Personen
Ausgabe Begrüßung
Ausgabe "Eingabe Saison (1–4):"
Sasion <— Eingabe
Zimmerpreis = Saisonpreis [Saison]
Aufenthaltsdauer = 7
Nettopreis = Zimmerpreis * Aufenthaltsdauer * Anzahl Personen
Gesamtpreis = Nettopreis + Nettopreis * MwSt./100
Ausgabe Gesamtpreis

Arrays

```
[1]         static void main(string[] args)
[2]         {
[3]             double[] Saisonpreise = new double[4] {60,70,80,65};
[4]             int Aufenthaltsdauer = 0,Saison = 0,MwSt. = 19;
[5]             int AnzahlPersonen = 2;
[6]             double Zimmerpreis = 0, Gesamtpreis,Nettopreis;
[7]             string EingabeSaison;

[8]             Console.WriteLine("Berechnen eines Angebots abhängig vom
                Saisonpreis");

[9]             // Eingabe Aufenthaltsdauer
[10]            Console.Write("Eingabe Saison(1-4):");
[11]            EingabeSaison = Console.ReadLine();
```

```
[12]            Saison = Convert.ToInt32(EingabeSaison);

[13]            // Berechnen
[14]            Zimmerpreis = Saisonpreise[Saison-1]; // Index beginnt bei 0
[15]            Aufenthaltsdauer = 7;
[16]            Nettopreis = Zimmerpreis * Aufenthaltsdauer *
                AnzahlPersonen;
[17]            Gesamtpreis = Nettopreis + Nettopreis * MwSt./100;

[18]            Console.WriteLine("Der Gesamtpreis beträgt:{0}",
                Gesamtpreis);
[19]            Console.ReadKey();
[20]        }
```

Aufgaben

1. *Entwerfen und implementieren Sie ein Programmmodul für eine Lohnverrechnung, das nach Eingabe der Vordienstzeiten (in Jahren) das Mindestgehalt ausgibt. Das Programm kann zehn Gehaltsstufen verwalten. Werden mehr als zehn Vordienstjahre eingegeben, beträgt die Vordienstzeit 10 Jahre. 0 Jahre Erfahrung = 1 Jahr. Negative Werte sind nicht erlaubt.*

2. *Entwerfen und implementieren Sie ein Programm, das die Versandkosten einer Warengruppe ermittelt. In einem Array werden die Versandkosten von zehn Warengruppen gespeichert. Nach Eingabe der Warengruppe (1 bis 10) werden die Versandkosten ausgegeben. Ausgabe: Die Versandkosten für Warengruppe X betragen Y.*

3.10 FOR-Schleife

Arbeitsauftrag

Schreiben Sie ein Programm, das den Gesamtpreis abhängig von der Saison berechnet. Unmittelbar nach dem Programmstart wird eine Preisliste (beispielsweise: Frühling 60 €, Sommer 70 €, Herbst 80 € und Winter 65 €) ausgegeben.

- Ausgabe: Preisliste
- Eingabe: Saison
- Ausgabe: Gesamtpreis

Die Analyse des Arbeitsauftrages ergibt folgende wesentliche Verarbeitungsschritte:

- Preisliste im Programm abbilden
- jeden Preis ausgeben
- Berechnung und Ausgabe des Gesamtpreises

Wie könnten Sie mit den bisher gelernten Anweisungen jeden einzelnen Preis abbilden und ausgeben? Sie müssen folgende Anweisungen je Array-Element aufrufen:

```
double[] Saisonpreise = new double[4] {60,70,80,65};
Console.WriteLine("Saison 1 {0}: Euro", Saisonpreise[0]); // Saison 1: 60 €
Console.WriteLine("Saison 2 {0}: Euro", Saisonpreise[1]); // Saison 2: 70 €
Console.WriteLine("Saison 3 {0}: Euro", Saisonpreise[2]); // Saison 3: 80 €
Console.WriteLine("Saison 4 {0}: Euro", Saisonpreise[3]); // Saison 4: 65 €
```

Es ist offensichtlich, dass dies nicht sehr komfortabel ist. Daher gibt es die FOR-Schleife, welche Anweisungen für eine definierte Anzahl wiederholt.

Syntax

Syntax für eine Anweisung:
for (Anfangswert; Abbruchbedingung; Schritt)
        Anweisung1;

Syntax

Syntax für mehrere Anweisungen:
for (Anfangswert; Abbruchbedingung; Schritt)
{
        Anweisung1;
        Anweisung2;
        Anweisung3;
}

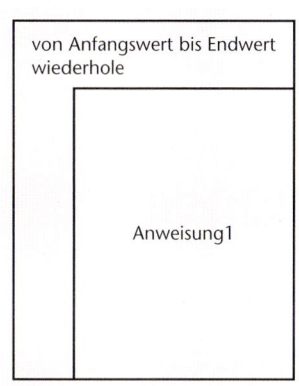

Wiederholung durch Anweisung

```
double[] Saisonpreise = new double[4] {60,70,80,65};
for (int i = 0; i < 4; i++)
{
        Console.WriteLine("Saisonpreis {0} ", Saisonpreise[i]);
}
```

Die FOR-Schleife zählt eine Variable (hier: i) von einem Anfangswert bis zu einem Endwert bei jedem Schleifendurchgang um einen definierten Schritt hoch, solange bis die Abbruchbedingung erfüllt ist. Der Anfangswert der Variablen wird in diesem Fall auf 0 gesetzt. Die Abbruchbedingung gibt an, wann die Schleife abbrechen soll. In diesem Fall soll die Schleife die Anweisungen nach der fünften Wiederholung abbrechen. Da der Index bei 0 beginnt, ist die Abbruchbedingung i < 4 (i kleiner 4) und nicht i < 5.

Der Schritt gibt an, um wie viel die Variable i erhöht werden soll. Die Anweisung i++ ist eine Abkürzung für das Erhöhen der Variablen i um den Wert 1. Innerhalb der FOR-Schleife wird mit der Zählvariablen i auf den Index der Preisliste zugegriffen und mit Console.WriteLine ausgegeben.

Console.WriteLine kann nicht nur einen Variablenwert ausgeben, sondern beliebig viele. Dazu muss man im ersten Parameter (für die Textausgabe) für jeden auszugebenen Variablenwert einen Platzhalter {x} verwenden, der durchnummeriert wird. Durch den Platzhalter {0} erkennt der Console.WriteLine-Befehl, dass der zweite Parameter verwendet werden soll (hier: i). Dann folgt die zweite Variable (hier: Saisonpreis) für den zweiten Platzhalter {1}, usw.

Syntax

Console.WriteLine("{0} {1} {n}", Variable1, Variable2,..,Variable n);

```
Console.WriteLine("Variable 1 {0} und Variable 2 {1} ", i, Saisonpreis);
```

Lösung zum Arbeitsauftrag

Entwurf und Realisierung

Variable fur Saisonpreise: 60, 70, 80, 65
Variable Aufenthaltsdauer = 0, Saison = 0, MwSt. = 19
Zimmerpreis = 0, Gesamtpreis, Nettopreis, Anzahl Personen
Ausgabedialog für Begrüßung
Wiederhole von i = 0 bis < 4, erhöhe i um 1
Ausgabedialog fur Saisonpreisliste
Eingabedialog fur Saison (1–4)
Zimmerpreis <— Saisonpreis zu Saison
Aufenthaltsadauer <— 7
Nettopreis <— Zimmerpreis * Aufenthaltsdaur * Anzahl Personen
Gesamtpreis <— Nettopreis + Nettopreis * MwSt./100
Ausgabedialog fur Gesamtpreis

Struktogramm zur Auftragsarbeit

```
[1]      static void main(string[] args)
[2]      {
[3]          double[] Saisonpreise = new double[4] { 60, 70, 80, 65 };
[4]          double SaisonpreisEinzeln, Zimmerpreis = 0;
[5]          int Aufenthaltsdauer = 7, Saison = 0, MwSt. = 19;
[6]          int AnzahlPersonen = 2;
[7]          double Gesamtpreis, Nettopreis;
[8]          string EingabeSaison;

[9]          Console.WriteLine("Berechnen eines Angebots abhängig von
             Saisonpreis");

[10]         // Ausgabe der Saisonpreise
[11]         for (int i = 0; i < 4; i++)
[12]         {
[13]             SaisonpreisEinzeln = Saisonpreise[i];
[14]             Console.WriteLine("Saisonpreis {0}:{1} Euro", (i + 1),
                 SaisonpreisEinzeln);
[15]         }

[16]         // Eingabe Aufenthaltsdauer
```

```
[17]            Console.Write("Eingabe Saison(1-4):");
[18]            EingabeSaison = Console.ReadLine();
[19]            Saison = Convert.ToInt32(EingabeSaison);

[20]            // Berechnen
[21]            Zimmerpreis = Saisonpreise[Saison - 1]; // Index beginnt
                bei 0
[22]            Nettopreis = Zimmerpreis * Aufenthaltsdauer *
                AnzahlPersonen;
[23]            Gesamtpreis = Nettopreis + Nettopreis * MwSt./100;

[24]            Console.WriteLine("Der Gesamtpreis beträgt:{0}",
                Gesamtpreis);
[25]            Console.ReadKey();
[26]        }
```

Aufgaben

1. *Entwerfen und implementieren Sie ein Programm, das von einer Netto-Preisliste (Array) sowohl den Nettopreis als auch den Bruttopreis (19 % MwSt.) ausgibt. Die Preisliste hat mindestens drei Einträge.*

2. *Entwerfen und implementieren Sie ein Programm, das den Bremsweg von Autos für verschiedene Geschwindigkeiten berechnet. D. h., der Benutzer muss nach dem Start des Programms zuerst die Anzahl der Geschwindigkeiten eingeben (1 bis n). Danach wird für jeden zu berechnenden Bremsweg die Geschwindigkeit abgefragt. Die Eingabe der Daten und die Berechnung der Daten erfolgt hintereinander.*

   Formel für den Bremsweg: $s_b = (v_0 * v_0)/(2 * a)$
   Bremsbeschleunigung a ist beispielsweise 8 m/s² bei trockener Fahrbahn.
   Beispielsweise:
   Eingabe Anzahl Geschwindigkeiten: 2 (kann 1 bis n sein)
   Eingabe 1: Geschwindigkeit 1: 30
   Eingabe 2: Geschwindigkeit 2: 60
   Ausgabe:
   Bremsweg bei Geschwindigkeit 30 km/h: xxx m
   Bremsweg bei Geschwindigkeit 60 km/h: xxx m
   Formatieren Sie die Ausgabe auf zwei Nachkommastellen.

   Hinweis: *Um das Zeichen \ bei km\h am Bildschirm auszugeben, muss im Parameter Console.WriteLine das Escape-Zeichen \ angegeben werden, also zweimal \ geschrieben werden, da \ ein Steuerzeichen ist. \n bedeutet beispielsweise neue Zeile oder \t Tabulator.*

3.11   Parameter der main-Methode

Arbeitsauftrag

Implementieren Sie einen Konsolenparameter, mit dem von außen die Berechnungsmethode „pro Person" oder „pro Nacht" gesteuert werden, sowie der Zimmerpreis von außen übergeben werden kann. Erstellen Sie anschließend einen Batch-Aufruf.

Die Analyse des Arbeitsauftrages ergibt folgende wesentliche Verarbeitungsschritte:

- Übergabe des Zimmerpreises per Konsolenparameter
- Auswertung des Konsolenparameters
- Berechnung und Ausgabe des Gesamtpreises

Wie könnten die Konsolenparameter in das Programm kommen? Was fällt Ihnen auf, wenn Sie die main-Methode betrachten? Was könnte der Parameter args für ein Datentyp sein und wofür könnte er gut sein?

```
static void main(string[] args)
```

Der Parameter args ist ein eindimensionales string-Array, also eine Liste von Texten. Dieser Parameter ist also dafür vorgesehen, dass einer Konsolenanwendung Parameter übergeben und im Programm ausgewertet werden können.

```
static void main(string[] args)
{
    Console.WriteLine(args[0]); // gibt den ersten Aufrufparameter aus
}
```

Wenn Sie schon in einer Konsole einen Befehl wie DIR zum Auflisten der Dateien oder Verzeichnisse eingegeben haben, haben Sie vermutlich bereits mit Konsolenparametern gearbeitet. So können Sie diesem Befehl entweder keinen oder mehrere Parameter übergeben. DIR liefert alle Dateien und Verzeichnisse, DIR *.txt alle Textdateien. Mit Konsolenparametern kann man also Daten übergeben und/oder den Programmablauf von außen steuern.

Falls die Anzahl der Parameter variabel ist, verwendet man den Aufruf args.GetLength(). GetLength ist eine Methode, die zum Objekt (Klasse) Array gehört, dazu später mehr im Kapitel 5 „Grundlagen der objektorientierten Programmierung".

Syntax

args.GetLength();

```
int Anzahl;
Anzahl = args.GetLength(0);
```

In der Visual Studio-Entwicklungsumgebung können Sie die Konsolenparameter in den Projekteigenschaften im Reiter Debug übergeben. So können Sie die Konsolenanwendung auch aus der Entwicklungsumgebung heraus starten.

Außerhalb der Entwicklungsumgebung wird die Konsolenanwendung über die Kommandozeile gestartet. Geben Sie dazu in Windows unter Start\Ausführen die drei Buchstaben cmd ein. Wechseln Sie mit dem Befehl CD (Change Directory) in das Ausführungsverzeichnis und starten Sie die EXE Datei per Kommondozeile.

Angenommen, Sie haben die Auftragsarbeit aus Kapitel 3.8. „Switch" im Verzeichnis C:\Projekte\Kapitel_308_Switch\KontrollstrukturenSwitch abgespeichert, dann befindet sich das Ausführungsverzeichnis im Unterverzeichnis bin\Release oder bin\Debug:

Wechseln Sie über die Kommandozeile mit dem CD-Befehl in dieses Verzeichnis und starten Sie die Anwendung.

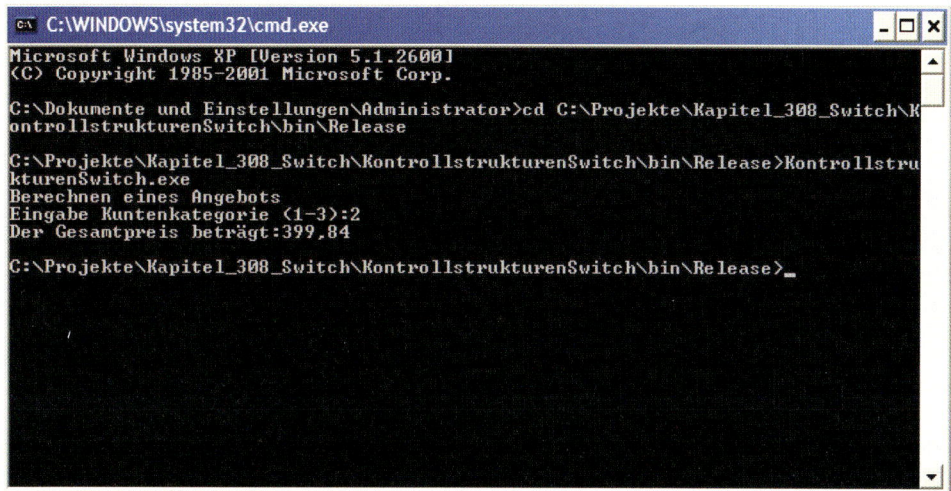

Konsolenanwendung über Kommandozeile starten

Lösung zum Arbeitsauftrag

Entwurf und Realisierung

In den Projekteigenschaften können Sie im Reiter Debuggen zum Testen die Konsolenparameter eingeben.

Erstellen Sie nach der Implementierungs- und Testphase eine Batch-Datei, welche das Konsolenprogramm mit der Berechnungsmethode (P oder N) und einem Zimmerpreis aufruft. Verlinken Sie dieses Konsolenprogramm auf den Desktop.

Ein Programm kann mit der Anweisung return vorzeitig verlassen werden. Beispielsweise wenn Werte oder Bedingungen nicht erfüllt sind, wie die Anzahl der Konsolenparameter, die dann 0 ist.

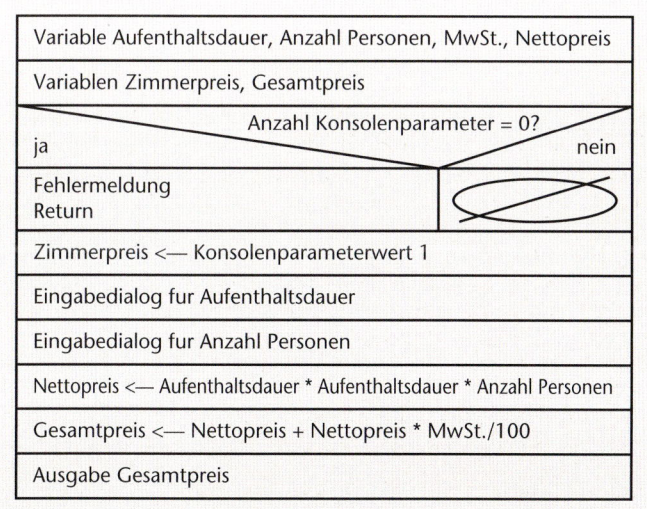

Konsolenanwendung mit Konsolenparameter

```
[1]          static void main(string[] args)
[2]          {
[3]              int AnzahlPersonen = 0, Aufenthaltsdauer, MwSt. = 19;
[4]              double Zimmerpreis, Gesamtpreis, Nettopreis;
[5]              string EingabeAnzahlPersonen, EingabeAufenthaltsdauer,
                 Berechnungsmethode;

[6]              if (args.GetLength(0) != 2)
[7]              {
[8]                  Console.WriteLine("Falsche oder keine Parameter");
[9]                  Console.WriteLine("Aufruf: Angebotsmodul.Konsolenpara-
                     meter.exe Berechnungsmethode Zimmerpreis");
[10]                 Console.WriteLine("Berechnungsmethode: P = pro Person,
                     N = pro Nacht");
[11]                 return;
[12]             }

[13]             Berechnungsmethode = args[0];
[14]             Zimmerpreis = Convert.ToDouble(args[1]);

[15]             if (Berechnungsmethode == "P")
[16]             {
[17]                 Console.Write("Eingabe Anzahl Personen:");
[18]                 EingabeAnzahlPersonen = Console.ReadLine();
[19]                 AnzahlPersonen = Convert.ToInt32(EingabeAnzahlPersonen);
[20]             }

[21]             Console.Write("Eingabe Aufenthaltsdauer:");
[22]             EingabeAufenthaltsdauer = Console.ReadLine();
[23]             Aufenthaltsdauer = Convert.ToInt32(EingabeAufenthaltsdauer);

[24]             if (Berechnungsmethode == "P")
[25]                 Nettopreis = Aufenthaltsdauer * AnzahlPersonen *
                     Zimmerpreis;
[26]             else
[27]                 Nettopreis = Aufenthaltsdauer * Zimmerpreis;
[28]             Gesamtpreis = Nettopreis + Nettopreis * MwSt./100;

[29]             Console.WriteLine("Der Gesamtpreis beträgt: {0} ",
                 Gesamtpreis);
[30]             Console.ReadLine();
[31]         }
```

Aufgabe

Entwerfen und implementieren Sie ein Programm, das die durchschnittliche Temperatur berechnet. Es kann eine beliebige Anzahl von Temperaturen (z. B. Tagesmittelwert eines Tages) als Aufrufparameter übergeben werden.

3.12 WHILE-Schleifen

Arbeitsauftrag

Schreiben Sie ein Programm, das für Gäste mit keinen oder maximal zwei Kindern einen Gesamtpreis erstellt. Die Rabattstaffel beträgt: 0 bis 6 Jahre 100 %, sonst 50 %.

- Eingabe: Anzahl Kinder, Alter pro Kind
- Ausgabe: Gesamtpreis

Die Analyse des Arbeitsauftrages ergibt folgende wesentliche Verarbeitungsschritte:

- Eingabe Anzahl Kinder
- Berechne den Kinderpreis für jedes Kind (0 bis 2)
  - Eingabe Alter Kind
  - Setzen des Rabatts
  - Zimmerpreis * Rabatt/100
- Berechnung und Ausgabe des Gesamtpreises

Die Berechnung des Kinderpreises wird also für jedes Kind wiederholt. Da jedoch die Anzahl der Kinder von 0 bis 2 variieren kann, ist die FOR-Schleife nicht die ideale Kontrollstruktur, denn dabei ist die Anzahl der Wiederholungen bekannt. Ist die Wiederholung jedoch abhängig von einer Bedingung oder ist die Anzahl der Wiederholungen unbekannt, sollte die WHILE-Schleife verwendet werden. Die Syntax und das Struktogramm sehen wie folgt aus:

Syntax

while (Bedingung)

{

      Anweisung 1;
      Anweisung 2:
      Anweisung n;

}

Angewandt auf die Auftragsarbeit hat die WHILE-Kontrollstruktur folgende Bedeutung: Solange noch nicht die Kinderpreise für alle Kinder berechnet wurden, berechne den Rabatt für die Kinderpreise. In diesem Fall besteht die Herausforderung darin, die Bedingung der Schleife zu definieren. Hier kann man sich mit der Anzahl der Kinder helfen, indem man innerhalb der Schleife, die Variable AnzahlKinder um 1 erniedrigt. Damit kann man die Bedingung „AnzahlKinder > 0" definieren. Somit lautet die Kontrollstruktur für diesen Fall: Solange die Variable AnzahlKinder größer 0 ist, berechne den Rabatt für den Kinderpreis.

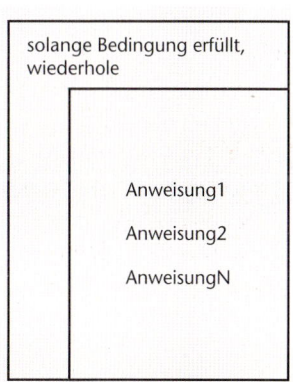

Fallabfrage mit der while-Schleife

```
EingabeAnzahlKinder = Console.ReadLine();
AnzahlKinder = Convert.ToInt32(EingabeAnzahlKinder);
while (AnzahlKinder > 0)
```

```
{
   // Eingabe Alter des Kindes
   // Berechnen des Rabatts
   AnzahlKinder = AnzahlKinder - 1;
}
```

Damit lässt sich der Arbeitsauftrag wie folgt entwerfen und realisieren:

Lösung zum Arbeitsauftrag

Entwurf und Programm

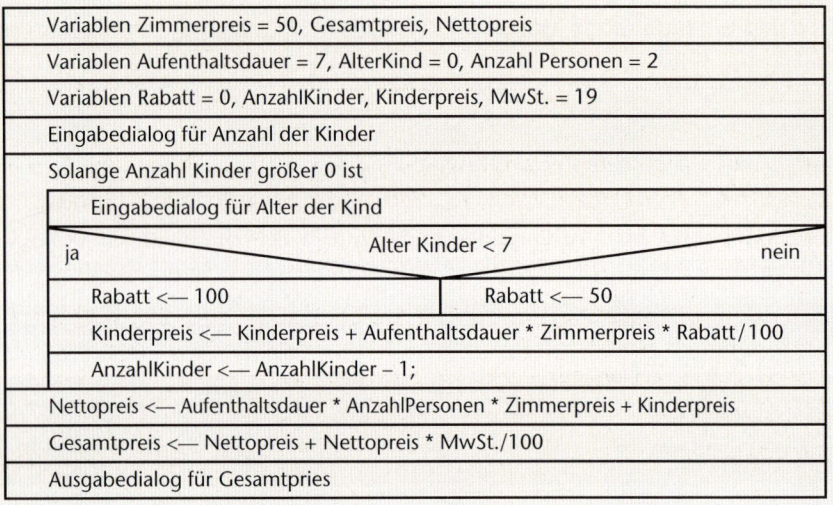

Variablen Zimmerpreis = 50, Gesamtpreis, Nettopreis
Variablen Aufenthaltsdauer = 7, AlterKind = 0, Anzahl Personen = 2
Variablen Rabatt = 0, AnzahlKinder, Kinderpreis, MwSt. = 19
Eingabedialog für Anzahl der Kinder
Solange Anzahl Kinder größer 0 ist

Eingabedialog für Alter der Kind

ja   Alter Kinder < 7   nein

| Rabatt <— 100 | Rabatt <— 50 |

Kinderpreis <— Kinderpreis + Aufenthaltsdauer * Zimmerpreis * Rabatt / 100

AnzahlKinder <— AnzahlKinder – 1;

Nettopreis <— Aufenthaltsdauer * AnzahlPersonen * Zimmerpreis + Kinderpreis

Gesamtpreis <— Nettopreis + Nettopreis * MwSt./100

Ausgabedialog für Gesamtpries

Struktogramm zum Arbeitsauftrag

```
[1]      static void main(string[] args)
[2]      {
[3]          double Zimmerpreis = 50, Kinderpreis = 0;
[4]          double Nettopreis, Gesamtpreis;
[5]          int AnzahlPersonen = 2, Aufenthaltsdauer = 7, MwSt. = 19;
[6]          int AlterKind = 0,Rabatt = 0,AnzahlKinder ;
[7]          string EingabeAlterKind, EingabeAnzahlKinder;

[8]          Console.Write("Eingabe Anzahl Kinder");
[9]          EingabeAnzahlKinder = Console.ReadLine();
[10]         AnzahlKinder = Convert.ToInt32(EingabeAnzahlKinder);

[11]         while (AnzahlKinder > 0)
[12]         {
[13]             // Eingabe Alter des Kindes
[14]             Console.Write("Eingabe Alter Kind:");
[15]             EingabeAlterKind = Console.ReadLine();
[16]             AlterKind = Convert.ToInt32(EingabeAlterKind);

[17]             if (AlterKind < 7)
[18]                 Rabatt = 100; // 0 bis 6 100%
[19]             else
```

```
[20]                      Rabatt = 50; // sonst 50%
[21]                 Kinderpreis = Kinderpreis + Aufenthaltsdauer *
                     Zimmerpreis * Rabatt/100;

[22]                 AnzahlKinder = AnzahlKinder - 1;
[23]             }
[24]             Nettopreis = Aufenthaltsdauer * AnzahlPersonen *
                 Zimmerpreis + Kinderpreis;
[25]             Gesamtpreis = Nettopreis + Nettopreis * MwSt./100;

[26]             Console.WriteLine("Der Gesamtpreis beträgt:{0}",
                 Gesamtpreis);
[27]             Console.ReadKey();
[28]         }
```

Aufgaben

1. *Entwerfen und implementieren Sie ein Programm, das den größten gemeinsamen Teiler von zwei ganzzahligen Werten nach dem klassischen Euklidischen Algorithmus ermittelt.*

Eingabe: Zahl 1, Zahl 2
Ausgabe: ggT

2. *Entwerfen und implementieren Sie ein Programm, welches eine digitale Zahl in eine binäre Zahl umwandelt. Dabei wird eine Zahl solange durch 2 dividiert, bis 0 herauskommt. Der Rest jeder einzelnen Division entspricht dabei einer Binärzahlstelle.*

Eingabe: ganze Zahl
Ausgabe: digitale Zahl

3.13   Exkurs: Klasse string

Der Datentyp (die Klasse) string wird in Kapitel 6 „Grundlegende .NET-Klassen" detaillierter beschrieben. In diesem Kapitel wird nur kurz auf die Verwendung eingegangen. Text wird in C# (wie bei der Anweisung Console.WriteLine) zwischen doppelte Anführungszeichen gesetzt. Damit kann man einen string -Datentyp wie folgt setzen.

```
string Ort = "Berlin";
string Strasse;
char Zeichen;
Strasse = "Musterstrasse";
```

3.14   DO/WHILE-Schleife

Arbeitsauftrag

Schreiben Sie ein Programm, mit dem ein Angebot solange berechnet wird, bis der Benutzer den Abbruch mit der Taste n bestätigt.

- Eingabe: Aufenthaltsdauer
- Ausgabe: Gesamtpreis
- Eingabe: Eingabedialog für Abbruch

Die Analyse des Arbeitsauftrages ergibt folgende wesentliche Verarbeitungsschritte:

- Berechne Angebot:
  - Eingabe Aufenthaltsdauer und Anzahl der Personen
  - Berechnung und Ausgabe
  - Eingabedialog für Abbruch
- bis der Benutzer mit Taste n abbricht

Hier werden die Anweisungen mindestens einmal durchgeführt und erst danach wird geprüft, ob die Schleife verlassen werden soll. Für diese Art von Schleifen ist die DO/WHILE-Schleife geeignet.

Syntax

```
do
{
        Anweisung 1;
        Anweisung 2;
        Anweisung n;
} while (Bedingung);
```

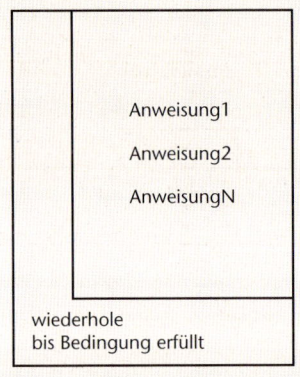

Struktogramm für DO/WHILE-Schleife

Die folgende DO/WHILE-Schleife im Code-Snippet führt die Berechnungen des Gesamtpreises so lange durch (inkl. Einlesen der Werte) bis der Benutzer die Schleife mit der Eingabe n beendet. Diese Anweisung kann man auch so lesen: Führe (Do) Anweisungen aus, solange (while) die Bedingung (Antwort != „n") erfüllt ist.

```
string Antwort;
 do
 {
     // Eingaben einlesen
     // Berechnungen durchführen
     Antwort = Console.ReadLine();
 } while (Antwort != "n");
```

3.14.1 Break-Anweisung

Eine Schleife (For, While, Do/While) kann vorzeitig durch die Break-Anweisung verlassen werden. Im folgenden Beispiel wird die FOR-Schleife verlassen, wenn die Bedingung „true" ist:

```
for (i = 0; i < 5; i++)
{
   if (Bedingung)
         break;
}
```

3.14.2 Entwurf und Programm

Lösung zum Arbeitsauftrag

Auf Basis der vorangegangenen Erklärungen lässt sich die Auftragsarbeit wie folgt entwerfen und implementieren.

Variablen Zimmerpreis = 50, Gesamtpreis, Nettopreis
Variablen Anzahl Personen, Aufenthaltsdauer = 0, MwSt. = 19
Begrüßungsdialog
Eingabedialog für Aufenthaltsdauer
Eingabedialog für Anzahl Personen
Nettopreis <— Zimmerpreis * Aufenthaltsdauer * Anzahl Personen;
Gesamtpreis <— Nettopreis + Nettopreis * MwSt./100;
Ausgabedialog für Gesamtpreis
Eingabeaufforderung für Antwort
wiederhole, bis Antwort ungleich n

Struktogramm zum Arbeitsauftrag

```
[1]         static void main(string[] args)
[2]         {
[3]             double Zimmerpreis = 50,Gesamtpreis,Nettopreis;
[4]             int AnzahlPersonen, Aufenthaltsdauer = 0, MwSt. = 19;
[5]             string EingabeAufenthaltsdauer, EingabeAnzahlPersonen,
                EingabeAbbruch;

[6]             do
[7]             {
[8]                 Console.WriteLine("Berechnen eines Angebots");

[9]                 Console.Write("Eingabe Aufenthaltsdauer:");
[10]                EingabeAufenthaltsdauer = Console.ReadLine();
[11]                Aufenthaltsdauer = Convert.
                    ToInt32(EingabeAufenthaltsdauer);

[12]                Console.Write("Eingabe Anzahl Personen:");
[13]                EingabeAnzahlPersonen = Console.ReadLine();
[14]                AnzahlPersonen= Convert.ToInt32(EingabeAnzahlPersonen);

[15]                Nettopreis = Zimmerpreis * Aufenthaltsdauer *
                    AnzahlPersonen;
[16]                Gesamtpreis = Nettopreis + Nettopreis * MwSt./100;

[17]                Console.WriteLine("Der Gesamtpreis beträgt:{0}",
                    Gesamtpreis);

[18]                Console.Write("Weitere Angebote berechnen? (j/n)");
```

```
[19]                    EingabeAbbruch = Console.ReadLine();

[20]            } while (EingabeAbbruch != "n");
[21]       }
```

Aufgaben

1. Entwerfen und implementieren Sie ein Programm, das beliebige Zahlen so lange einliest, bis der Benutzer die Eingabe abbricht. Berechnen Sie die Summe, das Maximum und das Minimum der bisher eingegebenen Werte. Der Benutzer bricht die Eingabe mit n ab.

    Eingabe: Zahlen
    Ausgabe: Summe, Maximum, Minimum
    Eingabe: Antwort auf Abbruchabfrage

2. Passen Sie das Programm „Wochentage berechnen" aus Kapitel 3.8 Switch so an, dass es nach der ersten Berechnung das Programm nicht beendet wird. Nach der Berechnung des Wochentages wird der Benutzer gefragt, ob er das Programm mit n abbrechen oder eine neue Berechnung durchführen möchte (Eingabe ungleich n).

3.15 Mehrdimensionale Arrays

Arbeitsauftrag

Schreiben Sie ein Programm, das nach Eingabe von Zimmerkategorie (1 bis 3), Saison (1 bis 4) und Aufenthaltsdauer den Gesamtpreis ausrechnet.

Das Hotel bietet drei Zimmerkategorien (Standard, Komfort und Suite) für vier Saisons an:

	Frühling (1)	Sommer (2)	Herbst (3)	Winter (4)
Standard (1)	60	70	80	65
Komfort (2)	70	80	80	75
Suite (3)	100	110	120	105

Die Analyse des Arbeitsauftrages ergibt folgende wesentliche Verarbeitungsschritte:

*   Saisonpreise im Programm abbilden
*   Eingabedialog für Zimmerkategorie, Saison und Aufenthaltsdauer
*   Preis zu Saison ermitteln
*   Berechnung und Ausgabe des Gesamtpreises

3.15.1 Arrays deklarieren

Die Zimmerpreisliste für eine Zimmerkategorie wurde weiter vorne in Kapitel 3.7 als eindimensionales Array im Programm abgebildet. Die Preisliste im Arbeitsauftrag ist jedoch eine Tabelle und hat damit zwei Dimensionen (Spalte und Zeile). Daher werden

Arrays mit mehr als einer Dimension mehrdimensionale Arrays genannt. Mit diesen Arrays kann man auch drei Dimensionen (vergleichbar mit einem Würfel) oder noch mehr Dimensionen abbilden.

Syntax

Datentyp[,] Variablenname = new Datentyp[Zeilenanzahl,Spaltenanzahl];

```
double[,] Zimmerpreise = new double[3, 4];
```

Diese Deklaration legt ein zweidimensionales Array mit drei Zeilen und vier Spalten an. Das Array wird wie bei den eindimensionalen Arrays mit eckigen Klammern gekennzeichnet. Damit das Programm erkennt, dass es sich um ein mehrdimensionales Array handelt, wird jede Dimension durch ein Komma getrennt. Bei zwei Dimensionen ist es ein Komma, bei drei Dimensionen zwei Kommas usw.

Dann kommen wie gewohnt ein Gleichheitszeichen, ein newOperator und der Datentyp. Erst hier wird zwischen den eckigen Klammern die Dimensionsgröße angegeben. Bei dieser Syntaxvariante wurde das Array noch nicht mit Werten initialisiert, mit Ausnahme der Standardwerte, die C# vergibt. D. h., im Fall von double sind alle Arraywerte mit 0 belegt.

3.15.2 Arrays setzen

Mehrdimensionale Arrays werden ähnlich wie eindimensionale Arrays gesetzt, nur dass zusätzlich pro Dimension ein Index angegeben werden muss:

Syntax

Variablenname[Index Dimension 1, Index Dimension 2, Index Dimension n] = Wert;

```
Preisliste[0, 0] = 61;   // ändert den Preis der Zimmerkategorie
                         // Standard für die Frühlingssaison
```

3.15.3 Arrays mit Anfangswerten initialisieren

Auch ein mehrdimensionales Array kann mit Anfangswerten initialisiert werden:

Syntax

Datentyp[,] Variablenname = new Datentyp[Zeilenanzahl,Spaltenanzahl]

```
{
        {Werteliste von Zeile 1},
        {Werteliste von Zeile 2},
        {Werteliste von Zeile n},
};

        double[,] Zimmerpreise = new double[3, 4]
                { {60,70,80,65},
                     {70,80,90,75},
                  {100,110,120,105} };
```

3.15.4 Zugriff mit verschachtelter FOR-Schleife

Wie im Kapitel 3.9 „Eindimensionale Arrays" beschrieben, kann man mit einer FOR-Schleife auf ein Array zugreifen. Da die Preisliste ein zweidimensionales Array ist, macht man dies demnach mit zwei FOR-Schleifen. Da zwei Indizes gleichzeitig benötigt werden, werden die FOR-Schleifen verschachtelt.

```
for (int i = 0; i < 3; i++)
    for (int j = 0; j < 4; j++)
        Console.Write("{0}\t", Saisonpreise[i,j]); // \t = Tabulator
```

3.15.5 Entwurf und Realisierung

Lösung zum Arbeitsauftrag

2 dim. Array Saisonpreise je Kategorie und Saison
Zimmerpreis = 0
Aufenthaltsdauer = 0, Saision = 0, MwSt. = 19, Kategorie
Gesamtpreis, Nettopreis
Ausgabe Begrüßung
Ausgabe "Eingabe Saison (1–4):"
Wiederhole von i = 0 bis i < 3, erhöhe i um 1
Wiederhole von i = 0 bis i < 4, erhöhe i um 1
Ausgabe Saisonpreise[i,j]
Eingabedialog für Saison
Eingabedialog für Kategorie
Eingabedialog Anzahl Personen
Eingabedialog Aufenthaltsdauer
Zimmerpreis aus Array ermitteln
Nettopreis = Zimmerpreis * Aufenthaltsdauer * Anzahl Personen
Gesamtpreis = Nettopreis + Nettopreis * MwSt./100
Ausgabe Gesamtpreis

Array2

```
[1]          static void main(string[] args)
[2]          {
[3]              double[,] Saisonpreise = new double[3,4]
[4]                  {
[5]                      { 60,  70,  80,  65 },
[6]                      { 80,  90, 100,  85 },
[7]                      { 100, 110, 120, 105 }
[8]                  };
[9]              double Zimmerpreis = 0;
[10]             string EingabeSaison, EingabeKategorie;
[11]             int AnzahlPersonen = 2, Aufenthaltsdauer = 7;
[12]             int Kategorie, Saison = 0, MwSt. = 19;
[13]             double Gesamtpreis, Nettopreis;

[14]             Console.WriteLine("Berechnen eines Angebots abhängig von
                 Saisonpreis und Zimmerkategorie");

[15]             for (int i = 0; i < 3; i++)
[16]             {
[17]                 for (int j = 0; j < 4; j++)
[18]                 {
[19]                     Console.Write("{0}\t", Saisonpreise[i,j]); // \t =
                         Tabulator
[20]                 }
[21]                 Console.WriteLine("");
[22]             }
[23]             // Eingabe Saison
[24]             Console.Write("Eingabe Saison(1-4):");
[25]             EingabeSaison = Console.ReadLine();
[26]             Saison = Convert.ToInt32(EingabeSaison);

[27]             // Eingabe Kategorie
[28]             Console.Write("Eingabe Zimmerkategorie (1-3)");
[29]             EingabeKategorie = Console.ReadLine();
[30]             Kategorie = Convert.ToInt32(EingabeKategorie);

[31]             Aufenthaltsdauer = 7; // Sollte eingelesen werden
[32]             AnzahlPersonen = 2; // Sollte eingelesen werden

[33]             // Berechnen
[34]             Zimmerpreis = Saisonpreise[Kategorie -1, Saison - 1]; //
                 Index beginnt bei 0
[35]             Nettopreis = Zimmerpreis * Aufenthaltsdauer *
                 AnzahlPersonen;
[36]             Gesamtpreis = Nettopreis + Nettopreis * MwSt./100;

[37]             Console.WriteLine("Der Gesamtpreis beträgt:{0}", Gesamtpreis);
[38]             Console.ReadKey();
[39]         }
```

Aufgaben

1. Entwerfen und implementieren Sie einen Tarifrechner für Strompreise eines Anbieters. Ein Energieversorgungsunternehmen bietet verschiedene Tarifmodelle an. So gibt es beispielsweise Tarife mit Grundgebühr und einen Arbeitspreis (Cent) pro verbrauchter kWh, oder keine Grundgebühr und dafür einen höheren Arbeitspreis. Nach Eingabe des Energieverbrauchs pro

Jahr (siehe z. B. letzte Stromrechnung, bzw. verbraucht ein Durchschnittshaushalt 3500 kWh) werden von allen Tarifmodellen der Gesamtpreis, die Grundgebühr und der Arbeitspreis angezeigt. Verwenden Sie einfachheitshalber nur ganze Zahlen für den Grundpreis und den Arbeitspreis. Der Arbeitspreis wird in Cent je KWh hinterlegt.

Tarifmodell	Grundpreis (Euro)	Arbeitspreis (ct/kWh)
1	83	21
2	222	10
3	70	25
4	0	40

2. *Entwerfen und implementieren Sie ein Programm für eine Bedarfsberechnung einer Kaffeehaus-Kette. Das Unternehmen stellt unterschiedliche Produkte her, siehe die folgende Produktionsmatrix. Das Programm soll den Gesamtbedarf für die unterschiedlichen Produkte berechnen. Beispielsweise werden von Kaffee mild 1000 Stück pro Tag verkauft, von Kaffee stark 1500 Stück pro Tag und von Kaffee mit Aroma 500 Stück. Das Programm soll also die Produktionsmatrix mit einem Vektor multiplizieren. Speichern Sie das Ergebnis in einer eigenen Matrix und geben Sie nach der Berechnung diese am Bildschirm aus.*

Eingabe: Mengen für jedes Produkt
Ausgabe: Produktionsmatrix, Bedarfsmatrix

	Kaffee mild	Kaffee stark	Kaffee mit Aroma
Kaffee	100 ml	120 ml	120 ml
Milch	10 ml	10 ml	10 ml
Aroma	0	0	5 ml

3.16 Logische Operatoren

Arbeitsauftrag

Schreiben Sie ein Programm, das einen Rabatt von 30 % berechnet, wenn ein Gast am Sonntag ankommt und die Aufenthaltsdauer fünf Tage beträgt.

Die Analyse des Arbeitsauftrages ergibt folgende wesentliche Verarbeitungsschritte:

- Eingabe von Ankunftstag und Aufenthaltsdauer
- Wenn Aufenthaltstag gleich Sonntag UND Aufenthaltsdauer gleich fünf Tage, dann 30 % Rabatt

Die in den bisherigen Kapiteln vorgestellten Kontrollstrukturen, wie das IF, führen nur dann die Anweisung aus, wenn eine Bedingung wie AlterKinder < 9 zutrifft. Der Rabatt in der Auftragsarbeit soll jedoch nur dann gewährt werden, wenn zwei Bedingungen (Anreisetag = Sonntag und Aufenthaltsdauer = 5 Tage) zutreffen. Damit beide Bedingungen einen Wahrheitswert (true/false) liefern, werden diese über einen logischen Operator (hier: und) verknüpft. C# kennt folgende logische Operatoren:

- AND (UND-Verknüpfung)
- OR (ODER-Verknüpfung)

3.16.1 UND-Verknüpfung

Die Syntax für die AND (UND)-Verknüpfung lautet wie folgt:

Syntax

Wahrheitswert = Operand1 & Operand2;

```
bool IstRabatt = false;
int Aufenthaltsdauer = 5;
string Anreisetag = "Sonntag";
IstRabatt = (Anreisetag == "Sonntag") & (Aufenthaltsdauer == 5);
```

Das Keyword für den AND-Operator ist das kaufmännische UND. Nur wenn beide Operanden, also (Anreisetag == "Sonntag"), und (Aufenthaltsdauer == "5") true ergeben, ist auch das Gesamtergebnis true. Sobald nur ein Operand oder beide Operanden false sind, ist das Gesamtergebnis false. Dieser Zusammenhang lässt sich am besten in einer Wahrheitstabelle darstellen.

	Operand 1	Operand 2
Gesamtergebnis	Anreisetag == "Sonntag"	Aufenthaltsdauer == 5
true	true	true
false	true	false
false	false	true
false	false	false

3.16.2 ODER-Verknüpfung

Bedingungen wie Anreisetag Sonntag oder Montag treffen dann zu, wenn eine der beiden Teilbedingungen wahr ist. Diese Bedingung kann in Form einer ODER-Verknüpfung ausgedrückt werden.

Syntax

Wahrheitswert = Operand1 | Operand2;

Im folgenden Beispiel wird die Variable IstRabatt nur dann auf true gesetzt, wenn der Anreisetag Sonntag oder Montag ist.

```
bool IstRabatt = false;
string Anreisetag = "Sonntag";
IstRabatt = (Anreisetag == "Sonntag") | (Anreisetag == "Montag");
```

Das Keyword für den OR-Operator ist der senkrechte Strich. Wenn einer der beiden Operanden, also (Anreisetag == "Sonntag") oder (Anreisetag == "Montag") true ergeben oder beide Operanden, ist auch das Gesamtergebnis true. Sobald beide Operanden false sind, ist das Gesamtergebnis false. Dieser Zusammenhang lässt sich am besten in einer Wahrheitstabelle darstellen.

	Operand 1	Operand 2
Gesamtergebnis	Anreisetag == "Sonntag"	Anreisetag == "Montag"
true	true	false
true	false	true
true	true	true
false	false	False

3.16.3 Entwurf und Realisierung

Lösung zum Arbeitsauftrag

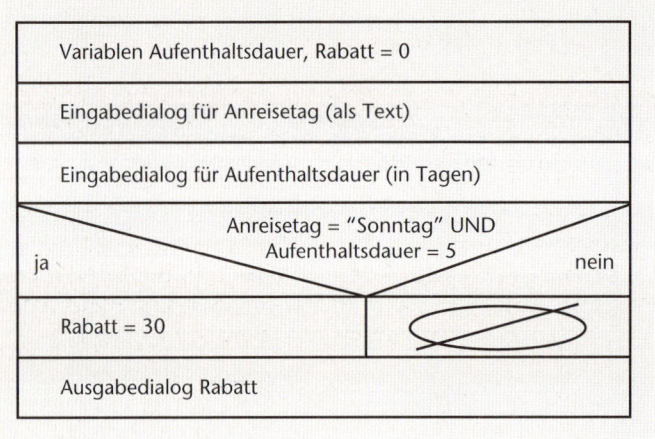

LogOp

```
[1]        static void main(string[] args)
[2]        {
[3]            string Anreisetag, EingabeAufenthaltsdauer;
[4]            int Aufenthaltsdauer, Rabatt = 0;

[5]            Console.Write("Anreisetag (als Text):");
[6]            Anreisetag = Console.ReadLine();

[7]            Console.Write("Aufenthaltsdauer (in Tagen):");
[8]            EingabeAufenthaltsdauer = Console.ReadLine();
[9]            Aufenthaltsdauer = Convert.ToInt32(EingabeAufenthaltsdauer);

[10]           if (Anreisetag == "Sonntag" & Aufenthaltsdauer == 5)
[11]               Rabatt = 30;
[12]           Console.WriteLine("Rabatt = {0}",Rabatt);
[13]           Console.ReadKey();
[14]        }
```

Aufgabe

Entwerfen und implementieren Sie ein Programm, das Grad Celcius in Grad Fahrenheit umrechnet.

$T_F = 32 + 180/100 * T_C$

Der erlaubte Wertebereich liegt zwischen T_C: –273,15 und etwa 15.599.726 °C , also zwischen der Temperatur des Nullpunktes und der Temperatur des Sonneninneren. Wird der Wertbereich unter- oder überschritten, erscheint eine Meldung.

3.17 Strukturen

Arbeitsauftrag

Schreiben Sie ein Programm, das zu einem Zimmer alle Preise auflistet.

Die Analyse des Arbeitsauftrages ergibt folgende wesentliche Verarbeitungsschritte:

- Zimmerinformationen im Programm ablegen
- Informationen ausgeben

Sowohl eine Variable wie Zimmerpreis als auch ein Array etwa die Preisliste kann immer nur einen Datentyp wie beispielsweise int speichern. Möchten Sie zusätzlich im Programm die Information Zimmerfläche abbilden, würden Sie nach bisherigem Wissensstand eine weitere Variable benötigen. In C# gibt es jedoch eine elegantere Möglichkeit einen neuen Datentyp aus anderen Datentypen zusammenzusetzen: das struct.

Syntax

public struct Datentypname

{

       public Datentyp Strukturvariable1;
       public Datentyp Strukturvariable2;
       public Datentyp StrukturvariableN;

}

```
public struct ZimmerPreis
{
    public int KategorieNummer;
    public double Preis;
    public int RabattKinder;
};
```

Das Schlüsselwort `public` ist ein sogenannter Zugriffsmodifizierer, der im Kapitel 4 „Grundlagen objektorientiertes Programmieren" beschrieben wird. Nach der Definition des eigenen Datentyps ZimmerinfoTyp kann dieser wie gewohnt als Variable definiert werden:

Syntax

ZusammengesetzterDatentyp Variablenname;

```
PreisdatenProPerson Kategorie1;
```

Das Setzen der einzelnen Variablen erfolgt nach folgendem Schema: Zwischen Variablenname und Einzelvariable wird ein Punkt gesetzt.

Syntax

Variablenname.Strukturvariable = Wert;

```
Kategorie1.KategorieNummer = 1;
```

Das Lesen funktioniert ebenfalls über den Aufruf Variablenname.Strukturvariable:

Syntax

Wert = Variablenname.Strukturvariable;

```
Preis = Kategorie1.Preis
```

Ein `struct` muss in C# außerhalb der main-Methode deklariert werden. Entweder wie im Source-Code gezeigt, innerhalb der Klassendefinition (class), oder außerhalb der Klassendefinition. Das kann auch eine eigene Datei sein.

Lösung zum Arbeitsauftrag

Entwurf und Realisierung

```
Zusammengesetzte Variable für Zimmerpreis:
- Kategorienummer
- Preis
- RabattKinder
- MWstA

Ausgabedialog für die einzelnen Sturkturvariablen
```

Struktogramm zum Arbeitsauftrag

```
[1]      class Program
[2]      {
[3]          public struct PreisdatenProPerson
[4]          {
[5]              public int KategorieNummer;
[6]              public double Preis;
[7]              public int RabattKinder;
[8]              public double MwStA = 7;
[9]          };

[10]         static void main(string[] args)
[11]         {
[12]             PreisdatenProPerson Kategorie1;
[13]             Kategorie1.KategorieNummer = 1;
[14]             Kategorie1.Preis = 50;
[15]             Kategorie1.RabattKinder = 60;

[16]             Console.WriteLine("Das Zimmer mit der Kategorie {0}
                 kostet {1} Euro und Kinder erhalten einen Rabatt von
                 {2}%",
[17]                 Kategorie1.KategorieNummer, Kategorie1.Preis,
                     Kategorie1.RabattKinder);
[18]             Console.ReadKey();
[19]         }
[20]     }
```

Aufgaben

1. *Entwerfen und implementieren Sie ein Programm, das eine Adresse als Struktur abbildet: Straße (string), Hausnummer (string), PLZ (Ganzzahl) und Ort (string)*

   Eingabe: Straße, Hausnummer, PLZ und Ort.
   Prüfung: PLZ muss zwischen 10000 und 99999 liegen, sonst Eingabe von PLZ wiederholen lassen.
   Ausgabe: Strukturvariablen

2. *Entwerfen und implementieren Sie ein Programm, das folgende Informationen zu einem Buch als Struktur abbildet: Titel, Autor, ISBN, Erscheinungsjahr, Preis, Verlag*

   Eingabe: Titel, Autor, ISBN, Erscheinungsjahr, Preis
   Prüfung: Preis muss größer 0 sein, sonst Eingabe von Preis wiederholen lassen.
   Ausgabe: Strukturvariablen

3.18 Enums

Arbeitsauftrag

Schreiben Sie ein Programm, welches die möglichen Verpflegungstypen (Frühstück, Voll- und Halbpension) als Enum implementiert.

Die Analyse des Arbeitsauftrages ergibt folgende wesentliche Verarbeitungsschritte:

- Verpflegungstyp im Programm abfragen
- Verpflegungstyp als Text ausgeben

Eine Variable wie Zimmerpreis kann unterschiedliche Werte annehmen. Der Wertebereich kann je nach Datentyp und Anwendungsfall von beispielsweise 20 bis 300 Euro für ein Zimmer betragen. Hingegen gibt es Variablen wie die Kundenkategorie, die nur eine bestimmte Anzahl an Werten, wie Stammkunde, Firmenkunde und Reisebüro abbilden sollen. In Kapitel 3.8 „Switch" wurde jeder Kundenkategorie eine Zahl zugeordnet. Nur über den Kommentar ist erkennbar, um welche Art von Kategorie es sich handelt. Um einerseits einem Datentyp vorgegebene Werte zuweisen zu können und andererseits den Werten einen Namen zu geben, sind Enums ein geeignetes Mittel:

Syntax

```
public enum EnumTypeName
{
        Konstante1,
        Konstante2,
        KonstanteN
}
```

```
public enum KundenkategorieTyp { Stammkunde, Firmenkunde, Reisebuero };
```

Standardmäßig beginnt der Wert der ersten Konstante mit dem Wert 1. Jede weitere Konstante im Enum wird um 1 erhöht: Firmenkunde hat den Wert 2, Reisebuero den Wert 3.

Soll die Konstante 1 mit einem anderen Startwert beginnen, verwendet man folgende Syntax:

Syntax

```
public enum EnumTypeName
{
        Konstante1 = Startwert,
        Konstante2,
        KonstanteN
}
```

```
public enum KundenkategorieTyp { Stammkunde = 100, Firmenkunde, Reisebuero };
```

Des Weiteren kann jeder Konstanten im Enum ein eigener Wert gegeben werden:

Syntax

```
public enum EnumTypeName
{
        Konstante1 = Wert1,
        Konstante2 = Wert2,
        KonstanteN = WertN
}
```

```
enum VerpflegungsTyp
{
    Keiner,
    Fruehstueck,
    HP,
    VP
}
```

Nachdem der Datentyp Enum deklariert wurde, kann dieser wie gewohnt als Variable deklariert und verwendet werden.

Syntax

EnumTypeName Variablenname;
Variablenname = EnumTypeName.Konstante1

```
VerpflegungsTyp Verpflegungsart;
Verpflegungsart = VerpflegungsTyp.Fruehstueck;
```

Der darunter liegende Datentyp eines Enums ist standardmäßig ein int. Abhängig vom vergebenen Startwert oder Konstantenwert kann der darunter liegende Datentyp jeder ganzzahlige Datentyp sein. Mit folgender Typkonvertierung kann zwischen einem Enum und einer ganzen Zahl konvertiert werden:

Syntax

Wert = (int) EnumTypName.Konstante1;
EnumTypName = (EnumTypName)Wert;

```
VerpflegungsTyp Verpflegungsart;
int VerpflegungInt = 1;
Verpflegung = (VerpflegungsTyp)Convert.ToInt32(VerpflegungInt);;
```

Lösung zum Arbeitsauftrag

Entwurf und Realisierung

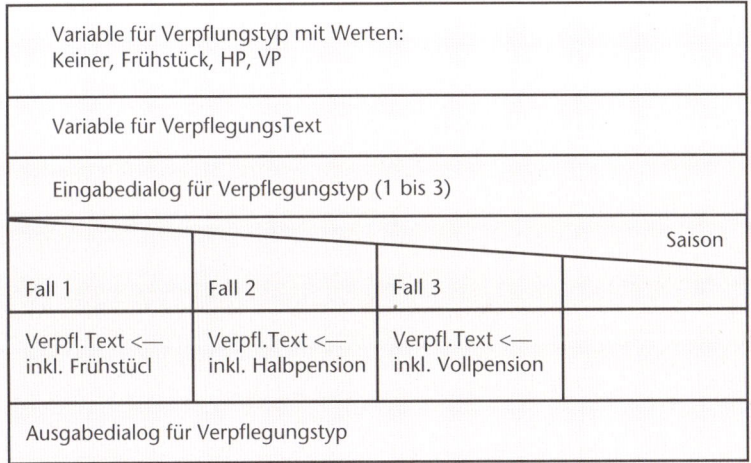

Variable für Verpflungstyp mit Werten: Keiner, Frühstück, HP, VP			
Variable für VerpflegungsText			
Eingabedialog für Verpflegungstyp (1 bis 3)			
			Saison
Fall 1	Fall 2	Fall 3	
Verpfl.Text <— inkl. Frühstücl	Verpfl.Text <— inkl. Halbpension	Verpfl.Text <— inkl. Vollpension	
Ausgabedialog für Verpflegungstyp			

Enum-Struktogramm

```
[1]        enum VerpflegungsTyp
[2]        {
[3]           Keiner,
```

```
[4]              Fruehstueck,
[5]              HP,
[6]              VP
[7]         }

[8]       static void main(string[] args)
[9]       {
[10]           VerpflegungsTyp Verpflegung;
[11]           string EingabeVerpflegung, VerpflegungsText = "";

[12]           Console.Write("Eingabe 1=Frühstück, 2=Halbpension,
               3=Vollpension");
[13]           EingabeVerpflegung = Console.ReadLine();
[14]           Verpflegung = (VerpflegungsTyp)Convert.
               ToInt32(EingabeVerpflegung);

[15]           switch (Verpflegung)
[16]           {
[17]               case VerpflegungsTyp.Fruehstueck:
[18]                   VerpflegungsText = "inkl. Frühstück";
[19]                   break;
[20]               case VerpflegungsTyp.HP:
[21]                   VerpflegungsText = "inkl. Halbpension";
[22]                   break;
[23]               case VerpflegungsTyp.VP:
[24]                   VerpflegungsText = "inkl. Vollpension";
[25]                   break;
[26]               default:
[27]                   VerpflegungsText = "Keine";
[28]                   break;
[29]           }
[30]           Console.WriteLine("Die gewählte Verpflegungsart ist {0}",
               VerpflegungsText);
[31]           Console.ReadKey();
[32]       }
```

Aufgaben

1. *Ändern Sie den Auftrag aus Kapitel 3.8 „Switch" so, dass im Switch Enums verwendet werden.*

2. *Entwerfen und implementieren Sie ein Programm, das Grad in die vier Himmelsrichtungen (N,0,S,W) umwandelt. Entwicklen Sie eine Formel, welche die Grade direkt in die Werte 0 bis 360 umwandelt. Mithilfe eines Switches und Enums soll die Himmelsrichtung als Text ausgegeben werden.*

   Eingabe: Grad von 0-360 oder n für Abbruch
   Ausgabe: Norden, Osten, Süden, Westen

3.19 Weiterführende Themenbereiche

Neben den bisher benannten Anweisungen könnten noch weitere von Interesse sein. Diese werden im Folgenden kurz erläutert.

3.19.1 Else-if-Anweisung

Arbeitsauftrag

Schreiben Sie ein Programm, das für Familien mit zwei Erwachsenen und einem Kind folgende Rabatte gibt:

- 0 bis 6 Jahre: 100 %
- 7 bis 11 Jahre: 70 %
- Sonst 30 %

Neben der vorgestellten zweiseitigen und Mehrfachauswahl steht noch die else-if-Anweisung zur Verfügung. Damit lassen sich unter Umständen verschachtelte IF-Anweisungen vermeiden. Die Syntax lautet wie folgt.

Syntax

```
if (Bedingung 1)
{
    // Anweisung 1;
}
else if (Bedingung 2)
{
    // Anweisung 2;
}
else if (Bedingung 3)
{
    // Anweisung 3;
}
else
{
    // Anweisung n;
}
```

Wenn die Bedingung 1 nicht erfüllt wird, ist eine Prüfung der Bedingung 2 erforderlich. Ist sie erfüllt, wird die Anweisung 2 ausgeführt. Falls Bedingung 2 nicht erfüllt ist, wird die Bedingung 3 geprüft usw.

Lösung zum Arbeitsauftrag

Damit lässt sich der Arbeitsauftrag aus Kapitel 3.7 wie folgt lösen:

```
[1]         static void main(string[] args)
[2]         {
[3]             const double Zimmerpreis = 50;
[4]             int AnzahlPersonen = 2, Aufenthaltsdauer = 7;
[5]             int AlterKind = 0, MwSt. = 19, Rabatt = 0;
[6]             double Gesamtpreis, Nettopreis;
[7]             string EingabeAlterKind;
[8]             double Kinderpreis;

[9]             Console.Write("Eingabe Alter Kind:");
[10]            EingabeAlterKind = Console.ReadLine();
```

```
[11]              AlterKind = Convert.ToInt32(EingabeAlterKind);

[12]              if (AlterKind < 7)
[13]              {
[14]                  Rabatt = 100; // 0 bis 8: 100% Rabatt
[15]              }
[16]              else if (AlterKind <= 11)
[17]              {
[18]                  Rabatt = 70; // 7 bis 11 Jahre: 70% Rabatt
[19]              }
[20]              else
[21]              {
[22]                  Rabatt = 30; // sonst 30% Rabatt
[23]              }
[24]              Kinderpreis = Aufenthaltsdauer * Zimmerpreis * (1 -
                  Rabatt/100);
[25]              Nettopreis = Aufenthaltsdauer * Zimmerpreis * AnzahlPersonen +
                  Kinderpreis;
[26]              Gesamtpreis = Nettopreis + Nettopreis * MwSt./100;

[27]              Console.WriteLine("Der Gesamtpreis beträgt:{0}",
                  Gesamtpreis);
[28]              Console.ReadKey();
[29]          }
```

Aufgaben

Erweitern Sie die Aufgabe zur Windchill-Temperatur aus Kapitel 2 so, dass das Programm nach Berechnung der Windchill-Temperatur das thermische Empfinden nach der folgenden Tabelle ausgibt. Verwenden Sie die else-if-Anweisung. Nutzen Sie für das „bis-Datum" den kleiner-Operator (Bsp. < 26).

Windchill-Temperatur in °C	Thermisches Empfinden
unter −39	sehr kalt
−39 bis −26	kalt
−26 bis −13	kühl
−13 bis 0	leicht kühl
0 bis 20	behaglich
20 bis 26	leicht warm
26 bis 32	warm
32 bis 38	heiß
über 38	sehr heiß

Nach Ausgabe des thermischen Empfindens wird der Benutzer gefragt, ob er das Programm beenden oder eine neue Berechnung starten möchte.

Informieren Sie sich auf den BuchPlusWeb-Seiten des Verlags über folgende Anweisungen:

- break-Anweisung in Schleifen
- Zuweisungsoperatoren
- Strukturarrays
- bedingtes AND, OR

Hinweis für alle Aufgaben

Bevor Sie beginnen, die Aufgaben zu programmieren, sei nochmals auf die Einhaltung der Schritte Analyse, Entwurf, Realisierung und Test hingewiesen. Diese Schritte sollten Sie so verinnerlicht haben, dass Sie später auch komplexere Programme lösen können. Das Ergebnis eines Entwurfs ist daher zuerst ein Struktogramm. Erst wenn das Struktogramm vorliegt, sollten Sie mit der Umsetzung beginnen.

1. *Entwerfen und implementieren Sie die Angebotssoftware wie sie im Kapitel 3.1 beschrieben ist. Am Ende der Angebotsberechnung wird der Benutzer gefragt, ob er das Programm verlassen möchte oder die Angebotsberechnung neu durchgeführt werden soll.*

2. *Entwerfen und implementieren Sie ein Programm für die Bedarfsermittlung einer Firma, die PC-Gehäuse und Lüfter herstellt. Für die Prognose des Bedarfs an verschiedenen Materialien wie Schrauben, Muttern, Blech etc. soll für die nächsten drei Monate folgende Prognosemethode verwendet werden:*
   - *gewichteter Durchschnitt mit exponentieller Glättung 1. Ordnung.*
     $\acute{y}(t) = Alpha * y(t) + (1 - Alpha) * \acute{y}(t–1)$
     $\acute{y}(t)$: Prognosewert aktueller Monat, $\acute{y}(t–1)$, Prognosewert vorheriger Monat
     $y(t)$: Istwert vorheriger Monat
     Alpha: Glättungsfaktor (zwischen 0 und 1), z. B. 0,4

Rahmenbedingungen:
- *Prognosewert für Monat „-n" ist Istwert*
- *Wenn es keine Istwerte mehr gibt, dann werden die Prognosewerte verwendet.*
- *Verwenden Sie System.Math.Round., um den Prognosewert (double) zu runden und danach auf int zu casten.*

Eingabe:
- *Anzahl Monate für vorhandene Istwerte*
- *Stueckzahl je Monat (-n bis -1) (Relative Monatsangabe zum aktuellen Monat)*

Ausgabe: Ist- und Prognosewerte für Monat -n bis +3

4 Grundlagen der objektorientierten Programmierung

Nach Durcharbeiten dieses Kapitels kennen Sie die Grundbegriffe der objektorientierten Programmierung wie Objekte, Klassen, Datenkapselung, Vererbung und Polymorphismus.

4.1 Hauptauftrag

Der Projektleiter beauftragt Sie, ein Programm zu schreiben, das ein Angebot für verschiedene Unterkunftsarten berechnet.

4.2 Was bedeutet objektorientiert?

Wie würden Sie folgende Hauptschritte einer Angebotssoftware in einem Programm so abbilden, dass der Source Code lesbar, wartungsarm (Stichwort Fehlerbehebung) und erweiterbar ist bzw. bleibt?

- Eingabe der Daten
- Gesamtpreis berechnen
- neuen Gast anlegen oder vorhandenen auswählen
- Angebot berechnen
- Angebot per E-Mail versenden

Bisher wurden die Anweisungen und Kontrollstrukturen für die Berechnung einfach der Reihe nach in der main-Methode programmiert. Beispielsweise sieht der Kern der Berechnung für den Aufenthalt in einer Unterkunft wie folgt aus:

```
Nettopreis = Grundpreis * Aufenthaltsdauer;
Gesamtpreis = Nettopreis + Nettopreis * MwSt./100;
```

Hier hält sich die Anzahl der Codezeilen noch in Grenzen. Wenn jedoch auch noch andere Bedingungen bei der Berechnung und die weiteren Schritte zum Erstellen eines Angebots berücksichtigt werden sollen, dann steigt gleichzeitig die Anzahl der Codezeilen. Das hat unmittelbar Auswirkungen auf die Übersichtlichkeit. Es können dadurch leichter Fehler bei der Wartung und Erweiterung passieren, da man durch die große Anzahl an Codezeilen den Überblick verlieren kann.

Der Source Code würde so aussehen, als hätten Sie eine Bedienungsanleitung für ein Möbelstück vor sich liegen, das weder Absätze noch Überschriften hat. In den Anfängen der Programmierung wurden Programme tatsächlich so geschrieben. Daher entwickelten sich im Laufe der Zeit unterschiedliche Programmierkonzepte (Programmierparadigma), um (große) Programmieraufgaben besser in einem Programm abbilden zu können. Komplexität, Wartbarkeit und Erweiterbarkeit der Programme lassen sich so besser beherrschen.

Ein klassisches Programmierkonzept ist die prozedurale Programmierung bzw. die strukturierte Programmierung. Bei diesem Konzept teilt man eine (große) Programmieraufgabe wie die Angebotserstellung in mehrere Teilaufgaben wie „Gesamtpreis berechnen", „Gastdaten suchen", „Gastdaten anlegen" und „E-Mail versenden" auf. Eine Teilaufgabe wie „Gesamtpreis berechnen" setzt sich aus mehreren Anweisungen zusammen. Wie das folgende Code-Snippet der prozeduralen Programmiersprache C zeigt, werden diese Anweisungen in einer Prozedur (genauer: Funktion, da ein Wert retourniert wird) namens BerechneGesamtpreis zusammengefasst und im Hauptprogramm (main) stellvertretend verwendet (aufgerufen).

Anmerkung: Hier sehen Sie deutlich, dass die Syntaxen von C# und C verwandt sind, da die prozedurale Programmiersprache C der Vorvorgänger von C# ist (dazwischen gibt es noch C++, der objektorientierte Vorgänger von C#).

```
void main()
{
    double Gesamtpreis, Grundpreis = 70;
    int Aufenthaltsdauer, Gastnummer = -1;
    Aufenthaltsdauer = 7;
    Gesamtpreis = BerechneGesamtpreis(Grundpreis, Aufenthaltsdauer);
    Grundpreis = 66; // Grundpreis kann überschrieben werden
}

double BerechneGesamtpreis(double Grundpreis, int Aufenthaltsdauer)
{
    const double MwSt. = 7;
    double Nettopreis = Grundpreis * Aufenthaltsdauer;
    double Gesamtpreis = Nettopreis + Nettopreis * MwSt./100;
    return Gesamtpreis;
}
```

Die anderen Aufgaben wie „Gast anlegen" werden ebenfalls als Prozedur programmiert. Werden Daten, Prozeduren und die Zusammenhänge zwischen den Daten und Prozeduren grafisch dargestellt, ergibt sich folgende Abbildung:

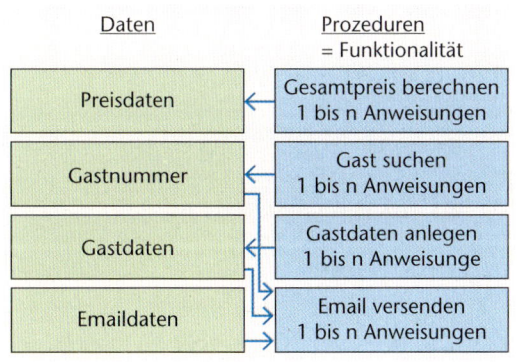

Prozedurale Programmierung: Daten und Funktionalität sind getrennt

Sowohl das Beispiel mit dem Code-Snippet als auch in der Abbildung zeigen, dass die Daten und Funktionalität nicht unmittelbar zusammengehören. Eine Verbindung zwischen den Daten Gesamtpreis, Grundpreis und Aufenthaltsdauer ist nicht auf den ersten Blick ersichtlich. In diesem einfachen Beispiel liefert noch am wahrscheinlichsten die Erklärung hinsichtlich des Zusammenhangs. In der Praxis existieren allerdings viel komplexere Programme mit viel mehr Codezeilen, bei denen der Zusammenhang nicht unbedingt direkt erkennbar ist. Des Weiteren existiert kein Mechanismus, der verhindert, dass eine Variable wie Grundpreis überschrieben wird (hier beispielsweise unabsichtlich durch den Wert 66).

Genau diese Nachteile versucht die objektorientierte Programmierung aufzuheben. Daten in der OOP können so implementiert werden, dass sie nicht überschrieben werden können, und es ist erkennbar, welche Daten und Prozeduren (Funktionalität) zusammengehören. Dazu verwendet die OOP Objekte, daher auch der Begriff objektorientiert.

Mithilfe dieser Objekte können auch jene aus der Realität besser abgebildet werden: Das können sein: Menschen, Häuser, Autos und andere Sachverhalte, welche in einem Programm abgebildet werden sollen. Das Angebotsmodul der Hotelsoftware soll folgende (betriebliche) Realität zeigen: Max Huber sucht für seinen Aufenthalt von drei Tagen in Berlin eine einfache Unterkunft und stellt daher eine unverbindliche Anfrage über den Preis und die Verfügbarkeit eines Zimmers. Einige Zeit später erhält er ein Angebot per E-Mail.

Bei dieser Anforderung ist die Unterkunft solch ein Objekt aus der Realität. Eine Unterkunft hat je nach Kategorie unterschiedliche Ausstattungen. So befinden sich beispielsweise in einer einfachen Unterkunft eine Dusche und das WC im selben Raum und an Unterhaltungselektronik ist nur ein Radio vorhanden. Hingegen hat die nächst höhere Kategorie statt der Dusche eine Badewanne und es gibt zusätzlich einen kleinen Fernseher. In der Unterkunft selbst können je nach Größe ein bis maximal drei Gäste übernachten. In einem Zweibettzimmer kann aber auch ein Gast für eine bestimmte Aufenthaltsdauer übernachten. Auf Basis der Aufenthaltsdauer und des Grundpreises für eine Nacht errechnet sich der Gesamtpreis.

C#.NET ermöglicht es, ein Objekt (genauer gesagt die Klasse) namens Unterkunft zu definieren, welche aus den Daten (Attribute) Kategorie, Grundpreis, Aufenthaltsdauer, AnzahlGaeste, MaxAnzahlGaeste und der Aktion (Operation) „Berechne Gesamtpreis" besteht. In der folgenden Abbildung wird deutlich, dass Daten und Funktionalitäten durch das Objekt Unterkunft zusammengefasst sind und so die Realität gut im Programm abgebildet werden kann. Die grafische Darstellung auf der rechten Seite im Bild (Abbildung im Programm) ist in UML-Notation verfasst (siehe nächstes Unterkapitel).

Realität	Abbildung im Programm
Kategorie A: Dusche, WC, Radio; 50 € pro Nacht; max. 2 Gäste pro Unterkunft	**Unterkunft** +Kategorie : string +Grundpreis : double +Aufenthaltsdauer : int +AnzahlGaeste : int +MaxAnzahlGaeste : int +MWstA : double +BerechneGesamtpreis() : double +ZeigeLeistungsBeschreibung()

OOP: Daten und Funktionalität sind zusammengefasst

Noch deutlicher zeigt dies das folgende Code-Snippet: Zuerst werden dem Objekt Unterkunft alle notwendigen Daten wie Gesamtpreis und Aufenthaltsdauer übergeben, dann wird die Funktionalität BerechneGesamtpreis aufgerufen und liefert den Gesamtpreis. Über den Namen Unterkunft (genauer Objektvariable) ist der Zusammenhang auf einen Blick erkennbar und der Code wird lesbarer als in der prozeduralen Programmierung.

```
Unterkunft Unterkunft = new Unterkunft ();
Unterkunft.Kategorie = "Kategorie A";
Unterkunft.Grundpreis = 50;
Unterkunft.Aufenthaltsdauer = 7;
Unterkunft.AnzahlGaeste = 1;
Unterkunft.MaxAnzahlGaeste = 2;

double Gesamtpreis = Unterkunft.BerechneGesamtpreis();
```

Um die OOP optimal einsetzen zu können, ist das Verständnis von folgenden vier Konzepten unbedingt notwendig: Abstraktion – Datenkapselung – Vererbung – Polymorphie.

4.3 Objektorientierte Analyse, Design und UML

Arbeitsauftrag

Stellen Sie das Objekt (genauer Klasse) Unterkunft in grafischer Form dar.

Auch in der objektorientierten Programmierung sind die Phasen Analyse, Entwurf und Implementierung sehr wichtig, um übersichtliche, wartungsarme und erweiterbare Programme realisieren zu können. Basis für die objektorientierte Analyse (OOA) sollte eine Anforderung sein, welche in einem Pflichtenheft beispielsweise wie folgt beschrieben ist:

Beispiel

Konkretes Muster für Angebotserstellung:

Max Huber sucht für seinen Aufenthalt von drei Tagen in Berlin eine einfache Unterkunft und stellt daher eine unverbindliche Anfrage über den Preis und die Verfügbarkeit eines Zimmers. Er erhält ein Angebot per E-Mail. Der Grundpreis für eine Unterkunft gilt für eine Übernachtung. Ein Zimmer kann je nach Kategorie zwischen einem und drei Gäste aufnehmen.

In der objektorientierten Analyse geht es darum, die Anforderung zu verstehen und die Objekte wie Unterkunft und Gast aus der „realen" Welt zu identifizieren. Eine OOA beschreibt also die Anforderung aus objektorientierter Sicht, wobei die konkrete Lösung bzw. Implementierung oder Programmiersprache vorerst ignoriert wird. Beispielsweise wird die Anforderung wie folgt in Objekte, Personen oder Sachverhalte zerlegt:

- Das Objekt Gast erhält ein Objekt Angebot.

- Das Objekt Angebot enthält ein bis mehrere Objekte Angebotspositionen. Hinweis: Auf diesen Zusammenhang „1 Angebot enthält mehrere Angebotspositionen" muss man nicht unbedingt im ersten Schritt kommen. Beispielsweise könnte im ersten Schritt nur das Objekt Angebot identifiziert werden und durch weitere Analyse oder Diskussion mit dem Projektleiter oder Auftraggeber kommt heraus, dass ein Angebot mehrere Angebotspositionen enthalten kann.

- Jede Angebotsposition enthält die Anzahl und ein Objekt Unterkunft.

Anschließend wird für jedes Objekt untersucht, welche Daten notwendig sind, um eine bestimmte Funktionalität zu erfüllen. Für das Objekt Unterkunft waren das die Daten (Attribute) Kategorie, Grundpreis, Aufenthaltsdauer, AnzahlGaeste, MaxAnzahlGaeste und die Aktion (Operation) „Berechne Gesamtpreis". Das Gastobjekt benötigt die Attribute Name und Adresse (und keine Aktion).

Nach der OOA wird das objektorientierte Design (OOD) durchgeführt. Hier wird auf Basis der objektorientierten Analyse eine Lösung entworfen, wie die Anforderung in einer objektorientierten Programmiersprache wie C#.NET umgesetzt wird. Für die grafische Darstellung und als Werkzeug zur Modellierung von Software steht die UML (Unified Modelling Language) zur Verfügung. Die UML bietet eine breite Palette von Diagrammarten an. In diesem Buch wird das Klassendiagramm verwendet. Mit dieser Diagrammart werden die Attribute (Daten) und Operationen (Funktionalitäten) von Klassen, sowie die Beziehungen von Klassen untereinander dargestellt (siehe dazu das Unterkapitel „Beziehungen zwischen Klassen"). UML wird in der Praxis häufig genutzt, um eine objektorientierte Software zu entwerfen. Daher auch der Begriff OOD für objektorientiertes Design, der englische Begriff für Entwurf.

Zunächst wird die allgemeine Syntax zur Darstellung einer Klasse erläutert:

- Rechteck
  - Klassenname (fettgedruckt)
  - Trennstrich
  - 1 bis n Attribute (entspricht den Daten eines Objekts, Fachbegriff in C#: Felder und Eigenschaften)
  - Trennstrich
  - 1 bis n Operationen (entspricht der Funktionalität eines Objekts, Fachbegriff in C#: Methoden)

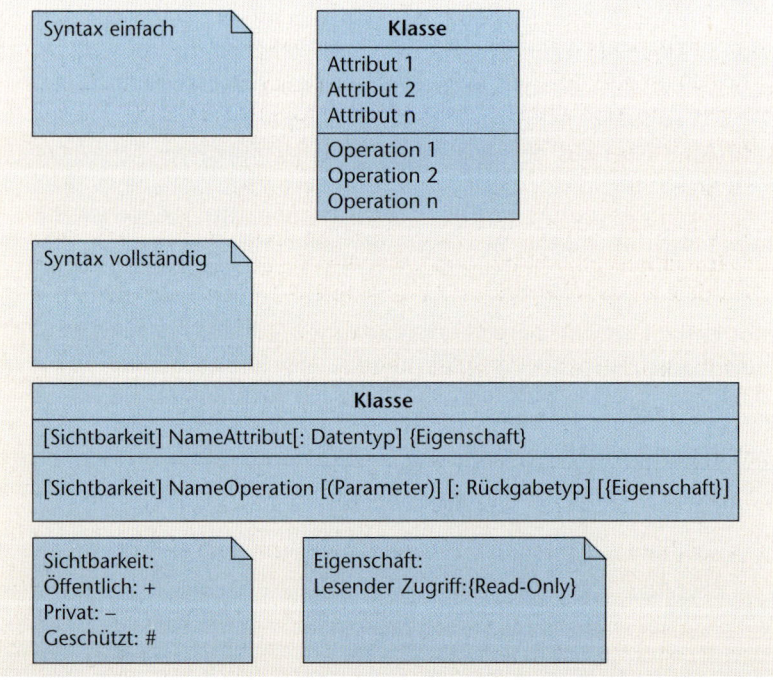

UML-Syntax

Eine Klasse muss nicht unbedingt aus Eigenschaften und Methoden bestehen, sondern kann entweder nur aus einer oder mehreren Eigenschaften (z. B. Objekt Gast), oder nur aus einer oder mehreren Methoden (z. B. Funktionssammlung) bestehen. In diesem Fall gibt es nur einen Trennstrich zwischen Klassenname und Attribute oder Operation.

Des Weiteren haben Attribute und Operatoren eine Sichtbarkeit. Die Angabe der Sichtbarkeit (Zugriffsmodifizierer) ist optional und kann öffentlich (+), privat (–) oder protected (#) sein. Auf die Sichtbarkeit wird in den einzelnen Kapiteln eingegangen. Es gibt auch noch andere Zugriffsmodifizierer, die oben genannten sind aber die häufigsten in der Praxis.

Optional kann der Datentyp (nach dem Doppelpunkt) angegeben werden. Das betrifft Eigenschaften, Felder, Parameter und Rückgabewerte. Diese Themen werden der Reihe nach in den folgenden Kapiteln erklärt.

In diesem einfachen Fall können die Ergebnisse der Analyse (Objekte, Attribute und Operationen) direkt eins zu eins in ein Objekt (genauer Klasse) übertragen werden. Hinweis: In der Praxis ist es nicht immer einfach zu erkennen, welche Objekte aus der Realität wirklich für das Programm relevant sind und wie diese im Programm umgesetzt werden sollen. In der Praxis entsteht daher OOD nicht in einem Schritt. Auch kann es mitunter mehrere Lösungen geben.

In diesem Fall ergeben sich für das Objekt (genauer Klasse) Unterkunft folgende Attribute und Operatoren:

- Klassenname: Unterkunft
- Attribute (= Eigenschaften)
    - Kategorie (Sichtbarkeit öffentlich, Datentyp string). Der Datentyp (Klasse) string wird zum Speichern von Texten verwendet. Im Detail wird auf diese Klasse im Kapitel 6 „Grundlegende .NET-Klassen" eingegangen.
    - Aufenthaltsdauer (Sichtbarkeit öffentlich, Datentyp int). Dieses Attribut wird ab Kapitel 7 durch die Eigenschaften Von und Bis ersetzt, welche den Datentyp (Klasse) DateTime haben. Die Aufenthaltsdauer wird dann automatisch aus der Differenz von Anreise- und Abreisedatum berechnet.
    - Grundpreis (Sichtbarkeit öffentlich, Datentyp double)
    - Mehrwertsteuer mit Kennzeichen A (7 % für Unterkunft). In diesem Kapitel werden aus Gründen der Einfachheit nur Unterkünfte ohne Verpflegung betrachtet, da die Verpflegung und andere Dienstleistungen seit dem Jahr 2010 einen anderen Steuersatz haben.
    - AnzahlGaeste (Sichtbarkeit öffentlich, Datentyp int)
    - MaxAnzahlGaeste (Sichtbarkeit öffentlich, Datentyp int)
- Operationen bzw. Methoden (= Funktionen bzw. Datentyp)
    - BerechneGesamtpreis (Sichtbarkeit öffentlich, Rückgabewert double)
    - ZeigeLeistungsBeschreibung (Sichtbarkeit öffentlich, Rückgabewert keiner)

Die Methode ZeigeLeistungsBeschreibung ist durch die Anforderung entstanden, dass in einer Angebotsposition aufgelistet wird, welche Leistungen im Angebot enthalten sind.

Damit lässt sich die Berechnungsmethode Zimmer mit seinen Attributen und Methoden im UML wie folgt darstellen:

Unterkunft
+Kategorie : string
+Grundpreis : double
+Aufenthaltsdauer : int
+AnzahlGaeste : int
+MaxAnzahlGaeste : int
+MWstA : double
+BerechneGesamtpreis() : double
+ZeigeLeistungsBeschreibung()

UML-Klassendiagramm für Klasse Unterkunft

Aufgaben

1. Entwerfen Sie ein UML-Diagramm für eine Multimedia-Verwaltung. Dort werden zunächst Musiktitel verwaltet. Die Klasse Musiktitel hat die Attribute Nummer, Name, DauerMinute, DauerSekunde, Interpret, Albumname, Genre, Label und Erscheinungsjahr. Diese Klasse stellt folgende Operatoren zur Verfügung: ZeigeDetailInfos und ZeigeDauer.

2. Entwerfen Sie ein UML-Diagramm für eine Stammdaten-Verwaltung für Mitarbeiter. Die Klasse Angestellter hat folgende Attribute: PersonalNummer, Vorname, Nachname, Gehalt, Adresse, Telefonnummer, Eintrittsjahr, -monat und -tag sowie die Operatoren ZeigeBrutto-Arbeitsentgelt, ZeigeStammdaten.

4.4 OOP-Konzept Abstraktion

Arbeitsauftrag

Implementieren Sie die Klasse Unterkunft auf Basis des UML Diagramms im vorherigen Unterkapitel.

Im Code-Snippet wurde bereits gezeigt, wie das Objekt Unterkunft verwendet wird: Dem Objekt Unterkunft werden die notwendigen Daten wie Grundpreis übergeben, und die Methode BerechneGesamtpreis liefert den Gesamtpreis. Wie jedoch der Gesamtpreis berechnet wird und welche Datentypen die Eigenschaften haben, werden nicht im Objekt definiert, sondern in einer Klasse. Durch die Trennung der Verwendung des Objekts (= Deklaration der Objektvariablen und Instanzierung des Objektes, siehe Kapitel „Objekte instanzieren") und der Implementierung (= Klasse), kann man Details wie die Berechnung des Angebots weglassen. So verringert man die Komplexität eines Problems und der Umgang mit einer komplexen Aufgabe wird vereinfacht. Die Trennung von Deklaration und Implementierung wird in der OOP Abstraktion genannt.

4.4.1 Klassen in Visual Studio anlegen

Um ein Objekt verwenden zu können, muss zuerst eine Klasse in Visual Studio angelegt werden. Bevor Sie jedoch Klassen anlegen können, müssen Sie entweder ein neues Konsolenprojekt oder ein bestehendes Projekt öffnen. Für diese Auftragsarbeit wäre es gut, wenn Sie ein neues Projekt mit dem Projektnamen „Hotelangebotssoftware" anlegen.

Klassen werden in Visual Studio in einem neuen oder vorhandenen Projekt wie folgt angelegt:

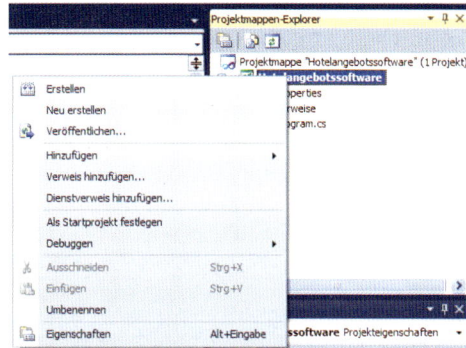

- Markieren Sie im Projektmappen-Explorer das Projektelement (hier: Hotelangebotssoftware).

- Rufen Sie im Kontextmenü (rechte Maustaste) den Menüpunkt Hinzufügen und dann den Untermenüpunkt Klasse auf.

- Im Dialogfeld „Neues Element hinzufügen" wird automatisch das Vorlagenelement Klasse ausgewählt und

Klassen in Visual Studio anlegen

- Sie können direkt den Klassennamen (hier Unterkunft) eingeben

- und mit Hinzufügen die neue Klasse hinzufügen.

Visual Studio legt nun eine neue Datei namens „Unterkunft.cs" im Projektmappen-Explorer an, öffnet die Datei und präsentiert folgenden Code für die Klassendefintion.

```
class Unterkunft
{
}
```

Die Defintion einer Klasse ist also ganz einfach: Sie beginnt optional mit dem Zugriffsmodifizierer, gefolgt von dem Keyword class und einem frei wählbaren Klassennamen. In die nächsten Zeilen kommen die üblichen geschwungenen Klammern, damit der Compiler erkennt, welcher Code zur Klasse gehört.

Der Zugriffsmodifizierer auf Klassenebene steuert die Sichtbarkeit der Klasse gegenüber anderen Programmen (z.B. Konsolenanwendungen, Klassenbibliotheken, Windows-Anwendungen etc.). Wenn man den Zugriffsmodifizierer weglässt, ist der Standard privat und eine Klasse oder Programm kann von außen nicht auf die Klasse zugreifen. Innerhalb des Programms kann immer auf private Klassen zugegriffen werden. Erst wenn die Sichtbarkeit public verwendet wird, können auch andere Programme die Klasse verwenden.

Syntax

```
Zugriffsmodifizierer class Klassenname
{
        Klassenmember Felder;
        Klassenmember Eigenschaften;
        Klassenmember Methoden:
}
```

In der Klasse selbst sollen die Attribute und Operatoren aus dem OOP- bzw. UML-Diagramm implementiert werden. Dies geschieht in C# innerhalb der geschwungenen Klammern durch sogenannte Klassenmitglieder (class members). .NET unterscheidet unter anderem zwischen folgenden Arten von Klassenmitgliedern: In Feldern (fields) und Eigenschaften (properties) werden die Attribute bzw. Daten gespeichert und die

Methoden implementieren die Operatoren. Innerhalb der Methoden wird noch zwischen Prozeduren und Funktionen unterschieden.

4.4.2 Klassenmember Feld

In Feldern werden die Daten eines Objekts gespeichert. Die Felder einer Klasse werden ähnlich wie eine Variable definiert:

Syntax

Zugriffsmodifizierer Datentyp Feldname

Auch hier gibt es wieder zuerst einen Zugriffsmodifizierer, der die Sichtbarkeit des Feldes steuert, ähnlich wie auf Klassenebene. Da wir in diesem Fall von außen auf das Feld zugreifen wollen, müssen wir public verwenden. Die Zugriffsmodifizierer private werden im Kapitel „OOP Konzept Datenkapselung" beschrieben, protected im Kapitel „OOP Konzept Vererbung".

```
public double Grundpreis;
public int Aufenthaltsdauer;
```

Hier werden die bekannten Felder wie Preis und Aufenthaltsdauer deklariert. Wie bei einer normalen Variablen kann man auch hier das Feld auf einen Anfangswert setzen. In diesem Fall wird das Feld Aufenthaltsdauer mit 7 vorbelegt.

```
public int Aufenthaltsdauer = 7;
```

4.4.3 Klassenmember Funktion

Wer bei der Bezeichnung Funktion an mathematische Funktionen denkt, liegt nicht ganz falsch. Beispielsweise liefert die Sinusfunktion eines Taschenrechners das Seitenverhältnis von Gegenkathete zu Hypothenuse zu einem eingegebenen Winkel zurück. In C# gibt es ebenfalls mathematische Funktionen, die benutzt werden können. Darüber hinaus können eigene Funktionen implementiert werden, wenn ein berechneter Wert benötigt wird. Dazu wird innerhalb der Klasse eine Funktion wie folgt definiert:

Syntax

Zugriffsmodifizierer RueckgabewertDatentyp Funktionsname()

```
{
        Datentyp Ergebnis;
        Anweisung 1;
        Anweisung n;
        return Ergebnis;
}
```

Nach der Deklaration des Zugriffsmodifizierers folgt der Datentyp des Rückgabewerts, da eine Funktion wie BerechneGesamtpreis den berechneten Wert liefert. Danach kommt der Name der Funktion, gefolgt von einer offenen und einer geschlossenen runden

Klammer. Zwischen diesen Klammern können 0 oder mehrere Daten der Funktion in Form von Parametern übergeben werden (siehe Kapitel „Methoden mit Parameter"). In diesem Fall benötigt diese Funktion keine Parameter. Eine oder mehrere Anweisungen werden zwischen zwei geschwungenen Klammern (auf und zu) angegeben, damit der Compiler erkennt, dass der Code zur Funktion gehört. Mit dem Keyword return wird der ermittelte Wert an den Aufrufer weitergegeben.

Wird kein Zugriffsmodifizierer angegeben, ist die Sichtbarkeit standardmäßig auf privat eingestellt. Private Methoden können verwendet werden, wenn man eine öffentliche Methode mit vielen Codezeilen in mehrere kleinere Methoden aufteilen möchte oder Hilfsmethoden benötigt, aber diese Methoden nicht nach außen zur Verfügung stellen möchte.

Das folgende Code-Snippet zeigt eine typische Funktion. Hier wird der Gesamtpreis berechnet und abschließend mit return retourniert. Die Methode selbst kann auf andere Klassenmember wie AnzahlErwachsene zugreifen und auch verändern.

```
public double BerechneGesamtpreis()
{
    double Gesamtpreis = 0, GesamtpreisBrutto = 0, MwStABetrag = 0;

    Gesamtpreis = Grundpreis * Aufenthaltsdauer;
    MwStABetrag = Gesamtpreis * MwStA/100;
    GesamtpreisBrutto = Gesamtpreis + MwStABetrag;
    return GesamtpreisBrutto;
}
```

4.4.4 Klassenmember Prozedur

Wird kein Rückgabewert benötigt, sondern sollen lediglich eine oder mehrere Anweisungen ausgeführt werden, ist die Prozedur geeignet. Die Syntax lautet wie folgt:

Syntax

```
public void Prozedurenname()

{
    Anweisung 1;
    Anweisung n;
}
```

Da kein Rückgabewert an den Aufrufer zurückgeliefert wird, ist kein return nötig. Als Rückgabedatentyp muss aber void deklariert werden. Das folgende Code-Snippet zeigt die Leistungsbeschreibung an.

```
public void ZeigeLeistungsBeschreibung()
{
    Console.WriteLine("Beherbergung ohne Verpflegung");
}
```

Ein return wird nur dann benötigt, wenn man die Prozedur vorzeitig verlassen möchte. Hinweis: Auch eine Funktion kann vorzeitig mit einem return verlassen werden. Da eine Prozedur keinen Rückgabewert liefert, gibt man bei return auch keine Variable an. Im folgenden Beispiel wird die Prozedur vorzeitig verlassen, wenn das Feld XYZ gleich 0 ist. (Die IF-Abfrage könnte natürlich auch ohne return auskommen, wurde aber zu Demonstrationszwecken mit return realisiert.)

```
public void TueEtwas()
{
    Console.WriteLine("Zeile 1");
    if (XYZ == 0)
        return;
    Console.WriteLine("Zeile 2");
}
```

4.4.5 Objekte instanzieren

Nachdem die Klasse mit ihren Feldern und/oder Methoden deklariert ist, kann sie im Programm verwendet werden. Bevor dies geschieht, muss sie deklariert werden. Da die Syntax für die Deklaration der Syntax einer Variablen ähnlich ist, wird auch von einer Objektvariablen gesprochen. Gleichzeitig wird mit der Implementierung einer Klasse auch ein neuer Datentyp definiert.

Syntax

Klassenname Objektvariable;

```
Unterkunft KategorieA;
```

Mit obiger Syntax wird allerdings nur die Objektvariable namens KategorieA deklariert. Um das Objekt verwenden zu können, muss sie mit new instanziert werden, d.h. die .NET-Laufzeitumgebung reserviert Speicher im Computer.

Syntax

Objektvariable = new Klassenname();

Die Deklaration und Instanzierung kann entweder in einer oder zwei Zeilen implementiert werden: Variante 1 wird verwendet, wenn noch nicht klar ist, ob das Objekt von Haus aus instanziert werden soll. Beispielsweise kann die Instanzierung von einer oder mehreren Bedingungen bzw. Kontrollstrukturen abhängen.

```
//Variante 1
Unterkunft KategorieA = null;
KategorieA = new Unterkunft();

// Variante 2
Unterkunft KategorieA = new Unterkunft();
```

Danach kann auf die einzelnen Klassenmember wie Felder und Methoden zugegriffen werden:

Syntax

Objektname.Feld = Wert;

```
KategorieA.Grundpreis = 70;
```

Und wie folgt ausgelesen werden:

Syntax

Wert2 = Objektname.Feld;

In diesem Code-Snippet wird der Grundpreis ausgelesen:

```
double Grundpreis2;
Unterkunft KategorieA new Unterkunft();
KategorieA.Kategorie = "Komfortzimmer";
KategorieA.Grundpreis = 70;
Grundpreis2 = KategorieA.Grundpreis;
```

Von einer Klasse kann es nicht nur eine Instanz (= Objekt) geben, sondern beliebig viele. Die Klasse selbst implementiert die Eigenschaften und Methoden, welche ein Objekt beschreibt. Erst das Objekt selbst ist eine konkrete Ausprägung (= Instanz) der Klasse. Angewandt auf den Hotelbetrieb bedeutet das Folgendes: Die Klasse Unterkunft beschreibt die Attribute wie Kategorie und die maximale Anzahl der Gäste einer Unterkunft, sowie die Berechnungsvorschrift zum Berechnen eines Gesamtpreises. Die Klasse entspricht daher eher der Beschreibung einer Unterkunft, wie man sie in einem Prospekt oder auf einer Homepage im Internet finden würde.

Hingegen ist ein Objekt eine konkrete Ausprägung einer Klasse. Einem Gast können mehr als eine Unterkunft angeboten werden. Im folgenden Beispiel werden einem Gast sowohl eine Unterkunft der Kategorie A, als auch eine der Kategorie B angeboten. Für jede Unterkunft wird ein Objekt instanziert und in einer eigenen Objektvariablen gespeichert. So repräsentiert das Objekt Unterkunft1 ein(e) Angebot(sposition) für eine bestimmte Aufenthaltsdauer und Unterkunftskategorie.

```
double Gesamtpreis = 0;
Unterkunft Unterkunft1 = new Unterkunft ();
Unterkunft1.Preis = 80;
Unterkunft1.Aufenthaltsdauer = 7;
Gesamtpreis = Gesamtpreis + Unterkunft1.BerechneGesamtpreis();

Unterkunft Unterkunft2 = new Unterkunft ();
Unterkunft2.Preis = 60;
Unterkunft2.Aufenthaltsdauer = 7;
Gesamtpreis = Gesamtpreis + Unterkunft2.BerechneGesamtpreis ();
```

4.4.6 Entwurf und Realisierung

Lösung zum Arbeitsauftrag

Mit diesem Wissen kann das erste objektorientierte Programm entwickelt und realisiert werden. Der Entwurf dieser Klasse ist bereits im Kapitel UML geschehen. Daher folgt hier nur die Implementierung.

Klasse Unterkunft in Datei Unterkunft.cs

```
[1]     public class Unterkunft
[2]     {
[3]         public string Kategorie;
[4]         public double Grundpreis;
[5]         public int Aufenthaltsdauer;
[6]         public int AnzahlGaeste;
[7]         public int MaxAnzahLGaeste;
[8]         public int MwStA = 7;

[9]         public double BerechneGesamtpreis()
[10]        {
[11]            double Gesamtpreis = 0, GesamtpreisBrutto = 0, MwStA-
                Betrag = 0;

[12]            Gesamtpreis = Grundpreis * Aufenthaltsdauer;
[13]            MwStABetrag = Gesamtpreis * MwStA/100;
[14]            GesamtpreisBrutto = Gesamtpreis + MwStABetrag;
[15]            return GesamtpreisBrutto;
[16]        }

[17]        public void ZeigeLeistungsBeschreibung()
[18]        {
[19]            Console.WriteLine("Beherbergung ohne Verpflegung");
[20]        }
[21]    }
[22]    Methode main in Datei Programm.cs:
[23]    static void main(string[] args)
[24]    {
[25]        Unterkunft Unterkunft1 = new Unterkunft();
[26]        Unterkunft1.Kategorie = "Einfache Unterkunft";
[27]        Unterkunft1.Grundpreis = 50;
[28]        Unterkunft1.Aufenthaltsdauer = 7;
[29]        Unterkunft1.AnzahlGaeste = 1;
[30]        Unterkunft1.MaxAnzahLGaeste = 2;

[31]        double Gesamtpreis = Unterkunft1.BerechneGesamtpreis();
[32]        Console.WriteLine("Gesamtpreis = {0}", Gesamtpreis);
[33]        Unterkunft1.ZeigeLeistungsBeschreibung();
[34]        Console.ReadKey();
[35]    }
```

Aufgaben

1. *Implementieren Sie die Klasse Musiktitel laut UML-Diagramm. Instanzieren Sie die Klasse in der main-Methode und befüllen Sie die Objektvariable mit Werten. Rufen Sie anschließend die Operatoren ZeigeDauer und ZeigeDetailinfos auf. ZeigeDauer greift auf die Felder DauerMinute und DauerSekunde zu und gibt diese im Format mm:ss aus, beispielsweise 1:20 für 1 Minute und 20 Sekunden.*

2. *Implementieren Sie die Klasse Angestellter laut UML-Diagramm. Instanzieren Sie die Klasse in der main-Methode und befüllen Sie die Objektvariable mit Werten. Rufen Sie anschließend die Operatoren ZeigeStammdaten und ZeigeBruttoArbeitsentgelt auf. ZeigeBruttoArbeitsentgelt gibt das Gehalt aus. Instanzieren Sie in der main-Methode eine Objektvariable und befüllen Sie diese mit Testwerten und rufen Sie die beiden Methoden hintereinander auf.*

4.5 Methoden mit Parametern

Arbeitsauftrag

Implementieren Sie eine Prozedur mit Parameter.

Wie im Kapitel „Klassenmember Funktion" erwähnt, kann einer Prozedur oder Funktion null oder mehrere Daten in Form von Parametern übergeben werden:

Syntax

Syntax für Funktionen mit Parametern:

Zugriffsmodifizierer Datentyp Methodenname(Datentyp Parametername1, Datentyp Parametername2, Datentyp ParameternameN)

```
{
     Anweisung(en);
     return (Datentyp);
}
```

Syntax

Syntax für Prozeduren mit Parametern:

Zugriffsmodifizierer void Methodenname(Datentyp Parametername1, Datentyp Parametername2, void ParameternameN)

```
{
     Anweisung(en);
     return ; // return ist optional, muss nicht angegeben werden
}
```

Die Deklaration der Methode beginnt wie bei einer Funktion oder Prozedur ohne Parameter, nur dass zusätzlich zwischen den Klammern die Parameterliste deklariert wird. Diese kann aus ein oder mehreren Parameter bestehen. Mehrere Parameter werden durch Kommas getrennt. Auch hier wird der Parameter wie eine Variable deklariert: zuerst der Datentyp, dann der Parametername.

Die folgende Methode hat einen Parameter namens MitBelegung vom Datentyp Boolean. Dieser Parameter steuert, ob zusätzlich neben der Leistungsbeschreibung auch die Belegung ausgegeben wird oder nicht.

```
public void ZeigeLeistungsBeschreibung(bool MitBelegung)
{

}
```

Im UML-Klassendiagramm werden die Parameter im Operator zwischen zwei runden Klammern angegeben und der Datentyp wie gewohnt mit Doppelpunkt eingeleitet:

Unterkunft
+Kategorie : string
+Grundpreis : double
+Aufenthaltsdauer : int
+AnzahlErwachsene : int
+MaxAnzahlErwachsene : int
+MWstA : double
+BerechneGesamtpreis() : double
+ZeigeLeistungsBeschreibung(eing. MitBelegung : bool)

Parameter im UML-Klassendiagramm

Der Aufruf der Methode im Programm (z. B. main) funktioniert wie folgt: Zwischen den Klammern wird der Wert übergeben. In diesem Fall: true.

```
Unterkunft1.ZeigeLeistungsBeschreibung(true);
```

Auch einer Funktion können 1 bis n Parameter übergeben werden.

4.5.1 Parameter out und ref

Wenn eine Methode einen Rückgabewert liefern soll, wurde bisher eine Funktion in Kombination mit dem return keyword verwendet. Eine Methode kann auch einen oder mehrere Werte über Parameter zurückgeben. Bisher wurden Parameter nur als sogenannte Eingabeparameter verwendet.

Wenn ein Parameter in einer Prozedur oder Funktion auch einen Wert zurückliefern soll, muss dieser mit dem keyword ref oder out gekennzeichnet werden.

Ref und out verhalten sich fast gleich, nur mit dem Unterschied, dass bei ref die Variable auf Aufrufseite initialisiert werden muss und bei out nicht.

Syntax

Zugriffsmodifizierer RueckgabewertDatentyp Funktionsname(out int Parameter1, ref double Parameter2)

{

    Datentyp Ergebnis;
    Parameter1 = 3;
    Parameter2 = 4;
    Anweisung 1;
    Anweisung n;
    return Ergebnis;

}

Möchte man vom Gesamtpreis auch die Mehrwertsteuer zurückbekommen, könnte man entweder eine eigene MwSt.-Funktion implementieren, oder diese per out oder ref Parameter retournieren lassen.

```
public double BerechneGesamtpreis(out double MwStABetrag)
{
    double Gesamtpreis = 0, GesamtpreisBrutto = 0;

    Gesamtpreis = Grundpreis * Aufenthaltsdauer;
    MwStABetrag = Gesamtpreis * MwStA/100;
    GesamtpreisBrutto = Gesamtpreis + MwStABetrag;
    return GesamtpreisBrutto;
}
```

Der Aufruf sieht damit wie folgt aus:

```
double MwStABetrag;
double Gesamtpreis = EinfacheUnterkunft.BerechneGesamtpreis(out
MwStABetrag);
```

Lösung zum Arbeitsauftrag

Entwurf und Realisierung

Erweitern Sie die vorhandene Methode ZeigeBelegung in der Klasse Unterkunft in der Datei Unterkunft.cs wie folgt:

```
public void ZeigeLeistungsBeschreibung(bool MitBelegung)
{
    Console.WriteLine("Beherbergung ohne Verpflegung");
    if (MitBelegung)
        Console.WriteLine("für {0} Personen",AnzahlGaeste);
}
```

Fügen Sie der Klasse Programm die statische Methode EingabeDialogFuerInt (statische Methoden, siehe Kapitel 4.12 „Statische Klassen und Klassenmember") hinzu. Diese Methode übernimmt die Aufgabe für die Eingabe von int-Werten. Damit lässt sich die Anzahl an Codezeilen für die Eingabe reduzieren, da nunmehr die Methode aufgerufen werden muss.

```
[1]        class Program
[2]        {
[3]            static void main(string[] args)
[4]            {
[5]                Unterkunft EinfacheUnterkunft = new Unterkunft();
[6]                EinfacheUnterkunft.Kategorie = "Einfache Unterkunft";
[7]                EinfacheUnterkunft.Grundpreis = 50;
[8]                EinfacheUnterkunft.Aufenthaltsdauer =
                   EingabeDialogFuerInt("Eingabe Aufenthaltsdauer:");
[9]                EinfacheUnterkunft.AnzahlGaeste =
                   EingabeDialogFuerInt("Eingabe AnzahlGaeste:");
[10]               EinfacheUnterkunft.MaxAnzahLGaeste = 2;

[11]               double Gesamtpreis = EinfacheUnterkunft.
                   BerechneGesamtpreis();
[12]               Console.WriteLine("Gesamtpreis = {0}", Gesamtpreis);
[13]               EinfacheUnterkunft.ZeigeLeistungsBeschreibung(true);
[14]               Console.ReadKey();
[15]            }

[16]           private static int EingabeDialogFuerInt(string
                   EingabeAufforderung)
[17]           {
[18]               string Eingabe;
[19]               Console.Write("{0}:", EingabeAufforderung);
[20]               Eingabe = Console.ReadLine();
[21]               return Convert.ToInt32(Eingabe);
[22]           }
[23]       }
```

Aufgaben

1. Erweitern Sie die Klasse Musiktitel um eine neue Methode namens SetzeDauer. Diese hat die Parameter pDauerMinute und pDauerSekunde, welche die entsprechenden Feldvariablen setzt, wobei der Wert von pDauerSekunden 59 nicht überschreiten darf.

2. Erweitern Sie die Klasse Angestellter um eine neue Methode namens SetzeEintrittsDatum. Diese hat die Parameter pJahr, pMonat und pTag, welche die entsprechenden Feldvariablen setzen. Rufen Sie in main anstelle der Properties die neue Methode auf.

4.6   Konstruktoren

Arbeitsauftrag

Erweitern Sie die Klasse Unterkunft um Konstruktoren.

Mit dem Keyword new wird ein Objekt instanziert. Während des Instanzierungsvorgangs ruft .NET den Konstruktor auf. Das ist eine Methode, die den gleichen Namen wie die Klasse hat. Der Konstruktor ist standardmäßig vorhanden, auch wenn er in der Klasse nicht definiert ist. Im Konstruktor können verschiedene Initialisierungsanweisungen aufgerufen werden. Beispielsweise kann man die Felder auf einen Anfangswert setzen. Dem Konstruktor können auch ein oder mehrere Parameter übergeben werden, um dem Objekt schon beim Instanzierungsvorgang verschiedene Werte übergeben zu können.

Syntax

Syntax ohne Parameter:

public Klassenname()

{

    Anweisungen;

}

Syntax

Syntax mit Parameter:

public Klassenname(Datentyp Paramter1, Datentyp Parameter2, Datentyp ParameterN)

{

    Anweisungen;

}

Nach dem Zugriffsmodifizierer `public` wird der Name der Klasse wiederholt, gefolgt von zwei runden Klammern. Jedoch ist hier kein Datentyp, auch nicht `void` vonnöten. Zwischen den runden Klammern werden keine, ein oder mehrere Parameter definiert. Die Deklaration erfolgt wie bei den Methoden: Mehrere Parameter werden durch Kommas getrennt. Innerhalb der geschwungenen Klammern wird der Initialisierungscode implementiert.

Soll der Standardkonstruktor, der Konstruktor ohne Parameter, nicht verwendet werden, muss dieser explizit auf `private` gesetzt werden, siehe Auftragsarbeit. Damit muss man beim Instanzieren Anfangswerte mitgegeben.

Lösung zum Arbeitsauftrag

Entwurf und Realisierung:

Fügen Sie der Klasse Unterkunft folgende Konstruktoren hinzu:

```
private Unterkunft() { }

public Unterkunft(string pKategorie, double pGrundpreis, int
pMaxAnzahlGaeste)
{
    Kategorie = pKategorie;
    Grundpreis = pGrundpreis;
    MaxAnzahLGaeste = pMaxAnzahlGaeste;
}
```

Ändern Sie den Source Code in der Methode main wie folgt:

```
static void main(string[] args)
{
```

```
Unterkunft Unterkunft1 = new Unterkunft("KategorieA",50,2);
Unterkunft1.Aufenthaltsdauer = EingabeDialogFuerInt("Aufenthaltsdauer");
Unterkunft1.AnzahlGaeste = EingabeDialogFuerInt("Anzahl Gäste");

Console.WriteLine(Unterkunft1.BerechneGesamtpreis());
Console.ReadKey();
}
```

Aufgaben

1. *Erweitern Sie die Klasse Musiktitel um einen Konstruktor. Dieser hat die Parameter pNummer und pName, welche die entsprechenden Feldvariablen setzen. Setzen Sie den Zugriffsmodifizierer des Standardkonstruktors auf private und passen Sie den Code in main an.*

2. *Erweitern Sie die Klasse Angestellter um einen Konstruktor. Diese hat die Parameter pPersonalNummer, pVorname und pNachname, welche die entsprechenden Feldvariablen setzen. Setzen Sie den Zugriffsmodifizierer des Standardkonstruktors auf private und passen Sie den Code in main an.*

4.7 OOP-Konzept Datenkapselung

Arbeitsauftrag

Erweitern Sie die Klasse Unterkunft so, dass bestimmte Felder nicht überschrieben werden können.

Auf die Eigenschaften wie Grundpreis kann aufgrund des Zugrifssmodifizierers public von außen unkontrolliert zugegriffen werden. In der vorletzten Auftragsarbeit wurde der Grundpreis auf 50 Euro gesetzt. Der Grundpreis kann jedoch auch (unabsichtlich) auf andere Werte gesetzt werden.

4.7.1 Zugriffsmodifizierer private

Daher gibt es neben public auch noch folgende wichtige Zugriffsmodifizierer:

Zugriffsmodifizierer	Bedeutung
public	Zugriff von außen, auch von anderen Programmen
private	Kein Zugriff von außen, nur innerhalb der eigenen Klasse
protected	Zugriff innerhalb der eigenen und abgeleiteten Klassen, siehe Kapitel OOP Konzept Vererbung

Da die Klassenmember Grundpreis nicht von außen gesetzt werden soll, muss das Feld Grundpreis auf private gesetzt werden. Verwenden Sie dafür das Programm aus der letzten Auftragsarbeit oder kopieren Sie das Visual Studio Projekt über den File Explorer in ein neues Verzeichnis und arbeiten Sie mit einer Kopie.

```
private double Grundpreis;
```

Wenn Sie nun das Programm aus der vorherigen Auftragsarbeit so ändern, dass der Grundpreis überschrieben wird,

```
static void Main(string[] args)
{
    Unterkunft Unterkunft1 = new Unterkunft("KategorieA", 50, 2);
    Unterkunft1.Grundpreis = 66;
    Unterkunft1.Aufenthaltsdauer = EingabeDialogFuerInt("Aufenthaltsdauer");
    Unterkunft1.AnzahlGaeste = EingabeDialogFuerInt("Anzahl Gäste");

    Console.WriteLine(Unterkunft1.BerechneGesamtpreis());
    Console.ReadKey();
}
```

erhalten Sie folgende Fehlermeldung in der Fehlerliste:

„Der Zugriff auf „Hotelangebotssoftware.Unterkunft.Grundpreis" ist aufgrund der Sicherheitsebene nicht möglich."

Die Fehlermeldung hat soweit ihre Richtigkeit, da in der main-Methode der Grundpreis auf 66 Euro gesetzt wird. Wie kann nun von außen auf dieses Feld zugegriffen werden? Für den Zugriff auf private Felder können Eigenschaften (Properties) verwendet werden.

In UML wird der Zugriffsmodifizierer private als Minuszeichen dargestellt, das Read-Only Property (siehe Kapitel) wird mit {Read-Only} gekennzeichnet: Manche UML-Programme verwenden auch das Wort {unveränderlich}.

Klassenname
– Felder: Datentyp
+ Eigenschaft: Datentyp {Read-Only}
– Methoden: Datentyp

UML-Datenkapselung

4.7.2 Klassenmember Eigenschaften

Mit Eigenschaften kann man lesend und/oder schreibend auf gekapselte Daten in der Klasse zugreifen. Die Syntax dafür lautet wie folgt:

Syntax

```
public double PropertyName
{
  get { return Feldname; }
  set { Feldname = value; }
}
```

Die Deklaration einer Property hat Ähnlichkeiten mit einer gewöhnlichen Felddeklaration. Um Daten zu setzen und auslesen zu können gibt es noch zusätzlich die keywords set und get. Im get-Teil wird der ermittelte Wert mit return an den Aufrufer zurückgegeben. In diesem Teil können, wie in einer Funktion, beliebige Anweisungen implementiert werden. D.h., der Rückgabewert muss nicht unbedingt ein Feld sein, sondern kann auch anders ermittelt werden. Im set-Teil bekommt man den von außen gesetzten Wert mit dem keyword value. Aber auch hier könnte man eine oder mehrere Anweisungen implementieren, z.B. ob der Wertebereich erlaubt ist.

Möchte man für das Property den gleichen Namen verwenden wie für das Feld, gibt es verschiedene Namenskonventionen. In diesem Buch wird der Präfix m für private Felder verwendet. Die von außen zugänglichen Properties haben keine Präfixe im Namen, damit sie besser lesbar sind.

```
private double mAufenthaltsdauer;
public double Aufenthaltsdauer
{
    get
    {
        return mAufenthaltsdauer;
    }
    set
    {
        if (value > 0)
            mAufenthaltsdauer = value;
    }
}
```

Im obigen Code-Snippet liefert der get-Teil den Inhalt des Feldes mAufenthaltsdauer zurück. Im set-Teil wird das Feld nur gesetzt, wenn die Aufenthaltsdauer größer als 0 ist.

Von außen betrachtet ändert sich für der Zugriff auf den Preis nichts, da sich aus Verwendungssicht ein Feld und eine Eigenschaft gleich verhalten, nur mit dem Unterschied, dass man bei einer Eigenschaft den Zugriff auf die Daten kontrollieren kann. Genau diese Kapselung ist eines der vier Konzepte der OOP.

Alternativ kann man auch folgende Kurzschreibweise verwenden:

Syntax

Zugriffsmodifizierer Datentyp Propertyname {get; set;}

Wie im Code-Snippet zu sehen ist, verschmelzen Feld und Property. Der get-Teil benötigt kein return mehr und der set-Teil kein value. Diese Kurzschreibweise funktioniert jedoch nur, wenn man keine weiteren Anweisungen in einer Property verwenden möchte. Eine Überprüfung des values, wie weiter oben beschrieben (if (value >0)), ist mit dieser Syntax nicht möglich.

```
public int Aufenthaltsdauer{ get; set; }
```

Im Property kann man entweder den get- oder den set-Teil weglassen, falls man nur setzende oder nur lesende Properties verwenden möchte.

4.7.3 Writeonly-Property

Wenn der get-Teil der Property weggelassen wird, erhält man ein writeonly-Property. Beispielsweise, wenn man ein Passwort setzen, aber verhindern möchte, dass man es wieder auslesen kann.

Syntax

```
public double PropertyName
{
    set
    {
        FieldName = value;
    }
}
```

Alternativ ist folgende Syntax möglich:

Syntax

Zugriffsmodifizierer Datentyp Propertyname { private get; set;}

Mit dem Keyword private set kann der Code nur innerhalb der Klasse zugreifen.

```
public int Passwort{ private get; set; }
```

4.7.4 Readonly-Property

Wenn der set-Teil der Property weggelassen wird, erhält man eine readonly-Property. Damit kann man verhindern, dass man Werte von außen verändert.

Syntax

```
public double PropertyName
{
    get { return FieldName; }
}
```

Liefert die Property ein Field zurück, muss das Field entweder in der Deklaration mit einem Anfangswert initialisiert und/oder im Konstruktor gesetzt werden.

Alternativ ist folgende Syntax möglich:

Syntax

Zugriffsmodifizierer Datentyp Propertyname { get; private set;}

Mit dem Keyword private set kann der Code nur innerhalb der Klasse die Property setzen.

```
public int Grundpreis { get; private set; }
```

4.7.5   Entwurf und Realisierung

Arbeitsauftrag

Die Klasse Zimmer wird wie folgt angepasst:

```
[1]      public class Unterkunft
[2]      {
[3]          public string Kategorie { get; private set; }
[4]          public double Grundpreis { get; private set; }
[5]          public int MaxAnzahLGaeste { get; private set; }
[6]          public int MwStA { get; private set; }
[7]          private int mAufenthaltsdauer;
[8]          private int mAnzahlGaeste;

[9]          private Unterkunft() { }

[10]         public Unterkunft(string pKategorie, double pGrundpreis,
             int pMaxAnzahlGaeste)
[11]         {
[12]             Kategorie = pKategorie;
[13]             Grundpreis = pGrundpreis;
[14]             MaxAnzahLGaeste = pMaxAnzahlGaeste;
[15]             MwStA = 7;
[16]         }

[17]         public int Aufenthaltsdauer
[18]         {
[19]             get { return mAufenthaltsdauer; }
[20]             set
[21]             {
[22]                 mAufenthaltsdauer = -1;
[23]                 if (value > 0)
[24]                     mAufenthaltsdauer = value;
[25]             }
[26]         }

[27]         public int AnzahlGaeste
[28]         {
[29]             get { return mAnzahlGaeste; }
[30]             set
[31]             {
[32]                 mAnzahlGaeste = -1;
[33]                 if (value <= MaxAnzahLGaeste)
[34]                     MaxAnzahLGaeste = value;
[35]             }
[36]         }

[37]         public double BerechneGesamtpreis()
[38]         {
[39]             double Gesamtpreis = 0, GesamtpreisBrutto = 0,
             MwStABetrag = 0;

[40]             Gesamtpreis = Grundpreis * Aufenthaltsdauer;
[41]             MwStABetrag = Gesamtpreis * MwStA/100;
```

```
[42]                    GesamtpreisBrutto = Gesamtpreis + MwStABetrag;
[43]                    return GesamtpreisBrutto;
[44]            }

[45]            public void ZeigeLeistungsBeschreibung(bool MitBelegung)
[46]            {
[47]                Console.WriteLine("Beherbergung ohne Verpflegung");
[48]                if (MitBelegung)
[49]                    Console.WriteLine("für {0} Personen",
                           AnzahlGaeste);
[50]            }
[51]        }
```

Die main-Methode bleibt unverändert.

Aufgaben

1. *Ändern Sie in der Klasse Musiktitel folgende Felder auf Readonly: Nummer und Name, DauerSekunde, DauerMinute.*

2. *Ändern Sie in der Klasse Angestellter folgende Felder auf Readonly: PersonalNummer, Vorname und Name, sowie EintrittsJahr, -Monat und -Tag.*

4.8   OOP-Konzept Vererbung

Arbeitsauftrag

Erweitern Sie das Programm um folgende Unterkunftsarten: Zimmer (Berechnungsbasis pro Person) und Appartement (Endreinigung wird extra berechnet).

Wie würden Sie die Auftragsarbeit nach bisherigem Wissensstand umsetzen? Wahrscheinlich würden Sie für jede neue Unterkunftsart eine eigene Klasse implementieren. Dabei würde sich die Unterkunftsart Appartement lediglich nur dadurch unterscheiden, dass ein bestimmter Preis für die Endreinigung dazukommt. Würde es daher Sinn machen, den kompletten Source Code der Klasse Unterkunft zu duplizieren, nur um den Spezialfall Endreinigung im Programm abzubilden?

Vermutlich nicht. Viel eher würde es Sinn machen, die Klasse Unterkunft wieder zu verwenden und aus dem Allgemeinfall einen Spezialfall zu machen. Genau hier kommt die Vererbung ins Spiel. Mithilfe der Vererbung kann aus einer Generalisierung eine Spezialisierung gemacht werden. Eine weitere Klasse namens Appartement erbt die Klassenmitglieder der Klasse Unterkunft und kann diese erweitern und verändern. Die neue Klasse namens Appartement verwendet die Methode BerechneGesamtpreis aus der Klasse Unterkunft und addiert lediglich den Preis für die Endreinigung.

Die Unterkunftsart Zimmer basiert hingegen auf einer anderen Berechnungsmethode: Hier wird der Preis pro Person berechnet. Trotzdem kann auch bei diesem Spezialfall die Vererbung verwendet werden, da das Verhalten einzelner Klassenmitglieder wie Berechne Gesamtpreis komplett überschrieben werden kann.

Mit dem Konzept der Vererbung werden auch folgende neue Begriffe eingeführt: Basisklasse, Unterklasse und Ableiten. Die Basisklasse repräsentiert den Allgemeinfall, hier die Klasse Unterkunft. Unterklassen sind jene Klassen (wie Appartement oder Zimmer), welche die Klassenmitglieder von der Basisklasse erben. Um die Vererbung zu realisieren muss die Unterklasse von der Basisklasse ableiten.

Mithilfe der Vererbung lassen sich auch Hierarchien darstellen, daher spricht man im Zusammenhang mit der Vererbung auch von Klassenhierarchien. So lassen sich neben Generalisierung und Spezialisierung auch verschiedene natürliche oder künstliche Hierarchien mithilfe der Vererbung realisieren.

- Unterkunft (Basisklasse)
  – Zimmer (Unterklasse: erbt Klassenmitglieder von Basisklasse)
  – Appartement (Unterklasse: erbt Klassenmitglieder von Basisklasse)

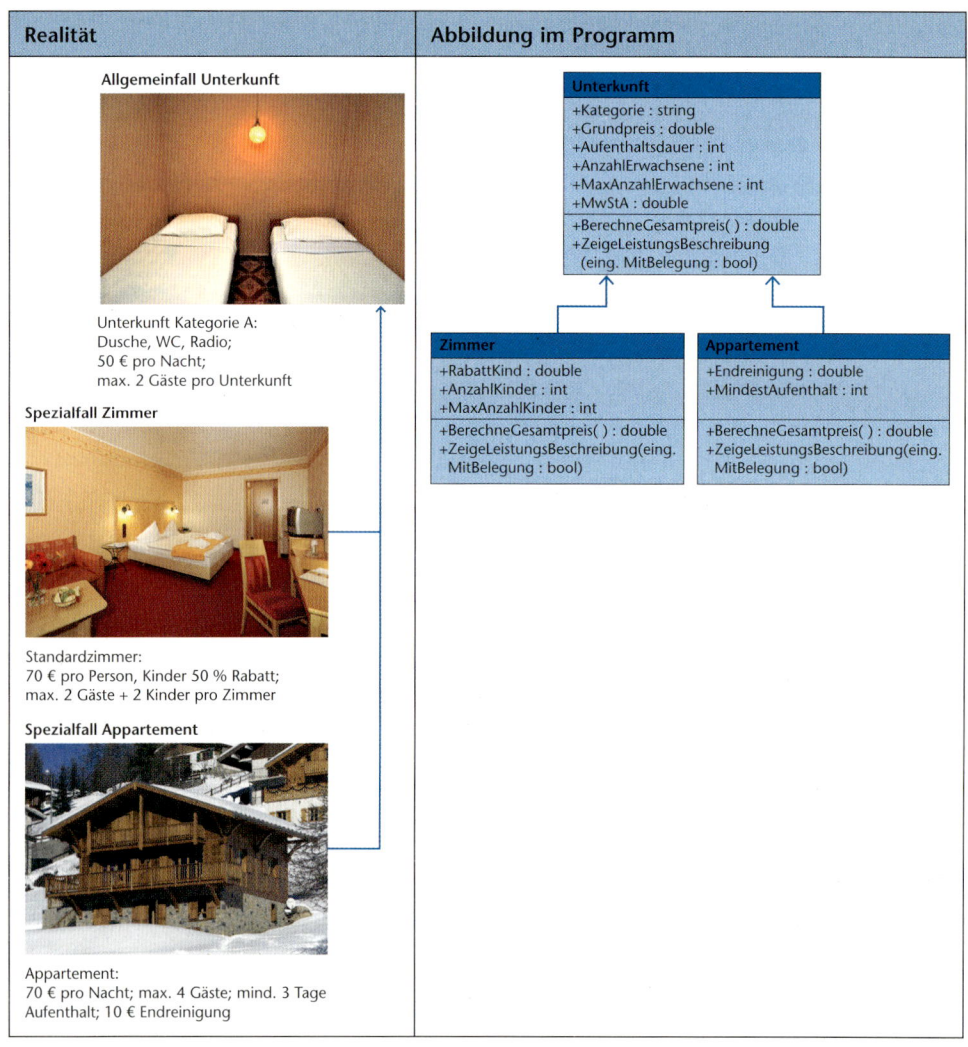

Vererbung: Generalisierung und Spezialisierung

4.8.1 UML-Diagramm

Im UML-Klassendiagramm wird die Vererbung durch einen Pfeil symbolisiert, wobei dieser von der Unterklasse in Richtung Basisklasse zeigt.

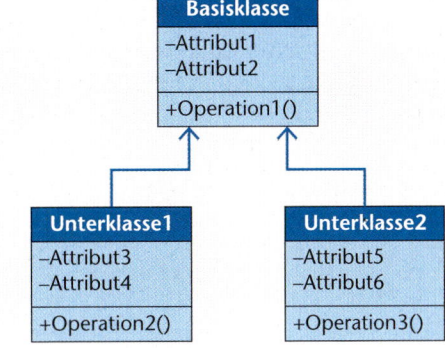

UML-Syntax für Vererbung

4.8.2 Klassen ableiten

Die Syntax für die Vererbung bzw. Ableitung lautet wie folgt:

Syntax

Zugriffsmodifizierer Unterklasse : Basisklasse

Nach dem Namen der Unterklasse werden ein Doppelpunkt und der Name der Basisklasse angegeben. Durch die Vererbung kann nun die Unterklasse auf alle öffentlichen (public) und geschützten (protected) Klassenmembers zugreifen:

```
class Zimmer : Unterkunft
```

4.8.3 Klassenmember der Basisklasse verwenden

Durch die Vererbung können bestehende Klassen um neue Funktionalitäten erweitert und bestehende Funktionalität wiederverwendet werden. Dabei wird die Funktionalität entweder neu implementiert oder die bestehende erweitert.

Beispielsweise kann die Methode BerechneGesamtpreis in der Unterklasse Appartement die Basismethode aufrufen und um die neue Funktionalität (Endreinigung addieren) erweitern. Durch die Angabe des keywords base erkennt der Compiler, dass ein Klassenmember der Basisklasse aufgerufen werden soll (und nicht das der Unterklasse). Ist das Klassenmember eindeutig in der Klassenhierarchie (wie beispielsweise Grundpreis), kann das keyword base weggelassen werden.

```
public double BerechneGesamtpreis()
{
    double Gesamtpreis = -1;
    if (Aufenthaltsdauer >= MindestAufenthalt)
        Gesamtpreis = base.BerechneGesamtpreis() + Endreinigung;
    return Gesamtpreis;
}
```

Man könnte jedoch auch die Funktionalität aus der Basisklasse komplett (oder teilweise) außer Acht lassen und neu implementieren (hier werden nur die gemeinsamen Eigenschaften aus der Basisklasse verwendet, aber nicht die Methode BerechneGesamtpreis).

```
public double BerechneGesamtpreis()
{
    double Gesamtpreis = 0, GesamtpreisBrutto = 0;

    Gesamtpreis = Grundpreis * Aufenthaltsdauer;
    GesamtpreisBrutto = Gesamtpreis + BerechneMwStA(Gesamtpreis);
    return GesamtpreisBrutto;
}
```

4.8.4 Zugriffsmodifizierer protected

Wenn Sie aus einer abgeleiteten Klasse wie Appartement auf ein private Klassenmember der Basisklasse wie mAufenthaltsdauer zugreifen wollen, kommt die folgende Fehlermeldung:

„Der Zugriff auf "Hotelangebotssoftware.Unterkunft.mAufenthaltsdauer" ist aufgrund der Sicherheitsebene nicht möglich."

Der Grund liegt darin, dass der Setter der Eigenschaft Grundpreis private ist. Daher muss in der Basisklasse der Zugriffsmodifizierer von private auf protected geändert werden:

```
protected int mAufenthaltsdauer;
```

Mit `protected` können auch abgeleitete Klassen auf Klassenmember (also auch Eigenschaften und Methoden) zugreifen. Von außen ist jedoch ein Zugriff nicht möglich. Protected kann nicht nur für Eigenschaften, sondern auch für andere Klassenmitglieder wie Felder und Methoden verwendet werden.

4.8.5 Konstruktoren in Unterklassen

Verfügt eine Basisklasse über einen Konstruktor mit Parameter, kann die Unterklasse den Konstruktor wie folgt aufrufen.

Syntax

Zugriffsmodifizierer Konstruktorname (Parameterliste Unterklasse)

   : base(Parameterliste Basisklasse)

{

}

Nach dem Konstruktor der Unterklasse wird ein Doppelpunkt und das keyword base angegeben. Zwischen runden Klammern, werden dem Konstruktor die notwendigen Parameter übergeben. Die Anzahl der Parameter zwischen Unter- und Basisklasse kann unterschiedlich sein. Die Unterklasse sollte jedoch die Parameter der Basisklasse enthalten.

4.8.6 Typumwandlung und späte Bindung

Um zwei Unterkunftsarten gleichzeitig anzubieten, würden nach dem bisherigen Wissensstand Objekte der Klassen Zimmer und Appartement in jeweils eigene Objektvariablen gespeichert werden. Andererseits ist erst zur Laufzeit bekannt, ob ein Objekt Zimmer oder Appartement instanziert wird, da es Kunden gibt, die nur eine Unterkunftsart anfragen oder mehrere. Daher wäre es praktisch, wenn man jede Unterkunftsart einer Klassenhierarchie in eine Objektvariable speichern und erst zur Laufzeit den Typ bestimmen könnte. Genau hier kommt das Casten von Objekten (Typumwandlung) ins Spiel. Die Vererbung erlaubt die Speicherung von Objekten einer Klassenhierarchie in eine Objektvariable vom Typ der Basisklasse (oder Typ einer darunterliegenden Hierarchie, wenn die Klassenhierarchie mehrere Ebenen haben sollte). Das hat den Vorteil, dass man zur Deklarationszeit noch nicht wissen muss, welches Objekt der Klassenhierarchie instanziert wird. Dazu sind die Anweisungen laut folgendem Code-Snippet notwendig. Zuerst wird eine Objektvariable vom Typ einer Basisklasse deklariert. Entweder existiert bereits ein Objekt vom Typ Unterklasse, dann braucht man es nur einfach zuweisen oder man instanziert die Variable beim Deklarieren.

Syntax

Basisklasse Objektvariable = Objekt vom Typ Unterklasse;

Syntax

Unterklasse ObjektUnterklasse = new Unterklasse(...);

Basisklasse Objektvariable = ObjektUnterklasse;

Im folgenden Code-Snippet hat die Objektvariable UnterkunftsObjekt den Datentyp der Basisklasse Unterkunft. Dem Unterkunftsobjekt kann nun jede Unterklasse einer Klassenhierarchie zugewiesen werden. In diesem Fall wird das UnterkunftsObjekt schon bei der Deklaration mit dem AppartementObjekt instanziert:

```
Unterkunft UnterkunftsObjekt = new Appartement(50, 10, 3, 7, "Appartement
35m²",2,2);
```

In diesem Code-Snippet wird das Objekt AppartementsPreis implizit in das Objekt UnterkunftsObjekt umgewandelt. Dieser Fall wird auch down cast genannt (da von einer Unterklasse auf eine Basisklasse herunter gewandelt wird). Hier geschieht die Typumwandlung automatisch.

Da das UnterkunftsObjekt vom Typ Unterkunft ist, stehen auch nur die Klassenmitglieder der Unterklasse zur Verfügung. Möchte man auf die Klassenmember der Unterklasse zugreifen, muss die Basisklasse mit einer expliziten Typumwandlung (up cast) in die Unterklasse umgewandelt werden.

Syntax

Unterklasse Objektvariable = (Unterklasse)Basisklasse;

Zwischen zwei runden Klammern wird der Typ angegeben, in dem umgewandelt werden soll.

```
Appartement AppartementObjekt2 = (Appartement)UnterkunftsObjekt;
double Endreinigung = AppartementObjekt2.Endreinigung;
```

Im Code-Snippet oben haben wir den Datentyp der Objektvariable UnterkunftsObjekt schon bei der Deklaration festgelegt; auch frühe Bindung oder early binding genannt. Da noch nicht bekannt ist, welche Unterkunftsart der Gast haben möchte, müssen wir die späte Bindung verwenden. Diese wird auch late binding genannt. Hierbei entscheiden wir erst bei Laufzeit, welche Unterklasse benannt werden soll.

Die späte Bindung funktioniert wie folgt:

• Deklaration eines Objekts vom Typ Basisklasse (ohne Zuweisung eines Objekts vom Typ Unterklasse; es wird jedoch empfohlen das Objekt mit null zu initialisieren)

• Eine oder mehrere Anweisungen, die ermitteln, welche Unterklasse verwendet werden soll

• Zuweisung oder Instanzierung des Objekts vom Typ Basisklasse mit einem Objekt vom Typ Unterklasse

Folgendes Code-Snippet soll den Vorgang verdeutlichen:

```
Unterkunft UnterkunftsObjekt = null;
// ... Entscheidung, welches Objekt verwendet werden soll
UnterkunftsObjekt = new Appartement(50, 10, 3, 7, "Appartement 35m²",2,2);
```

Wird im Programm nur mit einer Objektvariablen vom Typ Basisklasse gearbeitet, hat das den Vorteil, dass abhängig von unterschiedlichen Bedingungen verschiedene Unterklassen instanziert werden können. Damit lässt sich die Auftragsarbeit wie folgt realisieren.

4.8.7 Entwurf und Realisierung

Arbeitsauftrag

UML-Diagramm:

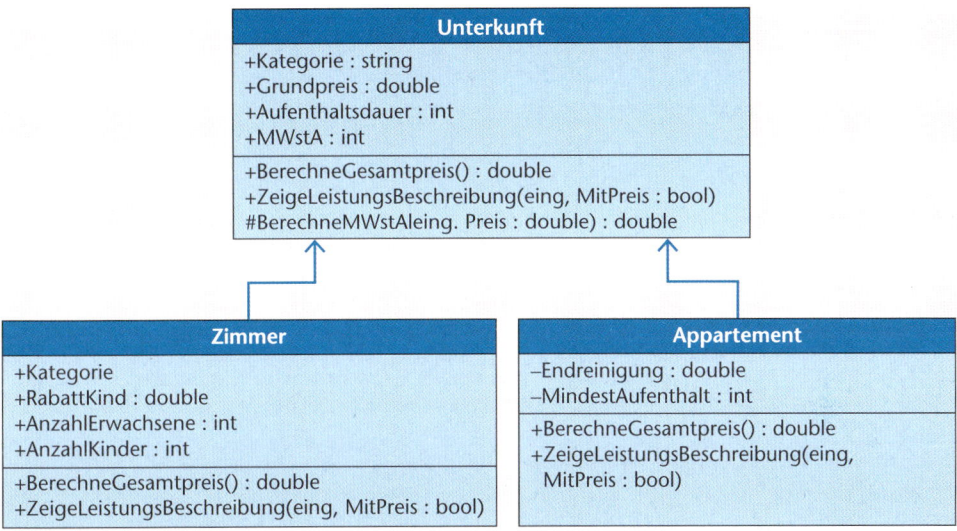

UML-Klassendiagramm für Auftrag Vererbung

Basisklasse Unterkunft in Datei Unterkunft.cs:

```
[1]       public class Unterkunft
[2]       {
[3]           public string Kategorie { get; private set; }
[4]           public double Grundpreis { get; private set; }
[5]           public int MaxAnzahLGaeste { get; private set; }
[6]           public int MwStA { get; private set; }
[7]           protected int mAufenthaltsdauer;
[8]           private int mAnzahlGaeste;

[9]           protected Unterkunft() { }

[10]          public Unterkunft(string pKategorie, double pGrundpreis,
              int pMaxAnzahlGaeste)
[11]          {
[12]              Kategorie = pKategorie;
[13]              Grundpreis = pGrundpreis;
[14]              MaxAnzahLGaeste = pMaxAnzahlGaeste;
[15]              MwStA = 7;
[16]          }

[17]          public int Aufenthaltsdauer
[18]          {
[19]              get { return mAufenthaltsdauer; }
[20]              set
[21]              {
```

```
[22]                         mAufenthaltsdauer = -1;
[23]                         if (value > 0)
[24]                             mAufenthaltsdauer = value;
[25]                     }
[26]                 }

[27]             public int AnzahlGaeste
[28]             {
[29]                 get { return mAnzahlGaeste; }
[30]                 set
[31]                 {
[32]                     mAnzahlGaeste = -1;
[33]                     if (value <= MaxAnzahlGaeste)
[34]                         MaxAnzahlGaeste = value;
[35]                 }
[36]             }

[37]             public double BerechneGesamtpreis()
[38]             {
[39]                 double Gesamtpreis = 0, GesamtpreisBrutto = 0;

[40]                 Gesamtpreis = Grundpreis * Aufenthaltsdauer;
[41]                 GesamtpreisBrutto = Gesamtpreis +
                         BerechneMwStA(Gesamtpreis);
[42]                 return GesamtpreisBrutto;
[43]             }

[44]             protected double BerechneMwStA(double Preis)
[45]             {
[46]                 return Preis * MwStA/100;
[47]             }

[48]             public void ZeigeLeistungsBeschreibung(bool MitBelegung)
[49]             {
[50]                 Console.WriteLine("Unterkunft ohne Verpflegung");
[51]                 if (MitBelegung)
[52]                     Console.WriteLine("für {0} Personen",
                         AnzahlGaeste);
[53]             }
[54]         }
```

Unterklasse Zimmer in Datei Zimmer.cs:

```
[1]         public class Zimmer: Unterkunft
[2]         {
[3]             public double RabattKinder { get; private set; }
[4]             public int AnzahlKinder { get; set; }
[5]             public int MaxAnzahlKinder { get; private set; }

[6]             private Zimmer() { }

[7]             public Zimmer(
[8]                 double pGrundpreis, double pRabattKinder, string
                     pKategorie,
[9]                 int pMwStA, int pMaxGaeste, int pMaxAnzahlKinder)
[10]                 : base(pKategorie, pGrundpreis, pMaxGaeste)
```

```
[11]              {
[12]                    RabattKinder = pRabattKinder;
[13]                    MaxAnzahlKinder = pMaxAnzahlKinder;
[14]              }

[15]         public double BerechneGesamtpreis()
[16]              {
[17]                    double Gesamtpreis = 0, ErwachsenenPreis = 0,
                       KinderPreis = 0;
[18]                    double GesamtpreisBrutto = 0, MwStABetrag = 0;

[19]                    ErwachsenenPreis = Grundpreis * Aufenthaltsdauer *
                       AnzahlGaeste;
[20]                    KinderPreis = Grundpreis * Aufenthaltsdauer *
                       AnzahlKinder * RabattKinder/100;
[21]                    Gesamtpreis = ErwachsenenPreis + KinderPreis;
[22]                    GesamtpreisBrutto = Gesamtpreis +
                       BerechneMwStA(Gesamtpreis);
[23]                    return GesamtpreisBrutto;
[24]              }

[25]         public void ZeigeLeistungsBeschreibung(bool MitBelegung)
[26]              {
[27]                    Console.WriteLine("Übernachtung ohne Verpflegung");
[28]                    if (MitBelegung)
[29]                    {
[30]                        Console.WriteLine("Anzahl Erwachsene: {0}",
                           AnzahlGaeste, Grundpreis);
[31]                        Console.WriteLine("Anzahl Kinder: {0}",
                           AnzahlKinder, Grundpreis * RabattKinder);
[32]                    }
[33]              }

[34]         }
```

Unterklasse Appartement in Datei Appartement.cs

```
[1]      public class Appartement : Unterkunft
[2]      {
[3]           private Appartement() { }

[4]           public Appartement(
[5]               double pGrundpreis, double pEndreinigung,
[6]               int pMindestAufenthalt, int pMwStA,
[7]               string pKategorie, int pAnzahlGaeste)
[8]               : base(pKategorie,pGrundpreis,pAnzahlGaeste)
[9]           {
[10]              Endreinigung = pEndreinigung;
[11]              MindestAufenthalt = pMindestAufenthalt;
[12]          }

[13]         public double Endreinigung { get; private set; }
[14]         public int MindestAufenthalt { get; private set; }

[15]         public int Aufenthaltsdauer
[16]         {
```

```
[17]                     get { return mAufenthaltsdauer; }
[18]                     set
[19]                     {
[20]                         mAufenthaltsdauer = -1;
[21]                         if (value >= MindestAufenthalt)
[22]                             mAufenthaltsdauer = value;
[23]                     }
[24]                 }

[25]             public double BerechneGesamtpreis()
[26]             {
[27]                 double Gesamtpreis = -1, EndreinigungBrutto = -1;
[28]                 if (Aufenthaltsdauer >= MindestAufenthalt)
[29]                 {
[30]                     EndreinigungBrutto = Endreinigung +
                         BerechneMwStA(Endreinigung);
[31]                     Gesamtpreis = base.BerechneGesamtpreis() +
                         EndreinigungBrutto;
[32]                 }
[33]                 return Gesamtpreis;
[34]             }

[35]             public void ZeigeLeistungsBeschreibung(bool MitPreis)
[36]             {
[37]                 if (MitPreis)
[38]                 {
[39]                     Console.WriteLine("inkl. Endreinigung von : {0} €",
                         Endreinigung);
[40]                 }
[41]                 else
[42]                 {
[43]                     Console.WriteLine("inkl. Endreinigung");
[44]                 }
[45]             }
[46]         }
```

In der Methode BerechneGesamtpreis wird der Gesamtpreis nur dann berechnet, wenn der Mindestaufenthalt erreicht wurde. Wird der Mindestaufenthalt unterschritten, retourniert die Methode minus 1. Der Aufrufer der Methode AngebotBerechnen, entsprechend eine Ebene höher in der main-Methode, muss verhindern und prüfen, ob Angebote mit -1 übernommen werden und darauf reagieren. Ein Beispiel dafür wäre, dass derBenutzer die Eingabe wiederholt.

Es können aber auch Exceptions verwendet werden (siehe Kapitel 5.2). In diesem Source Code wird die Prüfung aus Platzgründen ausgelassen.

Struct Zimmerpreis in Datei Programm.cs (oder auch eigene Datei möglich)

Das struct repräsentiert einen Eintrag in der Preisliste:

```
[1]         public struct ZimmerPreis
[2]         {
[3]             public string Kategorie;
[4]             public double Preis;
[5]             public double RabattKinder;
```

```
[6]            public int MaxAnzahlGaeste;
[7]            public int MaxAnzahlKinder;
[8]        }
```

Klasse Angebotsposition in Datei Angebotsposition.cs.

Die Unterkunftsklassen berechnen den Preis für eine Unterkunftsart. Ein Gast kann jedoch beispielsweise zwei Zimmer der Kategorie Standard und ein Zimmer der Kategorie Komfort anfragen. D.h., eine Angebotsposition besteht aus einer Anzahl und einer Unterkunftsart. Daher wird eine eigene Klasse namens Angebotsposition mit den Klassenmembern Anzahl und Unterkunftsobjekt implementiert.

```
[1]        public class Angebotsposition
[2]        {
[3]            public Angebotsposition(int pAnzahl, Unterkunft pZimmer)
[4]            {
[5]                Anzahl = pAnzahl;
[6]                UnterkunftsObjekt = pZimmer;
[7]            }

[8]            public int Anzahl { get; private set; }
[9]            public Unterkunft UnterkunftsObjekt { get; private set; }
[10]       }
```

Main-Methode in Datei Programm.cs:

```
[1]            static void main(string[] args)
[2]            {
[3]                string Unterkunft;
[4]                int Aufenthaltsdauer = 0, AnzahlAngebotspositionen = 0;
[5]                int Position = 1, AnzahlGaeste = 0, AnzahlKinder = 0;
[6]                int AnzahlZimmer = 0, AnzahlAppartements = 0,
                   Kategorie = 0;
[7]                double Gesamtpreis = 0;
[8]                Angebotsposition[] AngebotspositionsListe = new
                   Angebotsposition[20];

[9]                ZimmerPreis[] PreisdatenZimmer = new ZimmerPreis[3];
[10]               PreisdatenZimmer[0].Kategorie = "Standardzimmer";
[11]               PreisdatenZimmer[0].Preis = 50;
[12]               PreisdatenZimmer[0].RabattKinder = 25;
[13]               PreisdatenZimmer[0].MaxAnzahlGaeste = 2;
[14]               PreisdatenZimmer[0].MaxAnzahlKinder = 2;
[15]               PreisdatenZimmer[1].Kategorie = "Komfortzimmer";
[16]               PreisdatenZimmer[1].Preis = 70;
[17]               PreisdatenZimmer[1].RabattKinder = 25;
[18]               PreisdatenZimmer[1].MaxAnzahlGaeste = 2;
[19]               PreisdatenZimmer[1].MaxAnzahlKinder = 2;
[20]               PreisdatenZimmer[2].Kategorie = "Suite";
[21]               PreisdatenZimmer[2].Preis = 90;
[22]               PreisdatenZimmer[2].RabattKinder = 25;
[23]               PreisdatenZimmer[2].MaxAnzahlGaeste = 2;
[24]               PreisdatenZimmer[2].MaxAnzahlKinder = 3;

[25]               Console.WriteLine("Angebot erstellen für Unterkunft");
```

```
[26]                    do
[27]                    {
[28]                        Console.Write("Eingabe Unterkunftsart:
                            H=Hotelzimmmer, A=Appartement, E=Angebot
                            erstellen:");
[29]                        Unterkunft = Console.ReadLine().ToUpper();
[30]                        if (Unterkunft == "E")
[31]                            break;
[32]                        Aufenthaltsdauer = EingabeDialogFuerInt("Eingabe
                            Aufenthaltsdauer");
[33]                        switch (Unterkunft)
[34]                        {
[35]                            case "H":
[36]                                Kategorie = EingabeDialogFuerInt("Eingabe
                                    Kategorie: Standard = 0, Komfort = 1,
                                    Suite = 2");
[37]                                AnzahlGaeste = EingabeDialogFuerInt
                                    ("Anzahl Erwachsene");
[38]                                AnzahlZimmer = EingabeDialogFuerInt
                                    ("Anzahl Zimmer");
[39]                                AnzahlKinder = EingabeDialogFuerInt
                                    ("Anzahl Kinder");
[40]                                Zimmer Zimmer = new Zimmer(
[41]                                    PreisdatenZimmer[Kategorie].Preis,
                                        PreisdatenZimmer[Kategorie].
                                        RabattKinder, PreisdatenZimmer
                                        [Kategorie].Kategorie,
[42]                                    7, PreisdatenZimmer[Kategorie].
                                        MaxAnzahlGaeste, PreisdatenZimmer
                                        [Kategorie].MaxAnzahlKinder);
[43]                                Zimmer.Aufenthaltsdauer =
                                    Aufenthaltsdauer;
[44]                                Zimmer.AnzahlGaeste = AnzahlGaeste;
[45]                                Zimmer.AnzahlKinder = AnzahlKinder;

[46]                                Console.WriteLine("Einzelpreis
                                    Komfortzimmer {0}", Zimmer.
                                    BerechneGesamtpreis());
[47]                                AngebotspositionsListe
                                    [AnzahlAngebotspositionen] = new
                                    Angebotsposition(AnzahlZimmer, Zimmer);
[48]                                AnzahlAngebotspositionen =
                                    AnzahlAngebotspositionen + 1;
[49]                                break;
[50]                            case "A":
[51]                                AnzahlAppartements =
                                    EingabeDialogFuerInt("Anzahl
                                    Appartements");
[52]                                Appartement oAppartement = new Apparte-
                                    ment(50, 10, 3, 7, "Appartement 35m²",2);
[53]                                oAppartement.Aufenthaltsdauer =
                                    Aufenthaltsdauer;
[54]                                AngebotspositionsListe
                                    [AnzahlAngebotspositionen] = new
                                    Angebotsposition (AnzahlAppartements,
                                    oAppartement);
```

```
[55]                         Console.WriteLine("Einzelpreis
                             Appartement {0}", AngebotspositionsListe
                             [AnzahlAngebotspositionen].
                             UnterkunftsObjekt.BerechneGesamtpreis());
[56]                         AnzahlAngebotspositionen =
                             AnzahlAngebotspositionen + 1;
[57]                         break;
[58]                     default:
[59]                         break;
[60]                 }
[61]             } while (Unterkunft != "E" | AnzahlAngebotspositionen
                 < 20);

[62]             Console.WriteLine("Gerne bieten wir Ihnen folgende
                 Positionen an:");
[63]             Console.WriteLine("Pos.|Unterkunftsart
                 |Einzelpreis|Menge|Gesamtpreis");
[64]             Console.WriteLine("----+--------------------+-----------
                 +-----+-----------");
[65]             for (int i = 0; i < AnzahlAngebotspositionen; i++)
[66]             {
[67]                 double GesamtpreisPosition =
                     AngebotspositionsListe[i].Anzahl *
                     AngebotspositionsListe[i].UnterkunftsObjekt.
                     BerechneGesamtpreis();
[68]                 Console.WriteLine ("{0,4}|{1,20}|{2,11}|{3,5}|
                     {4,11}", i + 1,
[69]                     AngebotspositionsListe[i].UnterkunftsObjekt.
                         Kategorie, AngebotspositionsListe[i].
                         UnterkunftsObjekt.BerechneGesamtpreis(),
[70]                     AngebotspositionsListe[i].Anzahl,
                         GesamtpreisPosition);

[71]                 AngebotspositionsListe[i].UnterkunftsObjekt.
                     ZeigeLeistungsBeschreibung(true);
[72]                 Gesamtpreis += GesamtpreisPosition;
[73]                 Position += 1;
[74]             }
[75]             Console.WriteLine("----+--------------------+
                 -----------+-----+-----------");
[76]             Console.WriteLine("Der Gesamtpreis beträgt:{0}",
                 Gesamtpreis);
[77]             Console.ReadKey();
[78]         }
```

Hier zeigt sich nun die Stärke der Vererbung bzw. des Castens: Das Klassenmember UnterkunftsObjekt kann nun jedes von Unterkunft abgeleitete Objekte wie Zimmer und Appartement speichern. Erst zur Laufzeit entscheidet der Benutzer (oder die Programmlogik), welche Unterklasse erzeugt und zugewiesen wird.

Die Angebotspositionen werden in einer Liste vom gleichnamigen Typ gespeichert. Die Anzahl wird auf 20 beschränkt. In den nachfolgenden Kapiteln werden dynamische und generische Listen vorgestellt. Bei dieser Listenart ist die Anzahl der Listenelemente nicht starr, sondern es können fast beliebige Listenelemente hinzugefügt oder entfernt werden.

Die Methode Console.WriteLine bietet bei Platzhaltern für die Variablen eine weitere Option an: die maximale Anzahl an Zeichen. Damit können die Daten für die Angebotsposition etwas besser formatiert werden.

Wenn Sie nun ein Beispiel wie im Screenshot durchspielen, wird nach der Eingabe der Einzelpreis der eingegebenen Unterkunft angezeigt und nach der Eingabe E alle Angebotspositionen aufgelistet. Bei genauerer Analyse können Sie erkennen, dass die Einzelpreise nach der Eingabe und in der Auflistung der Angebotspositionen unterschiedlich sind. Auch werden in der Angebotsposition 1 (Standardzimmer) nicht die Anzahl der Kinder aufgelistet, obwohl die Methode BerechneGesamtpreis in der Klasse Zimmer angepasst wurde.

Ausgabe der Konsolenanwendung

Eine Begründung für diese Differenz finden Sie in Kapitel 4.9.

Aufgaben

1. *Erweitern Sie die Multimedia-Verwaltung um die Verwaltung von Hörbüchern. Hörbücher haben folgende Attribute: Nummer, Name, DauerMinuten, DauerSekunden, Autor, Genre, Verlag und Erscheinungsjahr. Die Operatoren sind die gleichen, wie für die Klasse Musiktitel. Implementieren Sie die Gemeinsamkeiten in der Klasse Medium. Fügen Sie zum Testen in der main-Methode in einer Liste vom Typ Medium jeweils einen Musiktitel und ein Hörbuch hinzu und geben Sie die DetailInfo und Dauer über eine foreach Schleife aus.*

2. *Erweitern Sie die Stammdatenverwaltung für Angestellte um die Verwaltung von Arbeitern.*

   Arbeiter haben folgende Attribute: PersonalNummer, Vorname, Nachname, Stundenlohn, Stunden, Adresse, Telefonnummer, EintrittsJahr, -Monat und -Tag sowie die Operatoren ZeigeBruttoArbeitsentgelt, ZeigeStammdaten. Der Operator ZeigeBruttoArbeitsentgelt zeigt das Produkt von Stundenlohn und Stunden an.

   Implementieren Sie die Gemeinsamkeiten in der Klasse Mitarbeiter. Fügen Sie zum Testen in der main-Methode in einer Liste vom Typ Mitarbeiter jeweils einen Angestellten und einen Arbeiter hinzu und geben Sie die Stammdaten und das Arbeitsentgelt über eine foreach Schleife aus

4.9   OOP-Konzept Polymorphie

Arbeitsauftrag

Schreiben Sie ein Programm, welches die Polymorphie bei den Methoden Berechne-Gesamtpreis anwendet.

In manchen Programmen entscheidet sich erst zur Laufzeit, welche Unterklasse verwendet werden soll. Erst wenn ein Gast ein Angebot anfordert steht fest, für wie viele und welche Unterkunftsarten, ein Preis berechnet werden soll. Wie im Kapitel 4.8 „OOP-Konzept Vererbung" gezeigt wurde, wird das konkrete Unterkunftsobjekt einer Instanz der Klasse Angebotsposition übergeben. Das Klassenmember UnterkunftsObjekt kann jede Instanz, die von der Basisklasse Unterkunft abgeleitet ist, aufnehmen. Beim Durchspielen eines Angebotsbeispiels wurde jedoch festgestellt, dass die Angebotspositionen andere Ergebnisse liefern, als die Zwischenergebnisse nach der Eingabe.

Setzen Sie zu Demonstrationszwecken einen Breakpoint in die Methode BerechneGesamtpreis der Unterklasse Zimmer und starten Sie die Anwendung. Beim ersten Aufruf für das Zwischenergebnis stoppt die Entwicklungsumgebung beim Breakpoint. Sobald Sie jedoch „Angebot erstellen" ausgewählt haben und das Programm die for-Schleife durchläuft, kommen Sie nicht mehr zu diesem Breakpoint. Setzen Sie nun den Breakpoint in der Berechnungsmethode der Basisklasse Unterkunft. Hier ist es nun umgekehrt: Beim ersten Aufruf für das Zwischenergebnis stoppt die Entwicklungsumgebung nicht bei dem Breakpoint in der Unterklasse, sondern erst beim Aufruf der Berechnungsmethode in der Basisklasse. Warum ist das so?

Auch wenn das Klassenmember UnterkunftsObjekt vom Typ Unterkunft ist, kann es jede Instanz aufnehmen, die von Unterkunft ableitet. Die Laufzeitumgebung sieht jedoch nur den Typ der Variable UnterkunftsObjekt, was in diesem Fall die Klasse Unterkunft ist. Daher wird die Methode BerechneGesamtpreis der Klasse Unterkunft aufgerufen. Das hat seine Richtigkeit. Wie kann nun der Laufzeitumgebung mitgeteilt werden, dass die Methode der Unterklasse aufgerufen wird?

Dies geschieht mithilfe des Polymorphismus. Damit wird der Aufruf an die Unterklasse weitergeleitet. Um den Polymorphismus zu implementieren, sind folgende Schritte notwendig:

- Implizite Typumwandlung auf Basisobjekt
- Späte Bindung
- Methoden virtualisieren und überschreiben

Die Typumwandlung und späte Bindung wurden bereits besprochen, daher folgt hier die Beschreibung von „Methoden virtualisieren und überschreiben".

4.9.1   Methoden virtualisieren und überschreiben

Damit der Aufruf der Methode aus der Basisklasse an die Unterklasse weitergeleitet wird, muss diese überschrieben werden.
Jene Eigenschaft oder Methode in der Basisklasse, welche an die Unterklasse weitergeleitet werden soll, wird mit dem keyword `virtual` gekennzeichnet:

Syntax

Zugriffsmodifizierer virtual Datentyp Methodenname(0 bis n Parameter)

{
}

```
public virtual double BerechneGesamtpreis()
```

In der Unterklasse muss die Methode mit `override` gekennzeichnet werden, damit diese überschrieben werden kann.

Syntax

Zugriffsmodifizierer override Datentyp Methodenname(0 bis n Parameter)

{
}

Erst dadurch können gleichartige Objekte, die unterschiedliche Verhaltensweisen haben, gleich verwendet werden. Daher kommt auch der Begriff Polymorphie (Vielgestaltigkeit): Verschiedene Objekte (Appartement und Zimmer) können gleich verwendet werden, verhalten sich aber dennoch unterschiedlich.

```
public override double BerechnetGesamtpreis()
```

4.9.2 Entwurf und Realisierung

Arbeitsauftrag

Die Unterklassen bleiben gegenüber dem Vorkapitel unverändert, daher wird hier nur der geänderte Source Code aufgelistet:

Anpassung der Methode BerechneGesamtpreis in der Basisklasse Unterkunft in Datei Unterkunft.cs um das Keyword virtual:

```
[1]        public virtual double BerechneGesamtpreis()
[2]        {
[3]            double Gesamtpreis = 0, GesamtpreisBrutto = 0;

[4]            Gesamtpreis = Grundpreis * Aufenthaltsdauer;
[5]            GesamtpreisBrutto = Gesamtpreis + BerechneMwStA
               (Gesamtpreis);
[6]            return GesamtpreisBrutto;
[7]        }
```

Anpassung der Methode BerechneGesamtpreis in der Unterklasse Zimmer in Datei Zimmer.cs um das Keyword override:

```
[1]        public override double BerechneGesamtpreis()
[2]        {
```

```
[3]            double Gesamtpreis = 0, ErwachsenenPreis = 0,
               KinderPreis = 0;
[4]            double GesamtpreisBrutto = 0, MwStABetrag = 0;

[5]            ErwachsenenPreis = Grundpreis * Aufenthaltsdauer *
               AnzahlGaeste;
[6]            KinderPreis = Grundpreis * Aufenthaltsdauer * AnzahlKinder
               * RabattKinder/100;
[7]            Gesamtpreis = ErwachsenenPreis + KinderPreis;
[8]            GesamtpreisBrutto = Gesamtpreis +
               BerechneMwStA(Gesamtpreis);
[9]            return GesamtpreisBrutto;
[10]     }
```

In der Klasse Appartement muss die Methode AngebotBerechnen ebenfalls mit override gekennzeichnet werden. Der Source Code wurde aus Platzgründen weggelassen.

Main-Methode in Klasse Programm:

Der Source Code in der main-Klasse muss nicht angepasst werden.

Aufgaben

1.   *Erweitern Sie die Operatoren ZeigeDetailInfos und ZeigeDauer in der Multimedia-Verwaltung um die keywords virtual und override.*

2.   *Erweitern Sie die Operatoren ZeigeBruttoArbeitsentgelt und ZeigeStammdaten in der Stammdaten-Verwaltung für Angestellte um die keywords virtual und override.*

4.10   Methoden überladen und ausblenden

Neben den bisher erläuterten Hauptkonzepten bietet die OOP noch zahlreiche andere Möglichkeiten, um das Verhalten einer Klasse bzw. der Klassenmember zu steuern. Beispielsweise können Methoden überladen oder ausgeblendet werden.

4.10.1 Methoden überladen

Arbeitsauftrag

Implementieren Sie zwei Methoden mit dem Namen ZeigeLeistungsBeschreibung, Die erste Methode hat keinen Parameter, die zweite Methode hat einen Parameter namens MitBelegung.

Ein gutes Beispiel, das bis jetzt verwendet wurde ist Console.WriteLine. Dieser Methode können unterschiedliche Anzahlen an Parametern übergeben werden:

```
Console.WriteLine();
Console.WriteLine("Willkommen");
Console.WriteLine("Preis = {0}", Preis);
```

Methoden können ganz einfach überladen werden, indem die gleiche Methode mehrfach mit unterschiedlichen Parametern deklariert wird:

```
public void ZeigeLeistungsBeschreibung()
{
}

public void ZeigeLeistungsBeschreibung (bool MitBelegung)
{
}
```

Eine überladene Methode kann zusätzlich auch virtualisiert und überschrieben werden:

Ändern Sie die Methoden ZeigeLeistungsBeschreibung in der Klasse Unterkunft in Datei Unterkunft.cs wie folgt:

```
[1]        public virtual void ZeigeLeistungsBeschreibung()
[2]        {
[3]            Console.WriteLine("Unterkunft ohne Verpflegung");
[4]        }

[5]        public virtual void ZeigeLeistungsBeschreibung(bool MitBelegung)
[6]        {
[7]            ZeigeLeistungsBeschreibung();
[8]            if (MitBelegung)
[9]                Console.WriteLine("für {0} Personen", AnzahlGaeste);
[10]       }
```

In der main-Methode könnten nun beide Varianten aufgerufen werden.

4.10.2 Methoden ausblenden

Arbeitsauftrag

Implementieren Sie die Methode Aufenthaltsdauer in der Klasse Appartement so, dass nicht die Methode der Basisklasse verwendet wird.

In der Basisklasse Unterkunft wurde die Eigenschaft Aufenthaltsdauer implementiert, die prüft, dass keine negativen Werte eingegeben werden dürfen. Die Appartementklasse benötigt allerdings eine andere Prüfung: Es muss ein Mindestaufenthalt berücksichtigt werden. Daher muss die Eigenschaft in der Methode ausgeblendet werden. Das funktioniert mit dem keyword new:

Syntax

Zugriffsmodifizierer new RueckgabewertDatentyp Methodenname()

{

}

Arbeitsauftrag

Ändern Sie die Eigenschaft Aufenthaltsdauer wie folgt:

```
public new int Aufenthaltsdauer
{
    get { return mAufenthaltsdauer; }
    set
    {
        mAufenthaltsdauer = -1;
        if (value >= MindestAufenthalt)
            mAufenthaltsdauer = value;
    }
}
```

4.11 Abstrakte Klassen

Arbeitsauftrag

Ändern Sie das Programm so, dass von der Basisklasse kein Objekt instanziert werden kann.

Die Basisklasse Unterkunft kann ebenfalls instanziert werden:

```
Unterkunft UnterkunftsObjekt = new Unterkunft();
```

In der Entwurfsphase wurde erkannt, dass die Klasse Unterkunft der Allgemeinfall ist und daher als Basisklasse implementiert wurde. In manchen Fällen hat diese Basisklasse für konkrete Objekte keine Bedeutung, sondern sind Basis einer künstlichen Klassenhierarchie. Soll verhindert werden, dass das Basisobjekt instanziert wird, weil es in der realen Welt keine Entsprechung hat, kann eine Klasse abstrakt gemacht werden:

Syntax

Zugriffsmodifizierer abstract class Klassenname

```
public abstract class Unterkunft
```

Wird ein Objekt von einer abstrakten Klasse instanziert, kommt folgende Fehlermeldung:

„Es konnte keine Instanz der abstrakten Klasse oder Schnittstelle "Hotelangebotssoftware.Unterkunft" erstellt werden."

Arbeitsauftrag

Entwurf und Realisierung

```
public abstract class Unterkunft
{
    // Unveränderte Properties und Methoden aus Platzgründen
    ausgelassen
}
```

4.12 Statische Klassen und Klassenmember

4.12.1 Statische Eigenschaften und Felder

Arbeitsauftrag

Ändern Sie die Eigenschaft MwStA auf statisch.

Derzeit hat jede Instanz der Klasse Zimmer eine Variable für die Mehrwertsteuer. Wenn einem Gast zwei verschiedene Zimmerkategorien angeboten werden, wird die Mehrwertsteuer zweimal im Speicher abgelegt. Soll eine Eigenschaft oder ein Feld nur einmal je Klasse im Speicher gelten, bietet die OOP statische Eigenschaften und Felder an.

Die Syntax für statische Eigenschaften und statische Felder ist die der normalen Eigenschaften und Felder, mit dem Unterschied, dass nach dem Zugriffsmodifizierer das keyword static verwendet wird. Hier wird beispielhaft die Syntax für Felder beschrieben:

Syntax

Zugriffsmodifizierer static Datentyp Feldname;

```
public static double MwStA;
```

Die statische Eigenschaft wird nicht über den Objektnamen, sondern über den Klassennamen gesetzt, da statische Klassenmitglieder zur Klasse gehören:

Syntax

Klassenname.Feld = Wert;

```
Unterkunf.MwStA = 10;
```

In nicht statischen Klassenmembern wie BerechneGesamtpreis kann wie auf ein nicht statisches Klassenmember zugegriffen werden:

Arbeitsauftrag

Ändern Sie die Eigenschaft MwStA in der Klasse Unterkunft wie folgt:

```
[1]        public abstract class Unterkunft
[2]        {
[3]            public string Kategorie { get; private set; }
[4]            public double Grundpreis { get; private set; }
[5]            public int MaxAnzahLGaeste { get; private set; }
[6]            public static int MwStA { get; private set; }
[7]            protected int mAufenthaltsdauer;
[8]            private int mAnzahlGaeste;

[9]            protected Unterkunft() { }
[10]       // Unveränderte Eigenschaften und Methoden aus Platzgründen
           ausgelassen

[11]       }
```

Um die Mehrwertsteuer auszugeben, kann nur über den Klassennamen zugegriffen werden.

Ändern Sie im Case H den Variablennamen Zimmer auf ZimmerObjekt und geben Sie Mehrwertsteuer wie folgt aus:

```
[1]       case "H":
[2]            Kategorie = EingabeDialogFuerInt("Eingabe Kategorie:
               Standard = 0, Komfort = 1, Suite = 2");
[3]            AnzahlGaeste = EingabeDialogFuerInt("Anzahl Erwachsene");
[4]            AnzahlKinder = EingabeDialogFuerInt("Anzahl Kinder");
[5]            AnzahlZimmer = EingabeDialogFuerInt("Anzahl Zimmer");
[6]            Zimmer ZimmerObjekt = new Zimmer(
[7]                 PreisdatenZimmer[Kategorie].Preis, PreisdatenZimmer
                    [Kategorie].RabattKinder, PreisdatenZimmer[Kategorie].
                    Kategorie,
[8]                 7, PreisdatenZimmer[Kategorie].MaxAnzahlGaeste,
                    PreisdatenZimmer[Kategorie].MaxAnzahlKinder);
[9]            ZimmerObjekt.Aufenthaltsdauer = Aufenthaltsdauer;
[10]           ZimmerObjekt.AnzahlGaeste = AnzahlGaeste;
[11]           ZimmerObjekt.AnzahlKinder = AnzahlKinder;

[12]           Console.WriteLine("Einzelpreis Komfortzimmer {0}",
               ZimmerObjekt.BerechneGesamtpreis());
[13]           Console.WriteLine("Die MwStA beträgt {0}", Zimmer.MwStA);

[14]           AngebotspositionsListe[AnzahlAngebotspositionen] = new
               Angebotsposition(AnzahlZimmer, ZimmerObjekt);
[15]           AnzahlAngebotspositionen = AnzahlAngebotspositionen + 1;
```

4.12.2 Statische Methoden und statische Klassen

Auch Methoden können als statisch gekennzeichnet werden. In den bisherigen Kapiteln haben Sie bereits mit statischen Methoden gearbeitet: Console.Write, Console.WriteLine und Console.ReadLine sind statische Methoden. Um diese Art der Methoden verwenden zu können, wird wie bei den statischen Eigenschaften oder Feldern kein Objekt instanziert, sondern über den Namen der Klasse angesprochen (z. B. Console).

Syntax

Zugriffsmodifizierer static Datentyp Methodenname(0 bis n Parameter);

Besteht eine Klasse nur aus statischen Klassenmitgliedern, spricht man von einer statischen Klasse und sie kann mit dem keyword static versehen werden. Mithilfe von statischen Klassen können Funktionssammlungen realisiert werden. Statische Klassen sind sinnvoll, wenn sich das Objekt keine Werte bzw. Zustände durch Eigenschaften oder Felder merken muss.

4.13 Beziehungen zwischen Klassen

In der objektorientierten Analyse wurden die für das Programm relevanten Objekte identifiziert: Gast, Angebot, Angebotsposition, Unterkunft. Im Kapitel „OOP Konzept Datenkapselung" kamen die Spezialfälle Zimmer und Appartement hinzu. Aus didaktischen Gründen wurde zuerst mit der Generalisierung begonnen. In der Praxis ist es meistens umgekehrt: Die Analyse ergibt beispielsweise verschiedene Objekte wie Zimmer, Appartement usw. Das ist zunächst nicht weiter problematisch, da die Analyse nur herausfinden soll, welche Objekte, Eigenschaften und Aktionen notwendig sind, um eine bestimmte Anforderung zu erfüllen.

Erst im objektorientierten Design macht man sich nähere Gedanken darüber, wie die Lösung umgesetzt werden soll. Hier stellt sich beispielsweise die Frage, ob Vererbung Sinn macht. Wenn auf Objekte wie Zimmer und Appartement das Kriterium Generalisierung/Spezialisierung zutrifft und/oder verschiedene Klassen gemeinsame Klassenmitglieder besitzen, ist es sehr wahrscheinlich, dass es sich um eine Vererbung handelt. Ein weiteres Kriterium ist die Art der Beziehung zwischen den Klassen. Hier gibt es die sogenannte „ist ein(e)" und „hat ein(e)" Beziehung.

Kann jetzt auch noch die Beziehungsart „ist ein(e)" angewandt werden, ist es fast schon sicher, dass es sich um eine Vererbung handelt. Denn mithilfe der Beziehungsart „ist ein(e)" kann man eine Vererbungshierarchie ausdrücken: Ein Zimmer „ist eine" Unterkunft, aber kein Gast. Ein Gast kann ein Zimmer anfragen (hat ein Zimmer), aber ist kein Zimmer oder Unterkunft. Es gibt zwar eine Abhängigkeit zwischen Gast und dem Buchungsgegenstand, aber nicht im Sinne einer Vererbung. Erst durch die Analyse der Anforderung und durch das Entwerfen von ein oder mehreren Varianten von Klassendesigns kann man zu einer Lösung wie in der Abbildung unten kommen.

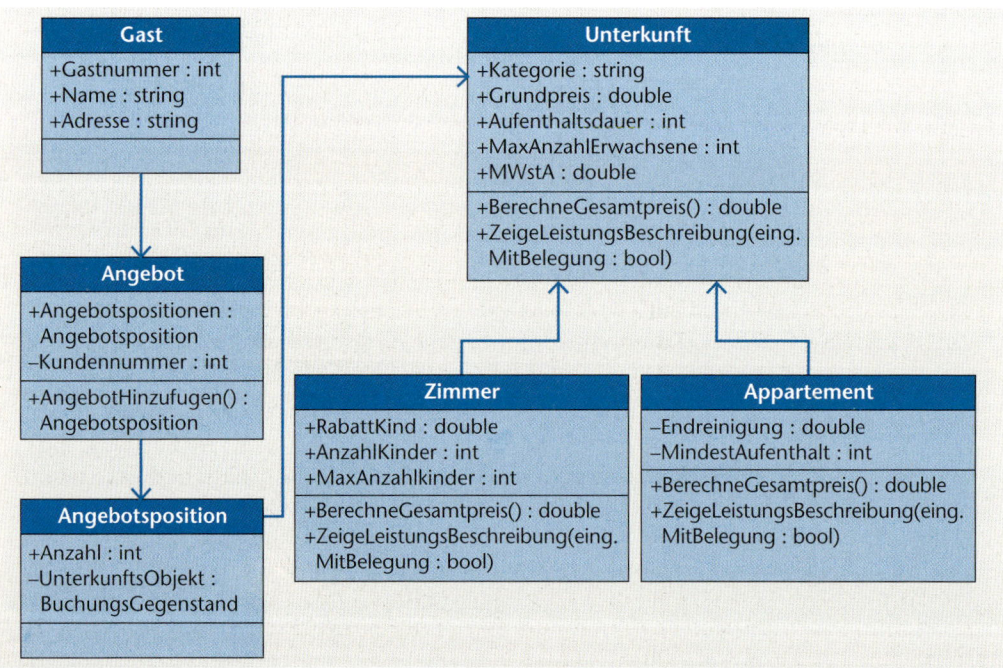

Beziehungen zwischen Klassen

Hinweis: Vererbung ist nicht das Heilmittel der objektorientierten Programmierung. Es existieren in der Softwareentwicklung noch andere Methoden, um ein Klassendesign zu ermitteln. Methoden wie Entwurfsmuster und komponentenorientierte Entwicklung versuchen nun der Komplexität von Programmen Herr zu werden. Diese Themen werden hier nicht weiter behandelt, da sie für den hier dargestellten Inhalt zu umfangreich wären.

4.14 Weitere Themenbereiche

Weiterführende Informationen zu den folgenden Themenbereichen finden Sie im BuchPlusWeb.

4.14.1 Klasse Object, Boxing und Unboxing

Des Weiteren basiert jede Klasse in .NET direkt oder indirekt auf der Basisklasse object. Diese stellt verschiedene Methoden wie Equals, ToString, GetHashCode usw. zur Verfügung. Mit ToString kann beispielsweise ein Wertetyp (der ebenfalls indirekt auf object basiert) in einen string konvertiert werden.

```
int i = 3;
object o = i;
string s = i.ToString();
```

Mit dem Boxing kann ein Wertetyp in einen Referenztyp umgewandelt werden bzw. mit dem Unboxing in umgekehrter Reihenfolge. Durch dieses Methode kann eine Zahl in ein Objekt umgewandelt werden und beispielsweise einer Collection (siehe nächstes Hauptkapitel) übergeben werden.

4.14.2 Werte- und Referenztypen

Wie in diesem und dem letzten Hauptkapitel erwähnt, speichert eine Variable verschiedene Datentypen wie Zahlen, Enums, Structs und Objekte. Dabei wird zwischen Werte- und Referenztypen unterschieden. Zu den Wertetypen zählen einfache Datentypen, Enums und Structs. Hier wird der Wert (z.B. 3) direkt in der Speicherzelle (Variable) abgelegt. Dieser Wert wird auf den sogenannten Stack gespeichert. Den Stack kann man sich als Stapel vorstellen. Das oberste Element im Stapel enthält die lokalen Wertetypen der aktuellen Methode (siehe auch Aufrufliste im nächsten Hauptkapitel). Erst wenn die aktuelle Methode beendet wird (zurückkehrt) wird das oberste Element (Variable) vom Stack entfernt.

Hingegen werden Objekte im sogenannten Heap gespeichert, sobald das Objekt instanziert wird. Die Speicherzelle (bzw. die Variable) enthält dann nur eine Referenz auf das Objekt im Speicher. Das Objekt wird im Gegensatz zum Stack erst aus dem Heap entfernt, wenn das Objekt nicht mehr verwendet wird. Im Normalfall braucht man sich um die Freigabe nicht zu kümmern, da dies der Garbage Collector (GC) übernimmt. In unbestimmten Intervallen (z.B. wenn der PC weniger ausgelastet ist) prüft der GC, ob noch eine Variable auf das Objekt verweist.

Aufgabe

Entwerfen und implementieren Sie ein Programm zur Verwaltung von Points of Interests (POIs, Orte von Interesse). POIs können Sehenswürdigkeiten, Museen, Autowerkstätten usw. sein, welche in einer digitalen Karte angezeigt werden. Die Basisklasse POI hat die Attribute Name, Latitute (Read-Only, Wertebereich: 0 bis +/–90°) und Longitude (Read-Only, Wertebereich: 0 bis +/–180°) in Dezimalgrad, z. B. 10,234°. Die Operatoren heißen: ZeigeDetails und SetzeKoordinaten (zwei Parameter, virtuell). Leiten Sie davon folgende Unterklassen ab: Sightseeing mit dem Attribut Beschreibung. Die Unterklasse Autowerkstatt hat die Attribute Postadresse und Telefonnummer. Im Programm können beispielsweise fünf oder zehn POIs eingegeben und abgefragt werden. Wenn das Programm startet, werden die Menüpunkte Sightseeing anlegen/bearbeiten, Autowerkstätte anlegen/bearbeiten, POIs auflisten angezeigt sowie die aktuelle Anzahl an POIs.

Hinweise: Verwenden Sie statische Hilfsfunktionen in der Klasse main. Mit Console.Clear() wird der Bildschirm gelöscht. Beim Löschen kann ein beliebiger Platz gelöscht werden (auf null gesetzt werden). Berücksichtigten Sie das beim Ermitteln eines freien Platzes im Array. Sie können einer Methode (z. B. in main) als Parameter auch eine Objektvariable übergeben oder sie retournieren lassen:

```
[1]         static void Auflisten(POI[] poi)
[2]         {
[3]         }

[4]         static POISightseeing SightseeingAnlegen()
[5]         {
[6]             // Daten einlesen

[7]             POISightseeing Sightseeing = new POISightseeing();
[8]             // …
[9]             return Sightseeing;
[10]        }
```

Für das Bearbeiten ist es wichtig, den Typ wegen des Castens zu überprüfen. Das geschieht wie folgt: TypeOf liefert den Typ einer Klasse und GetType den Typ des Objekts.

```
if (typeof(POIAutowerkstatt) == poi[Index].GetType())
```

5 Fehlersuche und Fehlerbehandlung

In diesem Kapitel lernen Sie Werkzeuge für die Fehlersuche kennen. Darüber hinaus werden neue Anweisungen vorgestellt, um unvorhergesehene Laufzeitfehler behandeln zu können.

5.1 Werkzeuge für die Fehlersuche

Arbeitsauftrag

Verwenden Sie folgende Werkzeuge für die Fehlersuche: Breakpoint, Variablen überwachen und Aufrufliste.

5.1.1 Fehlerarten

In den verschiedenen Phasen der Softwareentwicklung können Fehler auftreten, wodurch sich die Software nicht wie gewünscht verhält. Auch wenn Sie streng alle Phasen der Softwareentwicklung (Analyse, Entwurf, Programmierung und Test) einhalten, kann ein Programm fehlerhaft sein. Das kann unterschiedliche Ursachen haben: Die Programmaufgabe wurde falsch oder unklar definiert. Man kann nicht immer alles eindeutig in Worte fassen oder dem Auftraggeber ist nicht alles klar.

Selbst wenn die Programmaufgabe klar definiert ist, kann es aus verschiedenen Gründen zu Fehlern in der Analyse- und Entwurfsphase kommen. Beispielsweise kann ein falscher oder langsamer (unperformanter) Algorithmus gewählt werden oder das Programm kann falsch oder zu kompliziert entworfen worden sein. Oder es kann schlicht einfach etwas übersehen werden.

Auch wenn die Phasen Analyse und Entwurf korrekt abgelaufen sind, können sich durch Tippfehler oder falsch angewandte Anweisungen Fehler einschleichen. Selbst wenn ein Programm umfangreich getestet wird, kann dieses so komplex sein, dass nicht alle Situationen getestet werden können und so oft erst im laufenden Betrieb sogenannte Bugs auftreten können. Diese Fehler erzeugen meistens ein nicht gewünschtes Verhalten und müssen daher vom Entwickler behoben werden. Daher sollte ein Programmierer auch die Fehlersuche beherrschen, um Fehler lokalisieren und beheben zu können.

Daher stellt eine moderne Entwicklungsumgebung folgende Werkzeuge zur Fehlersuche zur Verfügung:

- Breakpoints setzen, um das Programm Schritt für Schritt durchlaufen lassen zu können.
- Variablen überwachen, um die (berechneten) Werte zu überprüfen.

5.1.2 Breakpoint setzen

Ein Programmierfehler wird meistens entweder vom Programmierer selbst, vom Tester oder vom Anwender gefunden. Kann der Fehler nachvollzogen werden und wird festgestellt (oder vermutet), dass es sich um einen Programmierfehler handelt, ist es Aufgabe des Programmierers, den Fehler zu finden und zu beheben.

Im Idealfall kann durch die Art der Fehlermeldung oder ein (zu implementierendes) Protokoll (Datei, Datenbank) der Ort des Fehlers eingegrenzt werden (z. B. in welcher Methode, Klasse oder Datei der Fehler passiert). Es gibt aber auch Fälle, wo der Fehler nicht genau lokalisiert werden kann. Hier muss die Fehlersuche an einer geeigneten Stelle, beispielsweise in der main-Methode beginnen. In beiden Fällen muss jedoch ein Breakpoint (Haltepunkt) gesetzt werden, damit das Programm Codezeile für Codezeile ausgeführt werden kann und die Werte im Programm beobachtet werden können.

Ein Haltepunkt (Breakpoint) wird in Visual Studio wie folgt gesetzt:

- Der Cursor wird im Source Code (z. B. Programm.cs) auf eine ausführbare Anweisung gesetzt.

- Breakpoint setzen über Menü Debuggen\"Haltepunkt umschalten" oder durch Drücken der Taste F9 (Zeile wird wie in Abbildung dargestellt rot markiert).

- Das Debugging wird gestartet über Menü Debuggen\"Debuggen starten" oder durch Drücken von F5.

```
Unterkunft.cs    Program.cs  ×
Hotelangebotssoftware.Program

    class Program
    {
        static void Main(string[] args)
        {
            string Unterkunft;
            int Aufenthaltsdauer = 0, AnzahlAngebotspositionen = 0;
            int Position = 1, AnzahlGaeste = 0, AnzahlKinder = 0;
            int AnzahlZimmer = 0, AnzahlApartments = 0, Kategorie = 0;
            double Gesamtpreis = 0;
            Angebotsposition[] AngebotspositionsListe = new Angebotsposition[20];
```

Breakpoint setzen und debuggen

Nach dem Start des Debuggings kann der Source Code Zeile für Zeile mit folgenden Befehlen ausgeführt werden (die aktuelle Zeile wird gelb markiert, siehe auch Abbildung):

- Einzelschritt (Menü Debuggen\Einzelschritt oder F11): Hier wird jede einzelne Zeile ausgeführt. Enthält die Codezeile eine Methode, wird auch jede einzelne Zeile in der Methode ausgeführt.

- Prozedurschritt (Menü Debuggen\Prozedurschritt oder F10): Oft möchte man aus verschiedenen Gründen nicht den Source Code von Prozeduren untersuchen. Beispielsweise weil aufgrund der Fehlermeldung klar ist, dass diese Methode den Fehler nicht verursacht. In diesem Fall ist die Funktion Prozedurschritt geeignet, um den Code zu untersuchen.

- Die Funktionen Einzelschritt und Prozedurschritt können gemischt ausgeführt werden.

Ist der Fehler gefunden, geht man wie folgt vor:

- Debugging stoppen über Menü Debuggen\"Debuggen beenden" oder Tastenkombination Umschalt + F5

- Fehler korrigieren

- Haltepunkt ausschalten über Debuggen\"Haltepunkt umschalten" oder Taste F9

- Programm testen

- Gegebenenfalls mit der Fehlersuche erneut beginnen

5.1.3 Variablen überwachen

Arbeitsauftrag

Überwachen Sie die Werte von Variablen wie Gesamtpreis.

Breakpoints setzen, ist nur ein Teil der Fehlersuche. Um das Ergebnis von Anweisungen z. B. Berechnungen zu prüfen, muss man den Wert einer Variablen überwachen. Bisher haben wir Variablen mit Console.Write(Line) ausgegeben. Das ist eine Möglichkeit, um zur Laufzeit Werte von Variablen auszugeben. In der Praxis wird man jedoch nicht alle Variablen ausgeben, sondern nur jene, die den Endanwender interessieren. Um auch an die Werte der anderen Variablen heranzukommen, bietet Visual Studio die Funktionalität „Variablen überwachen" an.

Wenn Sie ein Programm schrittweise über Breakpoints ausführen, können Sie die Werte von Variablen wie folgt überwachen:

- Mithilfe der DataTips: Wenn Sie mit der Maus über die Variable fahren, erscheint ein kleines Popup-Fenster, das den Wert anzeigt. Handelt es sich bei der Variablen um eine Objektvariable, kann man ein Pluszeichen anklicken und man erhält die Werte der Klassenmember.

Variablen mit DataTip überwachen

- Lokale Variablen überwachen: Über den Menüpunkt Debuggen\Fenster\Lokal wird ein Fenster geöffnet, in dem alle lokalen Variablen aufgelistet werden.

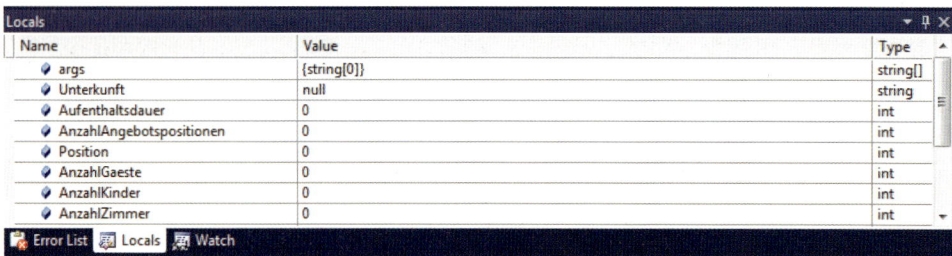

Lokale Variablen überwachen

- Variablen überwachen: Über das Kontextmenü „Überwachung hinzufügen" wird jene Variable, die markiert ist oder auf die der Cursor steht, in das Überwachungsfenster hinzugefügt.

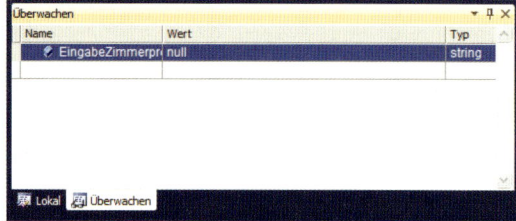

Variablen in Überwachung hinzufügen

Lokale Variablen sind Variablen, die nur in der aktuellen Methode sichtbar sind, wie Zimmerpreis, Gesamtpreis oder Nettopreis. Die Methode AngebotBerechnen selbst kann auf die Variablen Zimmerpreis und Aufenthaltsdauer aus der main-Methode nicht zugreifen. Nur durch die Übergabe von Parametern (Weitergabe der Werte) kann die Methode AngebotBerechnen mit den Werten aus der main-Methode rechnen (oder durch Setzen von Properties oder Konstruktorparametern im Falle einer Klasse).

Wird eine lokale Variable überwacht oder eine Variable zur Überwachung hinzugefügt, kann der Wert der Variablen in der Spalte Wert geändert werden.

5.1.4 Aufrufliste

Während des Programmablaufs werden verschiedene Methoden der Reihe nach aufgerufen. In einem umfangreicheren Programm können schon mehrere Methoden und auch Klassen beteiligt sein. Wird in einer Methode ein Breakpoint gesetzt, kann es oft von Interesse sein, welche anderen Methoden (Klassen) diese Methode aufrufen. Eine Methode kann von ein oder mehreren Methoden aufgerufen werden.

Die folgende Abbildung zeigt vereinfacht dargestellt, wie die Aufrufliste funktioniert.

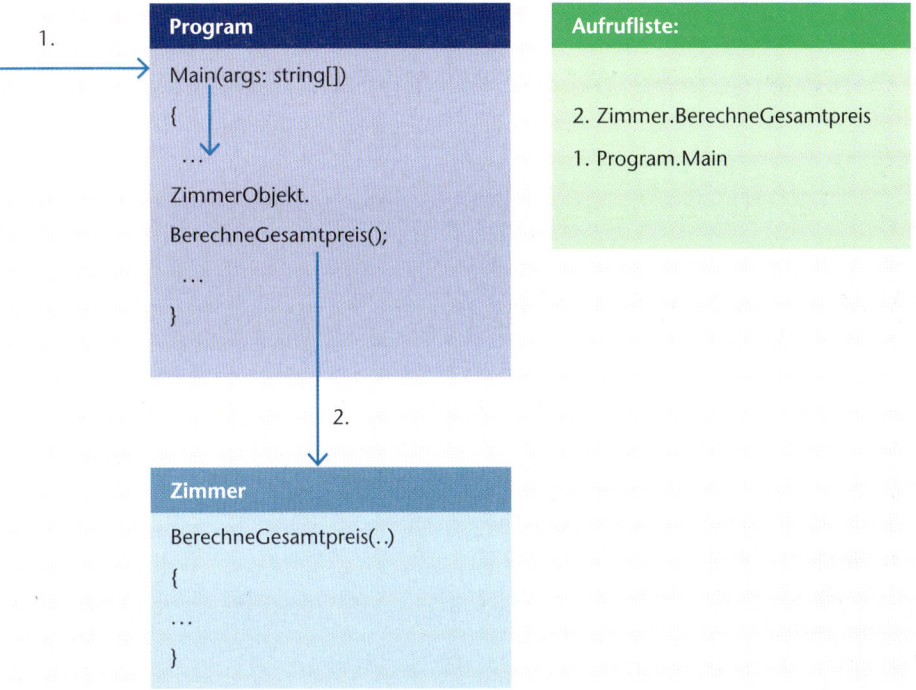

Funktionsweise der Aufrufliste

- Das Programm startet in der Methode Program.main → Wird als erstes der Aufrufliste hinzugefügt.

- Die Berechnung wird in der Methode AngebotBerechnen durchgeführt → Wird als zweites der Aufrufliste hinzugefügt.

Über die Aufrufliste (Menü Debuggen\Fenster\Aufrufliste) erhält man die Liste der aufgerufenen Methoden. Durch Doppelklick auf eine Methode kann man in den Code dieser Methode springen.

Arbeitsauftrag

Setzen Sie einen Breakpoint auf die erste ausführbare Anweisung in der main-Methode und führen Sie das Programm Zeile für Zeile aus. Überwachen Sie die Variablen und die Aufrufliste.

5.2 Fehlerbehandlung (Exception Handling)

Arbeitsauftrag

Implementieren Sie ein Exception Handling, um unvorhergesehene Laufzeitfehler abzufangen.

5.2.1 Unvorhergesehene Fehler abfangen

Starten Sie das Programm aus dem letzten Hauptkapitel über die Kommandozeile. Geben Sie in der Eingabeaufforderung „Aufenthaltsdauer" anstelle einer Zahl einen Buchstaben ein und beobachten Sie das Verhalten der Anwendung.

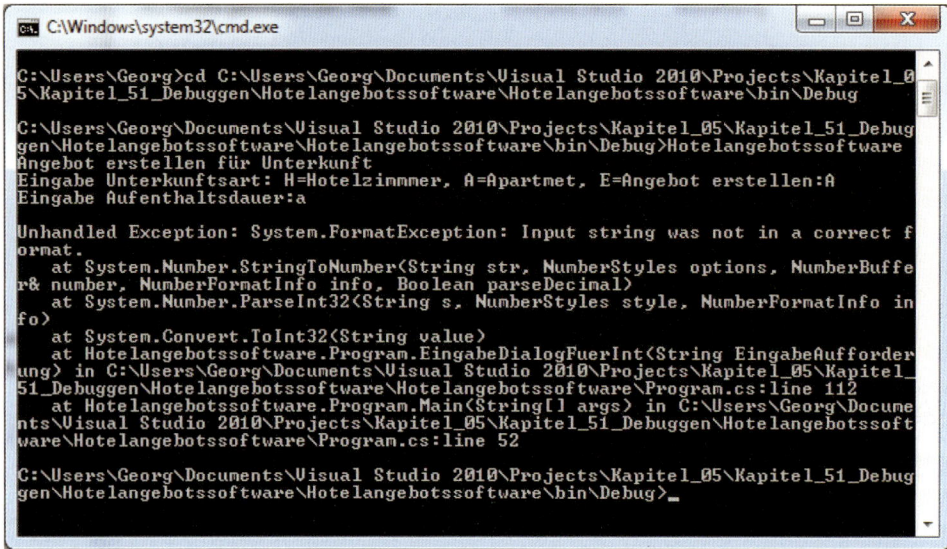

Laufzeitfehler

Wie Sie sehen, erscheint zuerst eine Meldung des Betriebssystems (in Windows 7: wählen Sie „Programm schließen") und dann eine Fehlermeldung in der Konsole. Fehlermeldungen dieser Art sind für einen Endanwender sehr verwirrend und sollten nach Möglichkeit vermieden werden. Andererseits ist diese Fehlermeldung für den Programmierer sehr hilfreich, da diese die Art und Quelle des Fehlers verrät. Wie kann man daher unerwartete Laufzeitfehler abfangen und sie sowohl für den Endanwender als auch für den Programmierer besser aufbereiten?

Die Lösung des Problems lautet Exception Handling. Um unvorhergesehene Ausnahmen abzufangen, wird die try/catch Anweisung verwendet. Die Syntax für die Fehlerbehandlung lautet wie folgt:

Syntax

```
try
{
        Anweisung(en);
}
Catch [(Exception ex)]
{
        Anweisung(en) für Fehlerbehandlung;
}
```

Nach dem Keyword `try` folgen die gewohnten geschwungenen Klammern, zwischen denen eine oder mehrere Anweisungen stehen. Tritt ein Laufzeitfehler auf, wird die

„Anweisung(en) für Fehlerbehandlung" ausgeführt, der Fehler wird also (auf)gefangen. Daher kann man obige Syntax auch wie folgt lesen: Versuche (try) die Anweisung(en) auszuführen. Fange (catch) einen möglichen Laufzeitfehler auf und führe die „Anweisung(en) für Fehlerbehandlung" aus.

In diesem Code-Snippet wird der Fehler einfach abgefangen und eine benutzerdefinierte Fehlermeldung ausgegeben.

```
try
{
    Console.WriteLine("Berechnen eines Angebots");

    // Eingabe Aufenthaltsdauer
    Console.Write("Eingabe Aufenthaltsdauer:");
    EingabeAufenthaltsdauer = Console.ReadLine();
    Aufenthaltsdauer = Convert.ToInt32(EingabeAufenthaltsdauer);
}
catch
{

    Console.WriteLine("Die Eingabe ist ungültig");
}
```

Dem Endanwender mag diese Fehlermeldung genügen, für die interne Fehlersuche ist diese Fehlermeldung jedoch noch nicht optimal genug. Daher kann im catch-Teil optional die Fehlerquelle abgefragt werden.

Syntax

catch (Exception ex)

Exception selbst ist eine Klasse (bzw. Objekt), das von der .NET-Laufzeit befüllt wird und einige interessante Informationen über den Fehler enthält. Die Variable ex kann im catch-Teil wie eine gewöhnliche Objektvariable verwendet werden.

Mit dem Aufruf der Methode ToString() erhält man alle Informationen über den Fehler. Beispielsweise kann man in Kombination mit Console.WriteLine sowohl Fehlermeldungen für den Endanwender als auch für den Support generieren. Die detaillierte Fehlermeldung kann auch in eine Protokolldatei geschrieben werden.

```
catch (Exception ex)
{

    Console.WriteLine("Unerwarteter Fehler bei Eingabe");
    Console.WriteLine("Information für den Support:");
    Console.WriteLine(ex.ToString());
}
```

Die Klasse Exception stellt noch folgende wichtige Informationen zur Verfügung:

Property/Methode	Bedeutung
Message	Enthält die Fehlermeldung als Text. Beispiel: Die Eingabezeichenfolge hat das falsche Format.
Source	Enthält oder setzt den Namen der Anwendung oder des Objekts der Fehlerquelle.
StackTrace	Enthält die Aufrufliste, also die Liste der bisher aufgerufenen Methoden.
InnerException	Wenn eine neue Ausnahme gefangen und geworfen wird, kann man hier die ursprüngliche Fehlerklasse hinterlegen.

Neben der Message ist vor allem der StackTrace (Aufrufliste) interessant. Letzterer gibt an, in welcher Methode (und gegebenenfalls Zeilennummer) der Fehler passiert ist. Im folgenden Code-Snippet gibt die erste Zeile den Namen der Methode an, in der der Fehler passiert ist.

```
bei System.Number.StringToNumber(String str, NumberStyles options,
NumberBuffer& number, NumberFormatInfo info, Boolean parseDecimal)
bei System.Number.ParseInt32(String s, NumberStyles style,
NumberFormatInfo info)
bei System.Convert.ToInt32(String value)
bei ExceptionHandling.Program.Main(String[] args) in C:\Georg\
ProgrammentwicklungMitCSharp\Auflage_04\Programm\Kapitel_5\Kapitel_52_
Exception\ExceptionHandling\ExceptionHandling\Program.cs:Zeile 26.
```

Dieser StackTrace zeigt, dass die Convert.ToInt32 Methode auch noch andere Klassen und Methoden wie System.Number.ParseInt32 des .NET Frameworks aufruft. Da wir den .NET Code nicht ändern können, müssen wir die Methode von unserem Programm suchen. In dem Fall ist das der vierte Eintrag im StackTrace (bei ExceptionHandling. Program.Main). Wird das Programm mit Debug-Information übersetzt, wird sogar die Zeilennummer mit ausgegeben (Zeile 26).

5.2.2 Mehrfaches catch

Im vorherigen Kapitel wurde gezeigt, wie Laufzeitfehler allgemein abgefangen werden können, indem beispielsweise die Klasse Exception im catch-Teil verwendet wurde, um die detaillierte Fehlermeldung zu erhalten. Die Klasse Exception ist eine allgemeine Basisklasse für Laufzeitfehler. In der Praxis gibt es jedoch eine Vielzahl an verschiedenen Laufzeitfehlern (beispielsweise System.DivideByZeroException für Division durch 0 oder System.IO.FileNotFoundException für nicht gefundene Dateien). Möchte man auf unterschiedliche Laufzeitfehler unterschiedlich reagieren, verwendet man einfach mehrere catch Teile. Dabei ist die Reihenfolge der catch-Teile wichtig. Soll zuerst die Division durch Null Exception gefangen werden, muss diese zuerst deklariert werden, erst dann darf die (allgemeine/andere) Exception gefangen werden.

Syntax

```
try
{
        Anweisung(en);
}
catch (Exception1 ex)
{
        Anweisung für diesen catch Teil 1;
}
catch (Exception2 ex)
{
        Anweisungen für catch Teil 2;
}
```

5.2.3 Fehler werfen

In manchen Fällen kann es sinnvoll sein, dass man den gefangene Fehler nicht an der Stelle behandelt, wo man ihn fängt, sondern beispielsweise an übergeordneter Stelle weiterleitet, um beispielsweise die Fehlermeldungen zentral in einer Datenbank oder Datei zu protokollieren oder andere Anweisungen für den Fehlerfall durchzuführen.

Dabei können Fehler im Code geworfen wie folgt geworfen werden, wobei man dem Konstruktur einen Fehlertext mitgeben kann:

Syntax

throw new Exception(„Fehlertext");
oder im catch Teil (mit oder ohne Angabe der Exception Variable ex):

Syntax

throw [ex];

Im folgenden Code-Snippet wurde die Eingabe der Aufenthaltsdauer in einer eigenen Methode mit try/catch Block implementiert. Wird beim Aufruf von Convert.ToInt32 statt einer Zahl ein Text eingegeben, wird eine System.FormatException geworfen. Beispielsweise könnte man die Fehlerbehandlung so gestalten, dass die FormatException behandelt wird und eine benutzerfreundliche Fehlermeldung ausgegeben wird. Hingegen werden andere Laufzeitfehler mit throw an die übergeordnete Methode weitergeworfen. Beispielsweise wird eine allgemeine Exception geworfen, wenn die Aufenthaltsdauer negativ ist.

```
[1]        private static int EingabeAufenthaltsdauer()
[2]        {
[3]            try
[4]            {
[5]                int Aufenthaltsdauer;
[6]                string EingabeAufenthaltsdauer;
```

```
[7]                 Console.Write("Eingabe Aufenthaltsdauer:");
[8]                 EingabeAufenthaltsdauer = Console.ReadLine();
[9]                 Aufenthaltsdauer = Convert.
                    ToInt32(EingabeAufenthaltsdauer);
[10]                if (Aufenthaltsdauer < 0)
[11]                    throw new Exception("Zahl negativ");
[12]                return Aufenthaltsdauer;
[13]            }
[14]        catch (System.FormatException ex)
[15]        {
[16]                Console.WriteLine("Eingabe ist keine Zahl");
[17]        }
[18]        catch (Exception ex)
[19]        {
[20]                throw ex;
[21]        }
[22]    }
```

5.2.4 Finally

Mit dem keyword catch können unvorhergesehene Laufzeitfehler behandelt werden. Unabhängig davon, ob die Anweisungen im try-Teil einen Laufzeitfehler werfen oder ohne Laufzeitfehler durchlaufen, möchte man oft trotzdem einen gemeinsamen Code ausführen. Wenn ein Programm mit anderen Ressourcen wie Dateien oder Datenbanken (siehe nachfolgende Kapitel) zusammenarbeitet, müssen diese Ressourcen wieder freigegeben werden. Daher ist es wichtig, dass diese Anweisungen ausgeführt werden. Für abschließende Arbeiten kann der finally-Teil verwendet werden:

Syntax

```
try
{
        Anweisung(en);
}
catch [(Exception)]
{
        Anweisung(en) im Fehlerfall;
}
finally
{
        Anweisung(en) für Aufräumarbeiten;
}
```

5.2.5 Eigene Exceptions definieren

Wird von der Klasse Exception abgeleitet, kann man seine eigene Exception deklarieren, werfen und fangen.

Syntax

Zugriffsmodifizierer class OwnException : Exception

Das folgende Code-Snippet definiert eine eigene Exception namens NegativNumberException.

```
public class NegativNumberException : Exception
```

Dem Konstruktor können verschiedene Parameter wie Message oder andere Exceptions mitgegeben werden, indem man den Konstruktor beispielsweise wie folgt überschreibt: Soll nur ein fixer Text (z. B. negative Zahlen nicht erlaubt) verwendet werden, implementiert man einen Konstruktor ohne Parameter und setzt die Message der Basisklasse.

```
public class NegativNumberException : Exception
{
    public NegativNumberException(String message)
        : base(message)
    { }
    public NegativNumberException(String message, Exception inner) :
base(message, inner) { }
}
```

Arbeitsauftrag

Klasse MindestAufenthaltUnterschrittenException in Datei MindestAufenthaltUnterschrittenException.cs

```
public class MindestAufenthaltUnterschrittenException : Exception
{
    public MindestAufenthaltUnterschritten(string pMessage) :
        base(pMessage) { }
}
```

Eigenschaft Aufenthaltsdauer in Klasse Appartement

Nun kann die Exception in der Eigenschaft Aufenthaltsdauer wie folgt angewandt werden:

```
public new int Aufenthaltsdauer
{
    get { return mAufenthaltsdauer; }
    set
    {
        mAufenthaltsdauer = -1;
        if (value >= MindestAufenthalt)
            mAufenthaltsdauer = value;
        else
            throw new MindestAufenthaltUnterschrittenException("");
    }
}
```

Klasse Programm in Datei Programm.cs

```
[1]          static void main(string[] args)
[2]          {
[3]                  string Unterkunft = "";
[4]                  int Aufenthaltsdauer = 0, AnzahlAngebotspositionen = 0;
[5]                  int Position = 1, AnzahlGaeste = 0, AnzahlKinder = 0;
[6]                  int AnzahlZimmer = 0, AnzahlAppartements = 0, Kategorie = 0;
[7]                  double Gesamtpreis = 0;
[8]                  Angebotsposition[] AngebotspositionsListe = new
                     Angebotsposition[20];

[9]                  ZimmerPreis[] PreisdatenZimmer = new ZimmerPreis[3];
[10]                 PreisdatenZimmer[0].Kategorie = "Standardzimmer";
[11]                 PreisdatenZimmer[0].Preis = 50;
[12]                 PreisdatenZimmer[0].RabattKinder = 25;
[13]                 PreisdatenZimmer[0].MaxAnzahlGaeste = 2;
[14]                 PreisdatenZimmer[0].MaxAnzahlKinder = 2;
[15]                 PreisdatenZimmer[1].Kategorie = "Komfortzimmer";
[16]                 PreisdatenZimmer[1].Preis = 70;
[17]                 PreisdatenZimmer[1].RabattKinder = 25;
[18]                 PreisdatenZimmer[1].MaxAnzahlGaeste = 2;
[19]                 PreisdatenZimmer[1].MaxAnzahlKinder = 2;
[20]                 PreisdatenZimmer[2].Kategorie = "Suite";
[21]                 PreisdatenZimmer[2].Preis = 90;
[22]                 PreisdatenZimmer[2].RabattKinder = 25;
[23]                 PreisdatenZimmer[2].MaxAnzahlGaeste = 2;
[24]                 PreisdatenZimmer[2].MaxAnzahlKinder = 3;

[25]                 Console.WriteLine("Angebot erstellen für Unterkunft");
[26]                 do
[27]                 {
[28]                     try
[29]                     {
[30]                         Console.Write("Eingabe Unterkunftsart:
                             H=Hotelzimmmer, A=Appartement, E=Angebot
                             erstellen:");
[31]                         Unterkunft = Console.ReadLine().ToUpper();
[32]                         if (Unterkunft == "E")
[33]                             break;
[34]                         Aufenthaltsdauer = EingabeDialogFuerInt("Eingabe
                             Aufenthaltsdauer");
[35]                         switch (Unterkunft)
[36]                         {
[37]                             case "H":
[38]                                 Kategorie = EingabeDialogFuerInt("Eingabe
                                     Kategorie: Standard = 0, Komfort = 1,
                                     Suite = 2");
[39]                                 AnzahlGaeste = EingabeDialogFuerInt
                                     ("Anzahl Erwachsene");
[40]                                 AnzahlKinder = EingabeDialogFuerInt
                                     ("Anzahl Kinder");
[41]                                 AnzahlZimmer = EingabeDialogFuerInt
                                     ("Anzahl Zimmer");
```

```
[42]                            Zimmer ZimmerObjekt = new Zimmer(
[43]                                PreisdatenZimmer[Kategorie].Preis,
                                   PreisdatenZimmer[Kategorie].Rabatt-
                                   Kinder, PreisdatenZimmer[Kategorie].
                                   Kategorie,
[44]                               7, PreisdatenZimmer[Kategorie].
                                   MaxAnzahlGaeste, PreisdatenZimmer[Ka-
                                   tegorie].MaxAnzahlKinder);
[45]                            ZimmerObjekt.Aufenthaltsdauer =
                                   Aufenthaltsdauer;
[46]                            ZimmerObjekt.AnzahlGaeste = AnzahlGaeste;
[47]                            ZimmerObjekt.AnzahlKinder = AnzahlKinder;

[48]                            Console.WriteLine("Einzelpreis
                                   Komfortzimmer {0}", ZimmerObjekt.
                                   BerechneGesamtpreis());
[49]                            Console.WriteLine("Die MwStA beträgt
                                   {0}", Zimmer.MwStA);

[50]                            AngebotspositionsListe[AnzahlAngebotspo-
                                   sitionen] = new Angebotsposition(Anzahl-
                                   Zimmer, ZimmerObjekt);
[51]                            AnzahlAngebotspositionen = AnzahlAngebot-
                                   spositionen + 1;
[52]                            break;
[53]                       case "A":
[54]                            AnzahlAppartements = EingabeDialogFuerInt
                                   ("Anzahl Appartements");
[55]                            AnzahlGaeste = EingabeDialogFuerInt("Anzahl
                                   Gäste");
[56]                            Appartement oAppartement = new Apparte-
                                   ment(50, 10, 3, 7, "Appartement 35m²", 2);
[57]                            oAppartement.Aufenthaltsdauer =
                                   Aufenthaltsdauer;
[58]                            oAppartement.AnzahlGaeste = AnzahlGaeste;
[59]                            AngebotspositionsListe[AnzahlAngebotspo-
                                   sitionen] = new Angebotsposition(Anzahl-
                                   Appartements, oAppartement);

[60]                            Console.WriteLine("Einzelpreis Apparte-
                                   ment {0}", AngebotspositionsListe[Anzah-
                                   lAngebotspositionen].UnterkunftsObjekt.
                                   BerechneGesamtpreis());
[61]                            AnzahlAngebotspositionen = AnzahlAngebot-
                                   spositionen + 1;
[62]                            break;
[63]                       default:
[64]                            break;
[65]                       }
[66]                   }
[67]               catch (MindestAufenthaltUnterschrittenException ex)
[68]               {
[69]                   Console.WriteLine("Der Mindestaufenthalt wurde
                           unterschritten, bitte wiederholen Sie die
                           Eingaben!");
[70]               }
[71]               catch (Exception ex)
```

```
[72]                    {
[73]                        Console.WriteLine("Unerwarteter Fehler ist aufgetre-
                           ten:",ex.ToString());
[74]                    }
[75]    } while (Unterkunft != "E" | AnzahlAngebotspositionen < 20);

[76]                    Console.WriteLine("Gerne bieten wir Ihnen folgende Positio-
                       nen an:");
[77]                    Console.WriteLine("Pos.|Unterkunftsart |Einzelpreis|Menge|
                       Gesamtpreis");
[78]                    Console.WriteLine ("----+-------------------- +----------+--
                       ---+----------");
[79]                    for (int i = 0; i < AnzahlAngebotspositionen; i++)
[80]                    {
[81]                        double GesamtpreisPosition = AngebotspositionsListe[i].
                           Anzahl * AngebotspositionsListe[i].UnterkunftsObjekt.
                           BerechneGesamtpreis();
[82]                        Console.WriteLine("{0,4}|{1,20}|{2,11}|{3,5}|{4,11}",
                           i + 1,
[83]                            AngebotspositionsListe[i].UnterkunftsObjekt.
                               Kategorie, AngebotspositionsListe[i].UnterkunftsOb-
                               jekt.BerechneGesamtpreis(),
[84]                        AngebotspositionsListe[i].Anzahl,
                           GesamtpreisPosition);
[85]                    AngebotspositionsListe[i].UnterkunftsObjekt.
                       ZeigeLeistungsBeschreibung(true);
[86]                    Gesamtpreis += GesamtpreisPosition;
[87]                    Position += 1;
[88]                    }
[89]                    Console.WriteLine("----+--------------------+ ----------+
                       -----+----------");
[90]                    Console.WriteLine("Der Gesamtpreis beträgt:{0}",
                       Gesamtpreis);
[91]                    Console.ReadKey();
[92]                }
```

Aufgaben

Erweitern Sie die Stammdatenverwaltung für Mitarbeiter aus dem letzten Kapitel um eine Fehler-behandlung. Fangen Sie Fehler für die Falscheingabe von Zahlen ab.

010101010101010101010101010101010101010101010010101010101001010101010101001010101010
001010101001010101010010101010101001010101001010010101010101001010101010101001010010101
0100101
0101010
1001010
1001001
0111001

6   Grundlegende .NET-Klassen

Das .NET Framework stellt für verschiedene Aufgaben unterschiedliche Klassen zur Verfügung, welche die tägliche Programmiertätigkeit vereinfachen. Dieses Kapitel stellt die grundlegenden .NET-Klassen wie string, DateTime und Collections vor.

6.1   Texte verarbeiten mit Klasse string und StringBuilder

Seit Kapitel 2 haben wir mit der Klasse string gearbeitet. Diese Klasse stellt verschiedene Methoden und Eigenschaften zur Verfügung, um Text zu speichern, vergleichen und zu bearbeiten.

6.1.1   Textvariable deklarieren und initialisieren

Arbeitsauftrag

Initialisieren Sie eine Textvariable mit beliebigem Text bzw. geben Sie 20 Mal ein Zeichen aus.

Bisher wurde zum Instanzieren einer string-Variablen folgende Variante verwendet: Durch die Zuweisung eines beliebigen Textes entweder gleich bei der Deklaration oder erst später im Code, wird die Klasse instanziert.

Syntax

string-Variable = „beliebiger Text“;

Es gibt jedoch auch noch weitere Varianten, um eine string-Variable zu initialisieren. Beispielsweise kann man dem Konstruktor ein Zeichen und eine Anzahl übergeben. In der Variablen wird das Zeichen entsprechend der Anzahl wiederholt.

Syntax

string-Variable = new string(char c,20);

```
string Text1 = "beliebiger Text";
string Text2 = new string('*', 20);
Console.WriteLine(Text1);
Console.WriteLine(Text2);
Console.ReadKey();
```

6.1.2 Texte zusammensetzen

Arbeitsauftrag

Setzen Sie zwei Texte zu einem Text zusammen.

Texte werden mit einem Plus-Operator (+) zusammengesetzt. Das betrifft sowohl Textvariablen als auch den Inhalt der Variablen, also die Texte selbst.

Im folgenden Code-Snippet werden zwei Texte mit dem Plus-Operator zusammengesetzt. Leerzeichen muss man extra angeben, siehe Code-Snippet unten.

```
string Variable1 = "Hallo" + "Europa"; // liefert HalloEuropa (ohne
Leerzeichen)
```

Dieses Code-Snippet addiert zwei Variablen. In der letzten Zeile wird gezeigt, wie Leerzeichen verwendet werden.

```
string Variable2 = "Hallo";
string Variable3 = "Deutschland";
string Variable 4;
Variable4 = Variable2 + Variable3; // liefert HalloDeutschland (ohne
Leerzeichen)
Variable4 = Variable2 + " " + Variable3; // liefert Hallo Deutschland
(mitLeerzeichen)
```

```
[1]         static void main(string[] args)
[2]         {
[3]             string Wetterwert = "15.7";
[4]             string Einheit = "°";
[5]             string WetterwertMitEinheit = Wetterwert + Einheit;
[6]             Console.WriteLine(WetterwertMitEinheit);
[7]             Console.ReadKey();
[8]         }
```

6.1.3 Texte teilen

Arbeitsauftrag

Zerlegen Sie einen Text, der durch bestimmte(s) (Sonder-) Zeichen getrennt ist, in seine Einzelteile.

Ein Text, der beispielsweise durch Leerzeichen oder Semikolon getrennt ist, kann in seine Einzelteile aufgeteilt werden. Damit kann man beispielsweise eine Adresse (im Routenplaner) in ihre Adressteile wie Postleitzahl, Ort, Straße und Hausnummer zerlegen, um damit die Adresse in der Datenbank finden zu können. Die Methode zum Teilen von Texten lautet Split.

Syntax

```
string Text = „Teil1;Teil2;Teil3";
string ZerteilterText = Text.Split(';');
```

In diesem Beispiel werden Wetterdaten (z. B. Temperatur), die in einer csv-Datei liegen (dazu später mehr), in ihre Einzelteile zerlegt. In der csv-Datei (string-Variable Wetterdaten) sind hinterlegt: Datum, Uhrzeit, Wetterwert, Einheit. In diesem Fall handelt es sich um Grad (es kann auch Niederschlag oder Globalstrahlung sein).

```
[1]        static void Main(string[] args)
[2]        {
[3]            string Wetterdaten = "10.06.2010;7:30;15.7;°";
[4]            string[] Datenteile;
[5]            int Anzahl;
[6]            Datenteile = Wetterdaten.Split(' ');
[7]            Anzahl = Datenteile.GetLength(0);
[8]            for (int i = 0; i < Anzahl; i++)
[9]            {
[10]               Console.WriteLine(Datenteile[i]);
[11]           }
[12]           Console.ReadKey();
[13]       }
```

6.1.4 Anzahl Zeichen ermitteln und auf Einzelzeichen zugreifen

Arbeitsauftrag

Schreiben Sie ein Programm, das den eingegebenen Text umdreht.

Um den Arbeitsauftrag zu erfüllen, müssen folgende Schritte durchgeführt werden:

- Anzahl Zeichen ermitteln
- Rückwärtszählende Schleife über alle Zeichen, welche jedes einzelne Zeichen ausgibt.

Die Anzahl der Zeichen wird mit der Methode Count ermittelt:

```
int Anzahl = Eingabe.Count();
```

Über eine indizierte Eigenschaft kann auf einzelne Zeichen zugegriffen werden. Damit gemeint ist eine Eigenschaft mit dem Standardnamen this, dem ein Parameter (Index) übergeben werden kann. Damit kann man eine Klasse wie ein Array verwenden.

```
char Zeichen = Eingabe[i];
```

Mit diesen Anweisungen lässt sich die Auftragsarbeit wie folgt umsetzen:

```
[1]        static void main(string[] args)
[2]        {
[3]            string Eingabe;
[4]            int Anzahl;
[5]            char Zeichen;

[6]            Console.Write("Eingabe Text:");
[7]            Eingabe = Console.ReadLine();
[8]            Anzahl = Eingabe.Count();

[9]            for (int i = Anzahl-1; i >= 0; i--)
[10]           {
```

```
[11]                     Zeichen = Eingabe[i];
[12]                     Console.Write(Zeichen);
[13]                 }
[14]             Console.ReadKey();
[15]         }
```

6.1.5 Texte vergleichen

Arbeitsauftrag

Schreiben Sie ein Programm, das Wörter in einer Stichwortliste sucht. Dabei stehen folgende Suchoptionen zur Verfügung: Genaue Suche, Suchtext am Anfang, Suchtext am Ende, Suchtext irgendwo im Text.

Die Klasse `string` stellt verschiedene Methoden und Operatoren für die Suche innerhalb des Textes zur Verfügung:

- Vergleichsoperator ==
  Damit können Texte in der gleichen Weise wie Zahlen verglichen werden.

- Vergleichsoperator !=
  Damit können zwei Texte auf ungleich geprüft werden.

- Methode Contains prüft, ob der übergebene Text bzw. die string-Variable im string enthalten ist.

- Methode StartsWith prüft, ob der übergebene Text bzw. die string-Variable am Anfang des strings enthalten ist.

- Methode EndWith prüft, ob der übergebene Text bzw. die string-Variable am Ende des strings enthalten ist.

Der Operator wird wie gewohnt verwendet:

```
if (Wetterdaten[i] == Suchwort)
```

Den letzten drei Methoden wird der Vergleichstext als Parameter übergeben und liefert als Rückgabewert bool zurück, das angibt, ob der Vergleichstext enthalten ist. Die Rückgabewerte Gefunden1, Gefunden2 und Gefunden3 im Code-Snippet enthalten den Wert True, da der Suchtext an der entsprechenden Stelle (Anfang, Irgendwo, Mitte) vorkommt.

```
string StringVariable = "AnfangMitteEnde";
bool Gefunden1 = StringVariable.StartsWith("Anfang");
bool Gefunden2 = StringVariable.EndsWith("Ende");
bool Gefunden3 = StringVariable.Contains("Mitte");
```

```
[1]         static void main(string[] args)
[2]         {
[3]             string[] Wetterdaten = new string[]
[4]                 { "Temperatur-Prognose Dresden", "Temperatur-Prognose
                      Köln",
[5]                   "Temperatur-Istwerte Dresden", "Temperatur-
                      Istwerte Köln",
```

```
[6]                         "Niederschlags-Prognose Dresden", "Niederschlags-
                            Prognose Köln",
[7]                         "Niederschlags-Istwerte Dresden", "Niederschlags-
                            Istwerte Köln",
[8]                 };
[9]             string Suchart = "", Suchwort = "";

[10]            Console.WriteLine("Suche Wetterdaten");
[11]            Console.WriteLine("1: Genaue Suche");
[12]            Console.WriteLine("2: Suchwort am Anfang");
[13]            Console.WriteLine("3: Suchwort am Ende");
[14]            Console.WriteLine("4: Suche");

[15]            Console.Write("Eingabe Suchart (1-4):");
[16]            Suchart = Console.ReadLine();

[17]            Console.Write("Eingabe Suchwort:");
[18]            Suchwort = Console.ReadLine();
[19]            Console.WriteLine("Suchergebnisse:");
[20]            for (int i = 0; i < Wetterdaten.GetLength(0); i++)
[21]            {
[22]                bool Gefunden = false;
[23]                switch (Suchart)
[24]                {
[25]                    case "1":
[26]                        if (Wetterdaten[i] == Suchwort)
[27]                            Gefunden = true;
[28]                        break;
[29]                    case "2":
[30]                        if (Wetterdaten[i].StartsWith(Suchwort))
[31]                            Gefunden = true;
[32]                        break;
[33]                    case "3":
[34]                        if (Wetterdaten[i].EndsWith(Suchwort))
[35]                            Gefunden = true;
[36]                        break;
[37]                    case "4":
[38]                        if (Wetterdaten[i].Contains(Suchwort))
[39]                            Gefunden = true;
[40]                        break;
[41]                    default:
[42]                        break;
[43]                }
[44]                if (Gefunden)
[45]                    Console.WriteLine(Wetterdaten[i]);
[46]            }
[47]            Console.ReadKey();
[48]        }
```

6.1.6   Groß-/Kleinschreibung

Arbeitsauftrag

Schreiben Sie ein Programm, das einen Text sucht, wobei die Groß-/Kleinschreibung ignoriert werden soll.

Bei dem Suchprogramm aus dem vorherigen Kapitel muss das Suchwort genauso eingegeben werden, wie es intern (im Array) abgespeichert ist. Ein Anwender gibt meistens ein Suchwort ungeachtet der Groß-/Kleinschreibung ein. Daher muss für die genaue Suche das Suchwort und Stichwort auf gleich gebracht werden, wenn die Groß-/Kleinschreibung ignoriert werden soll. Mit den Methoden ToLower bzw. ToUpper kann ein Text auf Klein- bzw. Großschreibung konvertiert werden. Das ist ein beliebter „Trick", um eine Suche oder den Vergleich von Texten zu ermöglichen. Es gibt aber auch noch andere Anwendungsfälle, wo ToLower und ToUpper verwendet werden. Die Syntax lautet wie folgt:

Syntax

```
public string ToLower();
public string ToUpper();
```

Das folgende Code-Snippet konvertiert den Text auf Kleinschreibung:

```
string Test = "KleinGrossschreibung";
string Klein = Test.ToLower();
```

Das aktuelle Stichwort in der FOR-Schleife wird in die Variable Stichwort gespeichert. Sowohl das Suchwort (im switch) als auch das Stichwort werden mit ToLower auf gleich gebracht. So ist es möglich, dass man Texte unabhängig von der Groß-/Kleinschreibung vergleichen kann.

```
[1]        static void main(string[] args)
[2]        {
[3]            string[] Wetterdaten = new string[]
[4]                { "Temperatur-Prognose Berlin", "Temperatur-Prognose
                   Köln",
[5]                "Temperatur-Istwerte Berlin", "Temperatur-Istwerte
                   Köln",
[6]                "Niederschlags-Prognose Berlin", "Niederschlags-Prog-
                   nose Köln",
[7]                "Niederschlags-Istwerte Berlin", "Niederschlags-Ist-
                   werte Köln",
[8]                };
[9]            string Suchart = "", Suchwort = "";
[10]           string Stichwort = "";

[11]           Console.WriteLine("Suche Wetterdaten");
[12]           Console.WriteLine("1: Genaue Suche");
[13]           Console.WriteLine("2: Suchwort am Anfang");
[14]           Console.WriteLine("3: Suchwort am Ende");
[15]           Console.WriteLine("4: Suche");

[16]           Console.Write("Eingabe Suchart (1-4):");
[17]           Suchart = Console.ReadLine();

[18]           Console.Write("Eingabe Suchwort:");
[19]           Suchwort = Console.ReadLine();
[20]           Suchwort = Suchwort.ToLower();
```

```
[21]            Console.WriteLine("Suchergebnisse:");
[22]            for (int i = 0; i < Wetterdaten.GetLength(0); i++)
[23]            {
[24]                bool Gefunden = false;
[25]                Stichwort = Wetterdaten[i].ToLower();
[26]                switch (Suchart.ToLower())
[27]                {
[28]                    case "1":
[29]                        if (Stichwort == Suchwort)
[30]                            Gefunden = true;
[31]                        break;
[32]                    case "2":
[33]                        if (Stichwort.StartsWith(Suchwort))
[34]                            Gefunden = true;
[35]                        break;
[36]                    case "3":
[37]                        if (Stichwort.EndsWith(Suchwort))
[38]                            Gefunden = true;
[39]                        break;
[40]                    case "4":
[41]                        if (Stichwort.Contains(Suchwort))
[42]                            Gefunden = true;
[43]                        break;
[44]                    default:
[45]                        break;
[46]                }
[47]                if (Gefunden)
[48]                    Console.WriteLine(Wetterdaten[i]);
[49]            }
[50]            Console.ReadKey();
[51]        }
```

6.1.7   Texte ersetzen

Arbeitsauftrag

Ersetzen Sie Umlaute durch a, o, u bzw. ß durch ss.

Die Methode Replace ersetzt einen Text(teil) mit einem anderen Text. Achtung: Dabei wird der ersetzte Text als Rückgabewert geliefert, der Originalstring bleibt unverändert.

Syntax

public string Replace(string oldValue, string newValue);

Das folgende Code-Snippet ersetzt den Text(teil) Anfang durch das Wort Start und retourniert das Ergebnis in die Variable NeuerString.

```
string StringVariable = "AnfangMitteEnde";
string NeuerString = StringVariable.Replace("Anfang","Start");
```

Klasse SearchTerm in Datei SearchTerm.cs

```
[1]        public class SearchTerm
[2]        {
[3]            public static string GetSearchTerm(string SearchTerm)
[4]            {
[5]                string Term = SearchTerm;
[6]                Term = Term.ToUpper();
[7]                Term = SearchTerm.Replace("Ä", "A");
[8]                Term = SearchTerm.Replace("Ö", "O");
[9]                Term = SearchTerm.Replace("Ü", "U");
[10]               Term = SearchTerm.Replace("ß", "SS");
[11]               return Term;
[12]           }
[13]       }
```

Main-Methode in Datei Program.cs

```
static void main(string[] args)
{
    string Suchstring = "Österreich";
    string NeuerSuchstring = SearchTerm.GetSearchTerm(Suchstring);
}
```

6.1.8   Weitere Themenbereiche: Klasse StringBuilder

Mit der Klasse StringBuilder lassen sich einfache und komplexe Texte zusammensetzen. Generell wird empfohlen, anstelle der Klasse string die Klasse StringBuilder zu verwenden, wenn viel Text zusammengesetzt werden soll, da die Performance der Klasse String-Builder besser ist. Hintergrund: Werden mehrere Texte mit der string Klasse über den Plusoperator zusammengesetzt, wird jedes Mal neuer Speicher angelegt. Hingegen optimiert die Klasse StringBuilder den Speicher und damit auch die Performance.

Die Klasse stellt folgende wichtige Methoden zur Verfügung:

- Append: Fügt einen einfachen Text an.
- AppendLine: Fügt eine Zeile mit Zeilenumbruch ein.
- AppendFormat: Fügt eine oder mehrere Variablen in den Text ein.
- ToString: Gibt einen string zurück (für Ausgabe in Console oder Weiterverarbeitung).

Im folgenden Code-Snippet werden drei Variablen deklariert, die über den StringBuilder unterschiedlich formatiert werden. Dabei funktioniert die AppendFormat Methode wie die Console.WriteLine Methode: Es werden 1 bis n Platzhalter definiert und anschließend 1 bis n Variablen übergeben. Ist der Text im gewünschten Format zusammengesetzt, kann er mit der Methode ToString in eine string-Klasse zur Weiterverarbeitung umgewandelt werden.

```
int Variable1 = 100;
double Variable2 = 200;
DateTime Datum = new DateTime(2013, 6, 1);

StringBuilder Text = new StringBuilder();
Text.Append("Das ist eine Zeile ohne Werte ");
Text.AppendLine();
Text.AppendFormat("und das mit 2 Variablen: {0} {1}",Variable1,Variable2);
```

```
Text.AppendLine(" In neuer Zeile:");
Text.AppendFormat("Das Datum: {0}", Datum);

Console.WriteLine(Text.ToString());
Console.ReadKey();
```

Weitere Informationen zur Klasse StringBuilder finden Sie im BuchPlusWeb.

6.1.9 Aufgaben

Aufgaben

1. *Entwerfen und implementieren Sie eine Adressklasse, welche folgende Eigenschaften aufweist: Vor- und Nachname, Postleitzahl, Ort, Straße und Hausnummer. Die Methode BriefAdresse liefert einen string, der die Adresse für einen Brief enthält, also im Format:*

   • *Vorname Nachname*
   • *Straße Hausnummer*
   • *PLZ Ort*

   Verwenden Sie die Methode AppendLine der Klasse StringBuilder, um eine neue Zeile in einem String zu erzeugen. Die Ausgabe der Adresse in der Konsole erfolgt in der Methode Main.

2. *Ein Text ist beispielsweise wie folgt aufgebaut: B;20.4*

   Der Buchstabe (B) repräsentiert die Qualität des nachfolgenden Wertes (20.4): B steht für Beobachtungswert und P für Prognosewert. Entwerfen und implementieren Sie eine Klasse namens Wetterdaten. Dem Konstruktor wird als Parameter der oben genannte Text (B;20.4 oder auch ein anderer Wert wie P;19.7) übergeben.

   Diese Klasse besitzt folgende zwei Read-Only Properties:

   • *Wert (Datentyp Integer) liefert den Wert nach dem Semikolon.*
   • *Qualität (Enum: Prognosewert, Beobachtungswert) liefert die Qualität des Wertes als Enum.*

6.2 Datum und Uhrzeiten verarbeiten mit Klasse DateTime und TimeSpan

Die Klasse DateTime speichert ein Datum und stellt verschiedene Methoden und Eigenschaften zur Manipulation des Datums zur Verfügung. Mithilfe der Klasse TimeSpan wird die Differenz von zwei Datumswerten gebildet.

6.2.1 DateTime initialisieren

Arbeitsauftrag

Implementieren Sie eine Klasse namens Wetterdaten, welche folgende Eigenschaften besitzt: Zeitstempel, Wert und Einheit (string). Instanzieren Sie ein Objekt, das anschließend in der Konsole ausgegeben wird.

Die Klasse DateTime kann sowohl zum Speichern von Datumswerten ohne Zeitangabe (13.2.2013) als auch Datumswerten mit Zeitangaben (13.2.2013 21:20) verwendet werden. Daher existieren u. a. folgende zwei überladene Konstruktoren. Der ersten Syntaxvariante wird Jahr, Monat und Tag übergeben. Hingegen wird der zweiten Syntaxvariante Jahr, Monat, Tag, Stunde, Minute und Sekunde übergeben.

Syntax

DateTime Datum = new DateTime(Jahr, Monat, Tag);
DateTime Datum = new DateTime(Jahr, Monat, Tag, Stunde, Minute, Sekunde);

```
DateTime Eintrittsdatum = new DateTime(14, 12, 2010);
DateTime Zeitstempel = new DateTime(2013, 12, 30, 16, 30, 0);
```

Arbeitsauftrag

Die Datumsvariable Zeitstempel kann der Methode Console.WriteXXX als Parameter übergeben werden. Sofern kein anderes Format definiert wird, wird das Format aus der Systemeinstellung verwendet.

Methode Main in Datei Program.cs

```
static void Main(string[] args)
{
    DateTime Zeitstempel = new DateTime(2013,6,13,21,42,0);
    Wetterdaten WetterAktuell = new Wetterdaten(Zeitstempel, 22, "°C");
    Console.Write("Die Temperatur um {0} beträgt {1}{2}",
        WetterAktuell.Zeitstempel, WetterAktuell.Wert,WetterAktuell.
        Einheit);
    Console.ReadKey();
}
```

Klasse Wetterdaten in Datei Wetterdaten.cs

```
public class Wetterdaten
{
    public Wetterdaten(DateTime pZeitstempel, double pWert, string
    pEinheit)
    {
        Zeitstempel = pZeitstempel;
        Wert = pWert;
        Einheit = pEinheit;
    }

    public DateTime Zeitstempel { get;  set; }
    public double Wert { get; set; }
    public string Einheit { get;  set; }
}
```

6.2.2 Vergleichsoperatoren

Arbeitsauftrag

Schreiben Sie ein Programm (Klasse), welches die meteorologische Jahreszeit zum übergebenen Datum ausgibt.

Wie bei Zahlen oder Strings können auch zwei Datumswerte miteinander verglichen werden. Dazu stehen folgende Vergleichsoperatoren zur Verfügung:

- Kleiner: <
- Größer: >
- Gleich: =
- Kleiner Gleich: <=
- Größer Gleich: >=

Arbeitsauftrag

Klasse MeteorologischerFruehling in Datei MeteorologischerFruehling.cs

Die Datumsgrenzen (1. März, 1. Juni, etc.) werden nur temporär für den Vergleich benötigt, daher müssen für die Datumsgrenzen keine Datumsvariablen verwendet werden.

Damit immer das korrekte Jahr des Parameters Datum verwendet wird, wird auf die Eigenschaft Jahr (siehe nächstes Kapitel) zugegriffen.

```
[1]      public enum JahreszeitEnum {Fruehling, Sommer, Herbst, Winter};

[2]      public class MeterologischerFruehling
[3]      {
[4]          public static JahreszeitEnum GetJahreszeitZuDatum(DateTime
             Datum)
[5]          {
[6]              if (Datum >= new DateTime(Datum.Year, 3, 1) &
[7]                  Datum < new DateTime(Datum.Year, 6, 1))
[8]              {
[9]                  return JahreszeitEnum.Fruehling;
[10]             }
[11]             else if (Datum >= new DateTime(Datum.Year, 6, 1) &
[12]                 Datum < new DateTime(Datum.Year, 9, 1))
[13]             {
[14]                 return JahreszeitEnum.Sommer;
[15]             }
[16]             else if (Datum >= new DateTime(Datum.Year, 9, 1) &
[17]                 Datum < new DateTime(Datum.Year, 12, 1))
[18]             {
[19]                 return JahreszeitEnum.Herbst;
[20]             }
[21]             else
[22]             {
[23]                 return JahreszeitEnum.Winter;
[24]             }
[25]         }
[26]     }
```

Der Aufruf in der Methode main lautet wie folgt:

```
[1]         static void main(string[] args)
[2]         {
[3]             DateTime Datum = new DateTime(2013, 12, 6);
[4]             JahreszeitEnum Jahreszeit = MeterologischerFruehling.
                GetJahreszeitZuDatum(Datum);
[5]             Console.WriteLine("Datum {0} fällt in Jahreszeit
                {1}",Datum, Jahreszeit);
[6]             Console.ReadKey();
[7]         }
```

6.2.3   Auf Datumselemente zugreifen

Arbeitsauftrag

Erweitern Sie die Klasse Wetterdaten so, dass nur halbe und ganze Stunden (16:00, 16:30) dem Konstruktor übergeben werden können. Der Sekundenwert muss 0 sein.

Um die Auftragsarbeit erfüllen zu können, müssen Sie im Konstruktor auf die Datumselemente wie Stunde oder Sekunde zugreifen können. Die Klasse DateTime stellt folgende lesende Eigenschaften für den Zugriff auf die Datumselemente zur Verfügung:

- Year
- Month
- Day
- Hour
- Minute
- Second
- Millisecond (es gibt eine Konstruktorvariante, welcher Millisekunden übergeben werden können)
- DayOfYear (Anzahl Tage im Jahr)
- DayOfWeek (liefert ein Enum, welches den Wochentag enthält, beispielsweise Montag)

Der Konstruktor der Klasse Wetterdaten wird wie folgt erweitert:

```
[1]         public Wetterdaten(DateTime pZeitstempel, double pWert, string
            pEinheit)
[2]         {
[3]             if (pZeitstempel.Hour != 30 | pZeitstempel.Hour !=0)
[4]                 throw new Exception("Zeitstempel ungültig");
[5]             if (pZeitstempel.Second != 0)
[6]                 throw new Exception("Zeitstempel ungültig");
[7]             Zeitstempel = pZeitstempel;
[8]             Wert = pWert;
[9]             Einheit = pEinheit;
[10]        }
```

Wird eine nicht erwartete Stunde oder Sekunde übergeben, wird eine Exception geworfen.

6.2.4 Aktuelles Datum

Arbeitsauftrag

Ermitteln Sie das aktuelle Datum.

Das aktuelle Datum wird mit der statischen Eigenschaft Now ermittelt, welches ein DateTime Objekt retourniert.

```
[1]         static void main(string[] args)
[2]         {
[3]             DateTime Jetzt = DateTime.Now;
[4]             Console.WriteLine("Das aktuelle Datum und die Uhrzeit ist:
                {0}", Jetzt);
[5]             Console.ReadKey();
[6]         }
```

6.2.5 Datumselemente verändern

Arbeitsauftrag

Schreiben Sie ein Programm, das alle Tage eines Monats ausgibt.

Auf die oben genannten Eigenschaften Year, Month etc. kann nur lesend zugegriffen werden. Möchte man die einzelnen Datumselemente verändern, stehen folgende Methoden zur Verfügung:

Syntax

public DateTime AddYears(int value)
public DateTime AddMonths(int months);
public DateTime AddDays(double value);
public DateTime AddHours(double value);
public DateTime AddMinutes(double value);
public DateTime AddSeconds(double value);
public DateTime AddMilliseconds(double value);

So addiert im Code-Snippet beispielsweise die Methode AddMonths einen Monat zum Datumswert in der Variablen StartDatum. Wie bei fast allen DateTime-Methoden wird hier nicht die Originalvariable verändert, sondern der veränderte Wert als Rückgabewert zurückgegeben. Soll ein Datumsintervall (Jahr, Monat, Tag etc.) subtrahiert werden, werden negative Werte übergeben. Übergibt man beispielsweise der AddMonths-Methode -2 werden zwei Monate abgezogen.

```
DateTime EndeDatum = StartDatum.AddMonths(1);
```

```
[1]         static void Main(string[] args)
[2]         {
[3]             DateTime StartDatum = new DateTime(2013, 6, 1);
[4]             DateTime EndeDatum = StartDatum.AddMonths(1);
[5]             while (StartDatum<= EndeDatum)
[6]             {
[7]                 Console.WriteLine("{0}",StartDatum);
[8]                 StartDatum = StartDatum.AddDays(1);
[9]             }
[10]            Console.ReadKey();
[11]        }
```

6.2.6 Datum formatieren

Arbeitsauftrag

Formatieren Sie das Datum aus der vorherigen Auftragsarbeit so, dass nur der Datumsteil ohne Uhrzeit ausgegeben wird.

Wenn Sie die Auftragsarbeit aus dem vorherigen Kapitel ausgeführt haben, werden Sie bemerkt haben, dass sowohl Datum als auch Uhrzeit (Mitternacht) ausgegeben werden. Diese Formatierung ist abhängig von den „Regions- und Sprachoptionen" des Betriebssystems. Gehen Sie in die Systemeinstellungen und ändern Sie die regionale Einstellung beispielsweise auf „Englisch" (Großbritannien). Starten Sie die Auftragsarbeit aus dem vorherigen Kapitel erneut. Ohne, dass Sie etwas umprogrammieren mussten, wird das Datums- und Uhrzeitformat der jeweiligen Region angezeigt.

Das Format von Datum und Uhrzeit lässt sich jedoch auch beeinflussen. Dafür stellt die DateTime Klasse u. a. folgende Methoden zur Verfügung.

Methodenname	Beschreibung/Ausgabebeispiel
public string ToLongDateString();	Gibt das Datum im langen Format aus: Donnerstag, 16. Juni 2013
public string ToLongTimeString();	Gibt die Uhrzeit im langen Format aus: 13:26:16 (Stunde, Minute, Sekunde)
public string ToShortDateString();	Gibt das Datum im kurzen Format aus: 11.06.2013 (Jahr, Monat, Tag)
public string ToShortTimeString();	Gibt die Uhrzeit im kurzen Format aus: 13:26 (Stunde, Minute)
public string ToString(string format);	Enthält ein Standard- oder benutzerdefiniertes Datumsformat, siehe nächste Tabelle

Die Methoden, welche mit ToLong und ToShort beginnen, sowie das Standarddatumsformat der ToString Methode sind von den Ländereinstellungen des Betriebssystems abhängig.

Für ein benutzerdefiniertes Datumsformat können folgenden Formatbezeichner verwendet werden. Hier finden Sie die wichtigsten:

Formatbezeichner	Beschreibung/Beispiele
d	Tag. Anzeige 1- oder 2-stellig (Bsp. 1 oder 13)
dd	Tag. Anzeige immer 2-stellig (Bsp: 01 oder 13)
ddd	Tag als Kurzname, Bsp.: Mo für Montag
dddd	Tag als Name, Bsp.: Montag, Dienstag
h	Stunde im 12 Stundenformat 1- oder 2-stellig
hh	Stunde im 12 Stundenformat immer 2-stellig
H	Stunde im 24 Stundenformat 1- oder 2-stellig
HH	Stunde im 24 Stundenformat immer 2-stellig
m	Minute 1- oder 2-stellig
mm	Minute immer 2-stellig
M	Monat 1- oder 2-stellig
MM	Monat immer 2-stellig
MMM	Monat als Kurzname, Bsp.: Jun für Juni
MMMM	Monat als Name, Bsp.: Juni
s	Sekunden 1- oder 2-stellig
ss	Sekunden immer 2-stellig
y	Jahr 1- oder 2-stellig
yy	Jahr immer 2-stellig
yyyy	Jahr 4-stellig

Das folgende Code-Snippet zeigt ein Beispiel für ein übliches Format im deutschsprachigen Raum im 24-Stunden-Format. Die Datumselemente werden mit Punkt getrennt, die Uhrzeit mit Doppelpunkt.

```
StartDatum.ToString("dd.MM.yyyy HH:mm:ss")
```

Da nur das Datum ausgegeben werden soll, werden die Formatbezeichner für die Uhrzeit ausgelassen.

```
[1]      static void main(string[] args)
[2]      {
[3]          DateTime StartDatum = new DateTime(2013, 6, 1);
[4]          DateTime EndeDatum = StartDatum.AddMonths(1);
[5]          while (StartDatum <= EndeDatum)
[6]          {
[7]              Console.WriteLine("{0}",StartDatum.ToString("dd.
                 MM.yyyy"));
[8]              StartDatum = StartDatum.AddDays(1);
[9]          }
[10]         Console.ReadKey();
[11]     }
```

6.2.7 Weitere Themenbereiche

Methode ToUniversalTime

Ihre Uhr haben Sie höchstwahrscheinlich auf die lokale Zeit eingestellt. Die Welt ist in verschiedene Zeitzonen eingeteilt. Deutschland befindet sich beispielsweise in der Zeitzone der Mitteleuropäischen Sommerzeit (MESZ). Zusätzlich zur Zeitzone haben wir noch einen Sommerzeit-Winterzeit-Wechsel (letzter Sonntag im Oktober: Die Stunde 2 gibt es doppelt) und einen Winterzeit-Sommerzeit-Wechsel (letzter Sonntag im März, die Stunde 2 wird ausgelassen).

Darüber hinaus gibt es neben Zeitzonen mit Wechsel auch eine sogenannte koordinierte Weltzeit (UTC, Universal Time Coordinated), welche keinen Sommer-Winterzeit-Wechsel und Winterzeit-Sommer-Wechsel enthält und der Zeitzone entlang des Nullmeridian (auch Greenwich-Meridian genannt) entspricht. Die Winterzeit (MEZ) hat eine Differenz von zwei Stunden gegenüber UTC, hingegen hat die Sommerzeit (MESZ) eine Stunde Zeitdifferenz.

Die UTC wird mithilfe der Methode ToUniversalTime ermittelt. Diese Methode gibt ebenfalls ein DateTime Objekt zurück.

```
DateTime Lokal= new DateTime(2013,6,1);
DateTime UTC = Lokal.ToUniversalTime();
TimeSpan Zeitdifferenz = Datum2 - Datum1;
Console.WriteLine("Lokal {0}, UTC: {1}", Lokal, UTC);
Console.ReadKey();
```

Klasse TimeSpan

In der Klasse TimeSpan können Sie eine Zeitspanne abbilden. Sie entsteht beispielsweise, wenn Sie zwei Datumswerte subtrahieren. Auch können Sie zu einem Datumswert einen Zeitbereich addieren und zahlreiche andere Operationen durchführen.

Das folgende Code-Snippet errechnet die Zeitspanne zwischen zwei Datumswerten:

```
DateTime Datum1= new DateTime(2013,6,1);
DateTime Datum2 = new DateTime(2013,9,1);
TimeSpan Zeitdifferenz = Datum2 - Datum1;
Console.WriteLine("Differenz in Tage: {0}",Zeitdifferenz.Days);
Console.ReadKey();
```

Weitere Informationen zur Klasse TimeSpan finden Sie im BuchPlusWeb.

Aufgaben

1. *Entwerfen und implementieren Sie ein Programm, welches von einem Jahr den Monatsletzen aller Monate ausgibt. Beispiel: 31. Januar, 28. Februar etc.; Eingabe: Jahr. Verwenden Sie AddMonths und AddDays.*

2. *Viele Programme in Unternehmen oder auch in Privathaushalten arbeiten oft mit anderen Programmen zusammen und tauschen dabei Daten aus. Der Datenaustausch kann dabei auf unterschiedliche Art und Weise erfolgen. Das betrifft sowohl die Art des Transports (Datei, http) als auch die Struktur und das Format der Daten. Das Datenformat kann sowohl herstellerspezifisch als auch standardisiert sein oder ein sonstiges bekanntes Format sein. So gibt es etwa auch für die Darstellung der UTC ein genormtes Format, wenn Programme Daten mit Zeitangaben austauschen möchten.*

Das UTC-Format nach ISO 8601 bietet einige Formatvariationen. In dieser Aufgabe soll aus einem Datum folgendes Format generiert werden (Entwerfen und implementieren Sie eine eigene Klasse):

JJJJMMDDTHHMMSSZ
JJJJ = Jahr, MM = Monat, DD = Tag, T = Trennzeichen zwischen Tag und Uhrzeit
HH – Stunde, MM = Minute, SS = Sekunde, Z = Kennung für UTC

6.3 Textdateien lesen mit Klasse StreamReader

Arbeitsauftrag

Implementieren Sie ein Programm, welches Daten im CSV-Format aus einer Datei liest.

Die Klasse StreamReader stellt Funktionalitäten zum Lesen von Textdateien zur Verfügung. Dabei kann der Inhalt einer Textdatei auf einmal oder zeilenweise ausgelesen werden. In beiden Fällen wird beim Instanzieren dem Konstruktor der Pfad inklusive Dateiname übergeben. Der Vollständigkeit halber sei erwähnt, dass es auch noch andere überladene Konstruktoren gibt.

Syntax

public StreamReader(string path);

In C# ist das Backslash (\) ein sogenanntes Escape-Zeichen. Ein Escape-Zeichen gibt an, dass der umgekehrte Schrägstrich kein druckbares Zeichen ist, sondern eine Sonderfunktion einleitet. Eine Sonderfunktion ist beispielsweise der Tabulator (\t) oder eine neue Zeile (\n). Möchte man ein Backslash trotzdem ausdrucken, muss man das Backslash verdoppeln (\\) oder alternativ einen verbatim string einfügen. Beim verbatim string wird vor dem string-Wert ein Klammeraffe angegeben, wodurch die Escape-Zeichen ignoriert und 1:1 ausgegeben werden.

```
StreamReader Datei = new StreamReader(@"C:\Testtext.txt");
```

Nachdem der Textinhalt auf einmal oder zeilenweise ausgelesen werden (siehe nächste Kapitel), sollte der Zugriff mit der Methode Close wieder geschlossen werden, damit die Ressource freigegeben wird und andere Programme darauf zugreifen können.

Syntax

public override void Close();

Wird eine Fehlerbehandlung verwendet (siehe Kapitel 5.2), wäre der finally-Block ein typischer Ort, wo die Datei geschlossen werden sollte (da der finally-Block auch im Fehlerfall durchlaufen wird). Siehe auch das dazugehörige Beispiel im BuchPlusWeb.

Um den StreamReader nutzen zu können, muss man den Namespace System.IO importieren (dazu später mehr in Kapitel 8.1 „Namespaces"). Fügen Sie dazu die using Direktive using System-IO wie folgt hinzu:

```
using System;
using System.Collections.Generic;
using System.Linq;
using System.Text;
using System.IO;

namespace ReadLine
{
    class Program
    {
        static void main(string[] args)
        {

        }
    }
}
```

6.3.1   Textdatei auf einmal auslesen

Arbeitsauftrag

Schreiben Sie ein Programm, das den Inhalt einer Textdatei ausgibt.

Nach dem Instanzieren der Klasse StreamReader wird die Datei mit der ReadToEnd komplett ausgelesen. Der Inhalt der Textdatei wird als string-Objekt retourniert.

Syntax

public override string ReadToEnd();

```
string Textinhalt = Datei.ReadToEnd();
```

Nach dem Auslesen sollte die Datei mit Close geschlossen werden, siehe Source Code der Auftragsarbeit.

Arbeitsauftrag

Öffnen Sie einen Texteditor (nicht Word, beispielsweise unter Start\Programme\Zubehör\Editor) und schreiben Sie einen beliebigen Text hinein. Speichern Sie die Textdatei namens Testtext.txt auf der Festplatte im C root-Verzeichnis ab.

```
[1]        static void main(string[] args)
[2]        {
[3]            StreamReader Datei = new StreamReader(@"C:\Testtext.txt");
[4]            string Textinhalt = Datei.ReadToEnd();
[5]            Console.WriteLine(Textinhalt);
[6]            Console.ReadKey();
[7]            Datei.Close();
[8]        }
```

6.3.2   Textdatei zeilenweise auslesen

Arbeitsauftrag

Schreiben Sie ein Programm, das den Inhalt einer Textdatei zeilenweise ausliest.

Angenommen Sie haben Wetterwerte als CSV-Datei vorliegen. Eine CSV-Datei (Datei-endung csv) wird verwendet, um Daten zwischen verschiedenen Systemen auszutau-schen. Der Inhalt sind ASCII-Zeichen, um etwa Tabellen oder Listen zu übertragen. Die Spalten oder Listenwerte werden beispielsweise mit Semikolon getrennt.

Beispiel

Mögliche Textinhalte für Temperaturwerte:

6.1.2013;16:00;21.7;Grad
6.1.2013;17:00;21.3;Grad

In dieser Textdatei enthält die erste Spalte das Datum, die zweite die Uhrzeit, die dritte den Wert und die vierte die Einheit. Sollen nun diese Werte in der Textdatei weiterver-arbeitet werden, beispielsweise in eine Datenbank importiert werden, ist es oft einfacher die Textdatei zeilenweise auszulesen und die Zeilen einzeln zu verarbeiten.

Um eine Textdatei zeilenweise zu lesen sind folgende Schritte notwendig:

- Prüfen, ob das Dateiende erreicht wurde (Eigenschaft EndOfStream)
- Textzeile auslesen (Methode ReadLine)

Wird eine Datei geöffnet, zeigt die Klasse StreamReader auf die erste Zeile. Nachdem die erste Zeile mit der Methode ReadLine ausgelesen wurde, zeigt die Klasse StreamReader auf die zweite Zeile usw. Das Ganze geht so lange gut, wie es Zeilen in der Textdatei gibt. Diese liefert so lange True, wie Zeilen vorhanden sind. Daher muss man mit der Eigen-schaft EndOfStream prüfen, ob Dateien vorhanden sind. Sind keine Zeilen mehr vor-handen, liefert die Eigenschaft false.

Arbeitsauftrag

Legen Sie eine Textdatei namens Wetterdaten.csv an und kopieren Sie die Werte aus dem obigen Beispiel. In diesem Beispiel werden die Textzeilen mit einer While-Schleife so lange ausgelesen, bis EndOfStream false liefert. Mit Split werden die Werte der Datenzeile extrahiert, damit sie weiterverarbeitet werden können. Beispielsweise können die Werte in eine Datenbank importiert werden.

```
[1]       static void main(string[] args)
[2]       {
[3]           StreamReader Wetterdaten = new StreamReader(@"C:\
              Wetterdaten.csv");
[4]           while (!Wetterdaten.EndOfStream)
[5]           {
[6]               string Zeile = Wetterdaten.ReadLine();
[7]               string[] Werte = Zeile.Split(';');
[8]               // Daten weiterverarbeiten (z.B. Import in Datenbank)
[9]               Console.WriteLine("Datum:      {0}", Werte[0]);
[10]              Console.WriteLine("Uhrzeit:    {0}", Werte[1]);
[11]              Console.WriteLine("Wert:       {0}", Werte[2]);
```

```
[12]                    Console.WriteLine("Einheit:     {0}", Werte[3]);
[13]                    Console.WriteLine("");
[14]                }
[15]            Console.ReadKey();
[16]        }
```

Aufgaben

1. *Erweitern Sie das Programm POI Verwalten um eine neue Funktion namens „Sightseeing POI laden". Diese Funktion liest eine CSV-Datei ein und fügt sie der internen POI Liste hinzu.*

2. *Entwerfen und implementieren Sie ein Programm, das Wetterdaten aus einer CSV-Datei aus-liest und in der Konsole auflistet. Verwenden Sie die Klasse Wetterdaten aus dem Kapitel 6.1 „Texte verarbeiten mit Klasse string und StringBuilder". Erweitern Sie diese um die Eigen-schaft Von, d. h. eine Zeile in der Datei besteht aus Datum (inkl. Uhrzeit), Wert und Qualität.*

6.4   Textdateien schreiben mit Klasse StreamWriter

Arbeitsauftrag

Schreiben Sie ein Programm, das Texte in eine Datei schreibt.

Die Klasse StreamWriter stellt mehrere Konstruktoren zur Verfügung. Für dieses Beispiel ist folgender Konstruktor wichtig:

Syntax

public StreamWriter(string path, bool append);

Diesem überladenen Parameter werden einerseits der Pfad inklusive Dateiname überge-ben. Andrerseits bestimmt ein boolscher names append, ob bei einer bestehenden Datei der Textinhalt überschrieben (append = false) oder angehängt (append = true) wird.

```
StreamWriter Datei = new StreamWriter("C:\Test.txt",false);
```

Mit den Methoden WriteLine und Write kann ein Text zeilenweise (WriteLine) oder auf einmal (Write) in die Textdatei geschrieben werden.

Syntax

public virtual void WriteLine(string value);
public override void Write(string value);

Die Datei sollte wieder mit der Methode Close geschlossen werden.

```
[1]        static void main(string[] args)
[2]        {
[3]            StreamWriter Datei = new StreamWriter(@"C:\Test.txt",false);
[4]            Datei.Write("Das ist ein Test");
[5]            Datei.Close();
[6]        }
```

Aufgaben

1. *Schreiben Sie eine Klasse Logging, die sowohl die Programminformationen als auch Exceptions in eine Datei schreibt. Folgende statische Methoden schreiben automatisch immer einen Zeitstempel (Datum + Uhrzeit) als Erstes in die Textdatei. Erst dann folgt der Info- oder Fehlertext.*
    *   *Methode Info: Parameter Message (Typ string)*
    *   *Methode Fehler: Parameter ExceptionInfo (Typ Exception)*

    Testen Sie die Klasse, erzeugen Sie absichtlich Fehler. Lesen Sie beispielsweise mit Console. ReadLine Werte ein, die in eine Zahl konvertiert werden. Geben Sie einmal eine Zahl und einmal einen Text ein.

2. *Erweitern Sie das Programm POI Verwalten um eine neue Funktion namens „Sightseeing POI in Datei speichern". Diese Funktion speichert einen auszuwählenden Sightseeing POI aus der internen Liste in eine CSV-Datei.*

6.5 Dateien- und Verzeichnisoperationen mit Klassen Directory, Path und File

Arbeitsauftrag

Schreiben Sie ein Programm, das Dateien aus einem Verzeichnis in ein Archivverzeichnis verschiebt.

Angenommen, in einem Verzeichnis (z.B. C:\Import) liegen Textdateien (z.B. CSV-Dateien, die Wetterdaten enthalten). Nachdem diese Textdateien verarbeitet wurden (z.B. von einem Datenimport), sollen die Textdateien in ein Archivverzeichnis verschoben werden. Dabei wird pro Monat ein neues Archivverzeichnis angelegt (Format: Jahr_Monat, z.B. 2013_Jun). Für diese Aufgabe sind die Klassen Directory und File gut geeignet.

6.5.1 Prüfen, ob ein Verzeichnis existiert

Die Klasse Directory stellt die statische Methode Exists zur Verfügung.

Syntax

public static bool Exists(string path);

Dieser Methode wird das Verzeichnis als Parameter übergeben. Die Methode liefert true, wenn das Verzeichnis existiert.

```
bool Exists = Directory.Exists(@"C:\");
```

6.5.2 Verzeichnis anlegen

Zum Anlegen eines Verzeichnisses kann die statische Methode CreateDirectory der Klasse Directory verwendet werden:

Syntax

public static DirectoryInfo CreateDirectory(string path);

Das folgende Code-Snippet legt das Verzeichnis Import an, in dem das Verzeichnis als Parameter übergeben wird.

```
Directory.CreateDirectory(@"C:\Import");
```

6.5.3 Verzeichnisname zusammensetzen

Wenn ein Verzeichnisname dynamisch zusammengesetzt wird, gibt es mehrere Möglichkeiten, den gesamten Verzeichnisnamen zusammenzusetzen:

- Klasse string: string Verzeichnis = „C:\Import" + „2013_Juni"
- Klasse StringBuilder: Methode AppendFormat
- Klasse Path: Methode Combine

Letztere Möglichkeit funktioniert wie folgt:

```
string Verzeichnis = Path.Combine("C:", "Import");
```

Der statischen Methode Combine kann man beliebige Verzeichnisteile übergeben (1 bis n, ähnlich wie bei Console.Write, bei der man mehrere Variablen übergeben kann). Bei dieser Methode braucht man sich auch nicht darum zu kümmern, ob ein Backslash angegeben ist oder nicht. Das erledigt die Methode Combine. Das Ergebnis des obigen Code-Snippets ist C:\Import.

6.5.4 Dateiname extrahieren

Mit Combine kann man Verzeichnisnamen zusammensetzen. Liegt jedoch ein Verzeichnis oder ein kompletter Dateiname inklusive Pfad vor, gibt es in der Path-Klasse unterschiedliche Methoden zum Extrahieren der einzelnen Datei- oder Verzeichnisteile.

Syntax

```
public static string GetFileName(string path);
```

Folgender Aufruf liefert den Dateinamen inklusive Dateiendung:

```
string FileNameRelativ = Path.GetFileName("C:\Import\File1.txt");
```

6.5.5   Dateien suchen

Die statische Methode Path.GetFileName liefert ein Array der gesuchten Dateien zurück.

Syntax

public static string[] GetFiles(string path, string searchPattern);

Der Methode werden das Verzeichnis und ein Suchmuster übergeben. Das Suchmuster kann Wildcards enthalten, ähnlich wie bei der Dateisuche im File Explorer. Das folgende Code-Snippet liefert alle Dateien im Verzeichnis mit der Dateiendung .txt. Sind keine Dateien enthalten, ist das Array leer.

```
string[] FilesToMove = Directory.GetFiles(@"C:\Import", "*.txt");
```

6.5.6   Dateien verschieben

Die statische Methode Move der Klasse File verschiebt eine Datei.

Syntax

public static void Move(string sourceFileName, string destFileName);

Das folgende Code-Snippet verschiebt die Datei C:\Import\Test.txt nach C:\Import\Archiv\Test.txt

```
File.Move(@"C:\Import\Test.txt", @"C:\Import\Archiv\Test.txt");
```

6.5.7   Weitere Themenbereiche

Es gibt noch weitere Methoden in den Klassen Directory, Path und File wie beispielsweise zum Löschen oder Umbenennen von Dateien oder Verzeichnissen. Die weitere Auflistung dieser Methoden und Klassen würde jedoch über den Buchumfang hinausführen.

6.5.8   Entwurf und Realisierung

Arbeitsauftrag

Die Analyse ergibt für diesen Arbeitsauftrag folgenden Ablauf:

* Name des Monatsarchiv-Verzeichnisses ermitteln (Format Jahr_Monat)
* Wenn das Monatsarchiv noch nicht existiert, wird dieses angelegt
* Zu archivierende Dateien ermitteln
* Jede ermittelte Datei ins Monatsarchiv verschieben

Legen Sie ein Verzeichnis namens Import im Rootverzeichnis C an. Als nächstes legen Sie im Importverzeichnis ein paar Textfiles an (im File Explorer über Kontextmenü), die keinen Inhalt haben müssen. Die Textfiles müssen lediglich die Endung .txt haben.

Mithilfe der ToString-Methode der DateTime-Klasse wird der Verzeichnisname des Monatsarchivs ermittelt und in der Variablen MonatsarchivRelativ gespeichert. Die Combine Methode der Klasse setzt den Verzeichnisnamen zusammen und speichert ihn in der Variablen MonatsarchivFullname. Anschließend wird geprüft, ob das Verzeichnis schon existiert und gegebenenfalls noch angelegt werden muss. Die zu archivierenden Dateien werden mit GetFiles ermittelt und einzeln in einer FOR-Schleife verschoben. Da in dem Array FilesToMove der komplette Dateiname mit Verzeichnis steht, muss der Dateiname mit GetFileName extrahiert werden, um den Namen der Zieldatei zusammensetzen zu können. Erst dann kann die Datei endgültig verschoben werden.

```
[1]      static void main(string[] args)
[2]      {
[3]          DateTime Jetzt = DateTime.Now;
[4]          string Root = @"C:\Import";
[5]          string MonatsarchivRelativ = Jetzt.ToString("yyyy_MMM");
[6]          string MonatsarchivFullname = Path.Combine(Root,
             MonatsarchivRelativ);
[7]          string Dateien = Path.Combine(Root, "*.txt");

[8]          if (!Directory.Exists(MonatsarchivFullname))
[9]              Directory.CreateDirectory(MonatsarchivFullname);

[10]         string[] FilesToMove = Directory.GetFiles(Root, "*.txt");
[11]         for (int i = 0; i < FilesToMove.GetLength(0); i++)
[12]         {
[13]             string FileNameRelativ = Path.
                 GetFileName (FilesToMove[i]);
[14]             string destFileName = Path.Combine(MonatsarchivFull-
                 name, FileNameRelativ);
[15]             File.Move(FilesToMove[i], destFileName);
[16]         }
[17]     }
```

Aufgabe

In einem Verzeichnis liegen Dateien (z. B. Berichte oder Aggregatsdaten), deren Dateinamen folgendes Format haben: YYYYMM_LieferantZZZ.csv. In diesem Verzeichnis können Dateien aus unterschiedlichen Monaten liegen, da verschiedene Sachbearbeiter Dateien für unterschiedliche Monate erstellen. Erstellen Sie ein Programm, das nach Eingabe eines Datums (Monat/Jahr) die Dateien des eingegebenen Monats in ein Archiv verschiebt. Die Ordnerstruktur des Archivs besteht aus zwei Ebenen: Jahr (im Format YYYY) und Monat (MM).

6.6 Auflistungen mit Klasse List

Arbeitsauftrag

Schreiben Sie ein Programm, das in einer Liste beliebig viele Objekte (einer Klassenhierarchie) verwaltet. Dabei gibt der Benutzer die Zahlen ein. Am Ende werden die Summe und der Durchschnitt berechnet.

In den vorherigen Kapiteln wurden ein- oder mehrdimensionale Arrays verwendet. Der Nachteil von diesen Arrays ist, dass die Anzahl an Elementen fix definiert werden muss. Dies geschieht entweder schon bei der Deklaration oder später im Source Code. Die Anzahl der Elemente in einer Liste kann jedoch auch unbekannt sein und zur Laufzeit variieren, also dynamisch sein. Dynamische Listen lassen sich in .NET mit generischen Collections realisieren.

Eine Liste kann wie auch in der Realität verschiedene Datentypen haben. Beispielsweise kann man eine Zahlenliste bilden, um eine Summe von unterschiedlichen Werten zu bilden oder eine Einkaufsliste, welche Namen von Artikeln enthält. Der gemeinsame Nenner dieser Listen ist jedoch, dass man einer Liste Elemente hinzufügen, ansehen oder wieder streichen bzw. entfernen kann. Damit man eben nicht für jeden Datentyp eine eigene Listenklasse programmieren muss, gibt es die generischen Collections. Hier legt man bei der Deklaration per Parameter den Datentyp fest. Für die Methoden Add, Remove usw. ist es damit unerheblich, um welchen Datentyp es sich handelt.

6.6.1 Collection deklarieren

Eine generische Collection wird wie folgt deklariert und instanziert:

Syntax

List<Datentyp> ZahlenListe = new List<Datentyp>();

Im folgenden Code-Snippet wird eine Liste vom Typ double definiert:

```
List<double> ZahlenListe = new List<double>();
```

6.6.2 Objekte hinzufügen

Ein Objekt wird mit der Methode Add hinzugefügt:

Syntax

public void Add(T item);

Im folgenden Code-Snippet wird die Zahl 3 der Zahlenliste hinzugefügt:

```
ZahlenListe.Add(3.0);
```

6.6.3 Auf Objekte zugreifen

Über indizierte Eigenschaften kann man ähnlich wie bei einem Array auf die Elemente in einem Objekt zugreifen.

Syntax

public T this[int index] { get; set; }

Im folgenden Code-Snippet wird auf das erste Element zugegriffen:

```
Wert = ZahlenListe[0];
```

6.6.4   Liste durchlaufen

Um alle Elemente einer Liste zu durchlaufen gibt es zwei Varianten:

- FOR-Schleife
- FOR EACH-Schleife

Die FOR-Schleife sollte bereits bekannt sein. Über die Eigenschaft Count wird die Anzahl der Elemente bestimmt und über die Zählvariable (i) kann auf die Elemente in der Liste zugegriffen werden.

```
for (int i = 0; i < ZahlenListe.Count; i++)
{
    gesamt = gesamt + ZahlenListe[i];
}
```

Die Syntax für die FOR EACH-Schleife lautet wie folgt:

Syntax

foreach (Datentyp item in collection)

{

   Anweisung(en);

}

Dabei enthält die Variable item den Inhalt eines Listenelements der Collection. Beim ersten Schleifendurchgang enthält die Variable item den ersten Eintrag der Collection. Beim zweiten Durchgang das zweite Element, so lange bis die Liste kein Element mehr enthält. Innerhalb der geschwungenen Klammer „(„/auf und „)"/zu kann auf die Variable item zugegriffen werden.

Im folgenden Code-Snippet werden die einzelnen Listenelemente einfach ausgegeben:

```
foreach (double item in ZahlenListe)
{
    Console.WriteLine("Wert={0}",item);
}
```

6.6.5   Weitere Themenbereiche

Die Klasse List stellt noch weitere Methoden wie Remove oder Sort zur Verfügung.

Der Vollständigkeit halber sei erwähnt, dass noch weitere Collections im Namespace System.IO.Collections oder System.IO.Collections.Generic exisitieren. Im BuchPlusWeb finden Sie weitere Informationen und Beispiele.

6.6.6 Anwendung

Arbeitsauftrag

Mit den genannten Methoden und Eigenschaften lässt sich die Auftragsarbeit wie folgt umsetzen:

```
[1]         static void main(string[] args)
[2]         {
[3]             List<double> ZahlenListe = new List<double>();
[4]             string Eingabe = "";
[5]             double zahl, gesamt = 0,durchschnitt;

[6]             do
[7]             {
[8]                 Console.Write("Eingabe Zahl (Ende mit e):");
[9]                 Eingabe = Console.ReadLine();
[10]                if (Eingabe != "e")
[11]                {
[12]                    zahl = Convert.ToDouble(Eingabe);
[13]                    ZahlenListe.Add(zahl);
[14]                }
[15]            } while (Eingabe != "e");

[16]            foreach (double item in ZahlenListe)
[17]            {
[18]                gesamt = gesamt + item;
[19]            }
[20]            durchschnitt = gesamt / ZahlenListe.Count;
[21]            Console.WriteLine("Der Durchschnitt beträgt: {0}, die Summe
                {1}", durchschnitt,gesamt);
[22]            Console.ReadKey();
[23]        }
```

Aufgaben

1. *Ändern Sie das Programm „POI Verwalten" aus Kapitel 6.4 so, dass anstelle von Arrays eine Collection verwendet wird.*

2. *Ändern Sie die Auftragsarbeit „Suche" aus Kapitel „6.1.6 Groß-/Kleinschreibung" so, dass anstelle von einem string Array ein List verwendet wird.*

6.7 Delegates und Events

Arbeitsauftrag

Schreiben Sie ein Programm, das Events auslöst und verarbeitet.

Wird wie in der folgenden Abbildung im Programm eine Methode (Methode B) aufgerufen, wird der Code in dieser Methode abgearbeitet und kehrt erst nach der letzten Anweisung in der Methode zum Aufrufer zurück (blau eingefärbt). Solange diese Methode abgearbeitet wird, ist der Aufrufer blockiert und dieser kann daher nicht den Zustand bzw. Fortschritt der abzuarbeitenden Methode abfragen. Der Zustand einer laufenden Methode kann in vielen Fällen von Interesse sein. Beispielsweise kann ein Datenimport länger dauern (von mehreren Sekunden bis mehreren Stunden). Um von außen den Status bzw. den Fortschritt nachzuvollziehen, müssen Events verwendet werden.

Events bestehen aus mehreren Teilen: Eventsender (auch Event Source oder Publisher genannt), Event Handler und Eventempfänger (auch Handlermethoden oder Subscriber genannt). Auf der einen Seite löst die Event Source das Event aus. Auf der anderen Seite gibt es einen oder mehrere Empfänger (auch Subscriber genannt), die das Event empfangen und darauf entsprechend reagieren können.

Um Events empfangen zu können, muss jeder Empfänger eine Methode (Handler oder Listener Methoden genannt) implementieren. Dabei ruft die Event Source nicht direkt die Handlermethoden auf, sondern verwendet einen Eventhandler, da der Eventsender nicht wissen kann, welche und wie viele Eventempfänger es zur Laufzeit geben wird. Der Eventhandler basiert auf Delegates. Mithilfe von Delegates ist es möglich, dass erst zur Laufzeit bestimmt wird, welche Methode zugewiesen und aufgerufen wird. Anstelle des direkten Aufrufes wird ein Stellvertreter (Delegate) verwendet. Nur so ist es für die Event Source unerheblich, welche Handler Methoden zur Laufzeit zugewiesen werden.

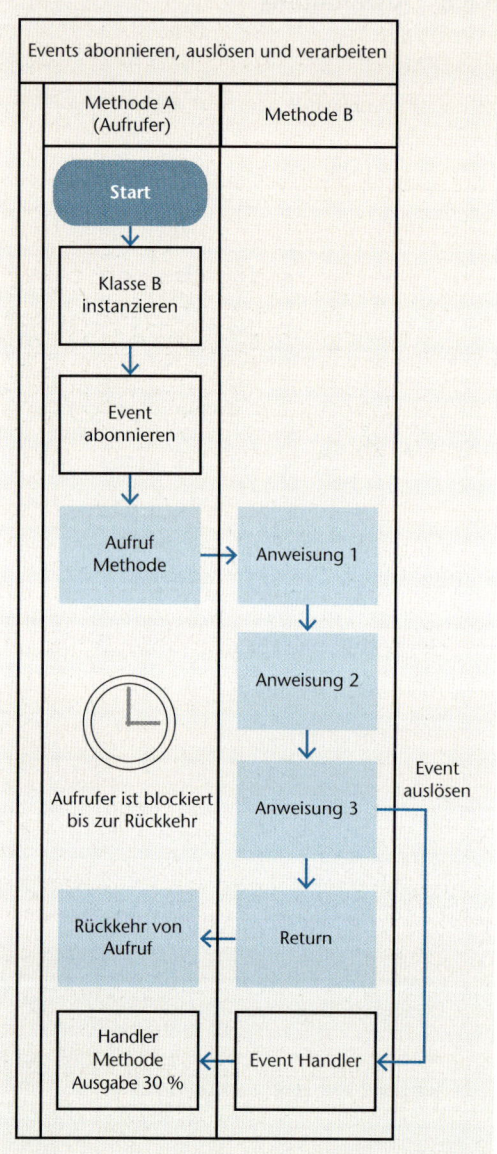

Events

Um ein Event zu implementieren, sind folgende Schritte notwendig, siehe folgende Abbildung:

- Auf Senderseite:
  – Delegaten deklarieren
  – Event deklarieren
  – Event auslösen (feuern)

- Auf Empfängerseite:
  - Event Handler implementieren
  - Event in Empfängerklasse(n) abonnieren

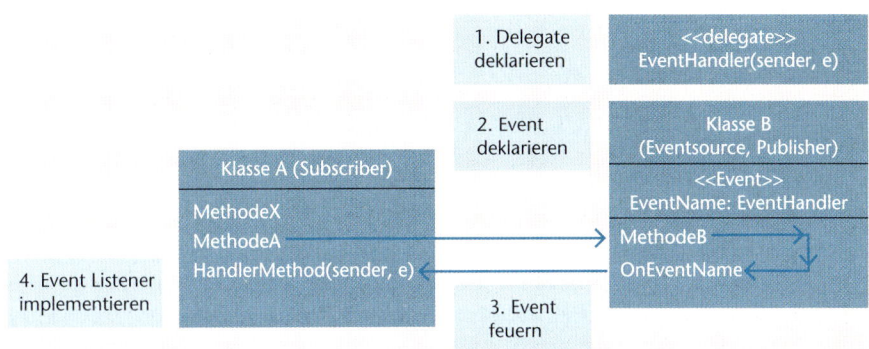

Event Handler implementieren

Die Syntax für die Deklaration lautet wie folgt: Der Delegate wird nicht als Klassenmember deklariert, sondern als eigener Typ außerhalb der Klassendeklaration. In .NET sind die Parameter sender (Klasse object) und e (Klasse EventArgs) üblich, es können aber generell auch andere Parameter verwendet werden. Die Klasse EventArgs kann als Basisklasse verwendet werden, um eigene Parameter zu definieren.

Syntax

delegate DatentypRückgabewert DelegateName[(Parameter)];

Danach kann das Event deklariert werden:

Syntax

public event DelegateName EventName;

Das Event wird auf Senderseite ausgelöst, indem einfach das oben deklarierte Event wie eine Methode aufgerufen wird:

Syntax

EventName[(Parameter)];

Da sich an das Event 0 bis n Empfänger anhängen können, kann das Event auch den Wert null haben. Daher sollte auf null abgefragt werden. Desweiteren ist es üblich, den Aufruf der Methode in eine eigene Methode zu packen, die den Präfix On hat. Der Vorteil liegt darin, dass das Event innerhalb der Klasse von überall aufgerufen werden kann, ohne jedes Mal auf null abzufragen zu müssen.

```
public void OnInfoEvent(string Message)
{
    if (InfoEvent != null)
        InfoEvent(Message);
}
```

Auf der Empfängerseite muss der Event Handler die gleiche Signatur wie der Delegate haben. Eine Signatur kennzeichnet die Eindeutigkeit einer Methode und besteht aus dem Namen der Methoden und dessen Parameterliste.

Syntax

DatentypRückgabewert EventHandler[(Parameter)];

Das Event wird wie folgt abonniert: Mit += new wird über den Delegate die Handler-methode an das Event angehängt. An das Event können mithilfe von += new weitere Handlermethoden angehängt werden.

Syntax

Objektvariable.EventName += new DelegateName(EventHandler);

In der KlasseB simuliert die MethodeB einen langandauernden Prozess, in dem die Anweisung Sleep aufgerufen wird. Der statischen Methode Sleep wird die zu wartende Zeit in Millisekunden übergeben. Jede Sekunde wird in der FOR-Schleife das Event über die OnInfoEvent Methode ausgelöst.

Klasse KlasseB in Datei KlasseB.cs

```
[1]          public delegate void InfoEventHandler(string Message);

[2]          public class KlasseB
[3]          {
[4]              public event InfoEventHandler InfoEvent;

[5]              public void MethodeB()
[6]              {
[7]                  for (int i = 0; i < 10; i++)
[8]                  {
[9]                      System.Threading.Thread.Sleep(1000);
[10]                     OnInfoEvent(i.ToString());
[11]                 }
[12]             }

[13]             public void OnInfoEvent(string Message)
[14]             {
[15]                 if (InfoEvent != null)
[16]                     InfoEvent(Message);
[17]             }

[18]         }
```

In der main-Methode wird das Event abonniert, indem dem Konstruktor die Handler-methode als Parameter übergeben wird.

Main-Methode und Handlermethode in Datei Program.cs

```
[1]          class Program
[2]          {
[3]              static void main(string[] args)
[4]              {
[5]                  KlasseB B = new KlasseB();
[6]                  B.InfoEvent += new
                     InfoEventHandler(InfoEventHandlerMethod);
[7]                  B.MethodeB();
[8]                  Console.ReadKey();
[9]              }

[10]             static void InfoEventHandlerMethod(string Message)
[11]             {
[12]                 Console.Write(Message);
[13]             }
[14]         }
```

Aufgaben

1. *Entwerfen und implementieren Sie eine Klasse, welche ein Metronom simuliert. Von außen ist einstellbar, in welchem Intervall (Millisekunden) ein Event abgefeuert wird. Verwenden Sie die Thread.Sleep Funktion. Da die Thread.Sleep Methode den Prozess blockiert, reagiert die Anwendung nicht mehr auf Tastendruck und das Metronom kann nicht gestoppt werden. Um das Metronom doch noch stoppen zu können, muss ein eigener Thread gestartet werden. Das geschieht ganz einfach mit der Thread Klasse. Dem Konstruktor wird der Name der Methode übergeben, welche in einem eigenen Thread starten soll. Schließlich startet die Start-Methode den Thread.*

    ```
    System.Threading.Thread Thread = new System.Threading.Thread(Metrono-
    mObjekt.Start);
    Thread.Start();
    ```

2. *Die Feiertage sind in jedem Staat anders geregelt. In Deutschland sind sie sogar von einem zum anderen Bundesland unterschiedlich. Beispielsweise hat nur Sachsen den Buß- und Bettag.*

    Entwerfen und implementieren Sie ein Programm zur Verwaltung von Feiertagen. Dieses Programm erzeugt für eine beliebige Region (Bundesland) und gegebenem Jahr eine Liste der Feiertage. Die Feiertagsverwaltung unterscheidet zwischen folgenden Arten von Feiertagen:

    *   *Fixe Feiertage (wie Neujahr, Maria Himmelfahrt)*
    *   *Bewegliche Feiertage, die von Ostersonntag abhängen*
    *   *Buß- und Bettag*

3. *Fixe Feiertage: Entwerfen und implementieren Sie eine Klasse, welche einen fixen Feiertag repräsentiert. Ein fixer Feiertag ist ein Feiertag, der immer am selben Tag und Monat eines Jahres begangen wird wie beispielsweise Neujahr (01.01.) oder Maria Himmelfahrt (15.08.).*

   Übergeben Sie dem Konstruktor Jahr, Monat und Tag und Name des Feiertags. Auf das absolute Datum und den Feiertag soll nur lesend zugegriffen werden können.

4. *Buß- und Bettag: Entwerfen und implementieren Sie eine Klasse, welche den Buß- und Bettag berechnet. Übergeben Sie beim Instanzieren das Jahr. Die Eigenschaft Datum liefert den berechneten Wert. Der Buß- und Bettag ist 32 Tage vor dem vierten Advent. Der vierte Advent selbst ist der letzte Sonntag vor dem 25. Dezember, wobei dieser Tag auf einen beliebigen Wochentag fallen kann. Um den Wochentag zu ermitteln, bietet die DateTime-Klasse die Eigenschaft DayOfWeek an, welches ein Enum liefert. Dieses kann per Cast (int) in eine Zahl umgewandelt werden, um so den Wochentag als Zahl zu bekommen. Beachten Sie, dass Sonntag bei 0 zu zählen beginnt.*

5. *Osterfeiertage: Entwerfen und implementieren Sie eine Klasse, welche Feiertage repräsentiert, die vom Ostersonntag abhängig sind. Ausgangspunkt für einen Kirchenfeiertag ist der Ostersonntag, welcher nach der Gaußschen Formel berechnet wird. Der Pseudocode für die Formel lautet wie folgt, wobei mod für Modulo Operator steht (% in C#):*

```
a = Jahr Mod 19
b = Jahr \ 100
c = (8 * b + 13) \ 25 - 2
d = b - (Jahr \ 400) - 2
e = (19 * (Jahr Mod 19) + ((15 - c + d) Mod 30)) Mod 30
Wenn e = 28 und a > 10, dann e = 27
Wenn e = 29, dann e = 28
f = (d + 6 * e + 2 * (Jahr Mod 4) + 4 * (Jahr Mod 7) + 6) Mod 7
Tag =e + f + 22
Monat = 3
Wenn Tag > 31, dann; Tag = Tag -31, Monat = 4
Ostersonntag = { Tag, Monat, Jahr}
```

   Die weiteren kirchlichen Feiertage sind relativ zum Ostersonntag zu sehen:

Kirchlicher Feiertag	relativ zu Ostersonntag
Karfreitag	– 2 Tage
Ostersonntag	0
Ostermontag	+ 1 Tag
Christi Himmelfahrt	+ 39 Tage
Pfingstmontag	+ 50 Tage
Fronleichnam	+ 60 Tage

6. *Programmfunktionen: Nach dem Start fordert das Programm den Benutzer auf, folgende Eingaben zu tätigen:*

   • *Dateiname inklusive Pfadangabe*
   • *Jahr*

Danach erfolgt die Ausgabe der absoluten Feiertage im eingegebenen Jahr.

In der angegebenen Datei wird eine Feiertagsliste unabhängig vom Jahr im CSV-Format gespeichert. So kann man in für jede Region (Bundesland) die Feiertage unabhängig verwalten.

In der Feiertagsdatei hat jede Zeile folgenden Aufbau:

XX;P1;P2;Name

Die Bedeutung ist wie folgt:

Art des Feiertags	Spalte 1 (XX)	Spalte 2 (P1)	Spalte 3 (P2)	Spalte 4 (Name)	Bedeutung P1, P2
fixer Feiertag	FF	1	5	1. Mai	P1 = Tag P2 = Monat
beweglicher Feiertag relativ zu Ostern	OF	0	–	Ostersonntag	P1 = relative Tage zu Ostersonntag
Buß- und Bettag	BB	–	–	Buß- und Bettag	nicht genutzt

Bevor die Datei ausgegeben wird, werden die einzelnen Feiertage in einer generischen Liste gespeichert.

7   Erstellen von Windows-Anwendungen

Um eine Windows-Anwendung wie in der folgenden Abbildung zu implementieren, sind verschiedene Steuerelemente (Controls) notwendig. Nach Durcharbeiten dieses Kapitels kennen Sie die wichtigsten Controls wie Button, Textbox, Listbox usw.

7.1   Hauptauftrag

Der Projektleiter beauftragt Sie eine Windows-Anwendung für eine Angebotserstellung zu implementieren. Ein Hotel erstellt ein Angebot, wenn es per Telefon, E-Mail oder Internet eine unverbindliche Anfrage für eine oder mehrere Unterkunftsarten bekommt. In einem Windowsformular können pro Unterkunftsart die Daten für eine Angebotsposition eingegeben werden und der Angebotsliste hinzugefügt werden. Sind alle Angebotspositionen eingegeben, wird das Angebot per E-Mail versendet und optional in der Datenbank gespeichert. Nimmt der Kunde das Angebot an und bestellt die angebotenen Positionen, wird das Angebot in das Reservierungssystem übernommen.

Vorraussetzungen

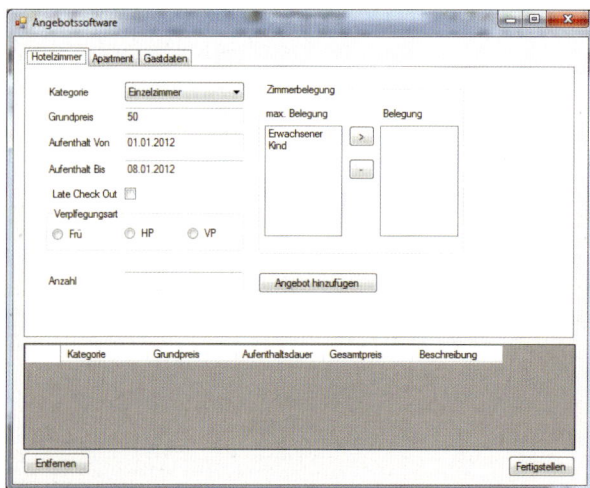

Windows-Anwendung

Arbeitsauftrag

Entwerfen und implementieren Sie eine eigene Klasse für die Preisdaten.

Der Benutzer soll in der Windows-Anwendung eine Zimmerkategorie auswählen können. Jede Zimmerkategorie hat ihre eigenen Preise. Des Weiteren soll pro Kategorie definiert werden, wie viele Erwachsene und Kinder im Zimmer übernachten können.

Daher wird eine eigene Klasse für die Preise entworfen. Diese Klasse wird der Klasse ZimmerPreisdaten im Konstruktor übergeben. Eine eigene Klasse für Preise hat den Vorteil, dass mithilfe von dynamischen und generischen Listen eine Preisliste für 1 bis n Kategorie wie Einzelzimmer (1 Erwachsener, 1 Kind), Komfortzimmer (2 Erwachsene, 2 Kinder) und Suite (2 Erwachsener und 3 Kinder) realisieren kann. Diese Preisliste für die Zimmerkategorien wird zunächst mit fixen Werten und fixer Länge erzeugt. Später kommen diese Daten aus der Datenbank.

UML-Diagramm

Die Preisliste eines Hotels besteht meistens aus mehreren Preisdaten wie Grundpreis und Rabatt Kinder je Kategorie. Daher werden die Preisdaten für eine Kategorie in eine eigene Klasse implementiert. Die Preisliste wird in der main-Methode als Array oder dynamische Liste realisiert. Dem Objekt Zimmer oder Appartement wird nur das ausgewählte Element aus der Preisliste im Konstruktor übergeben.

Im UML-Diagramm werden auch die Preisdaten für das Appartement dargestellt, aber in diesem Kapitel vorerst nicht implementiert. Diese beiden Klassen sind erst ab Kapitel 11 notwendig.

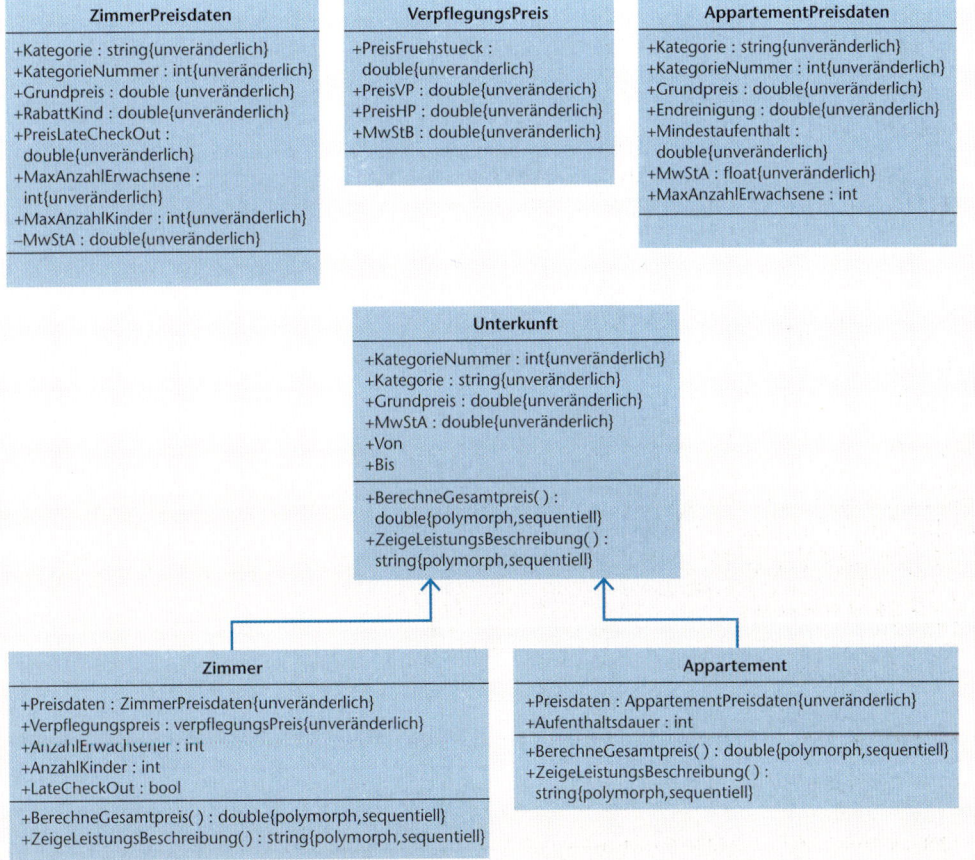

UML-Diagramm für Windows-Anwendung

Klasse ZimmerPreisdaten

```
[1]        public class ZimmerPreisdaten
[2]        {
[3]            private ZimmerPreisdaten() { }

[4]            public ZimmerPreisdaten(int pKategorieNummer, string
               pKategorie,
[5]                double pPreis, double pRabattKind,
[6]                double pPreisLateCheckOut,
[7]                int pMaxAnzahlErwachsener, int pMaxAnzahlKinder,
[8]                double pMwStA)
[9]            {
[10]               KategorieNummer = pKategorieNummer;
[11]               Kategorie = pKategorie;
[12]               Grundpreis = pPreis;
[13]               RabattKind = pRabattKind;
[14]               PreisLateCheckOut = pPreisLateCheckOut;
[15]               MaxAnzahlErwachsene = pMaxAnzahlErwachsener;
[16]               MaxAnzahlKinder = pMaxAnzahlKinder;
[17]               MwStA = pMwStA;
[18]           }

[19]           public int KategorieNummer { get; private set; }
[20]           public string Kategorie { get; private set; }
[21]           public double Grundpreis { get; private set; }
[22]           public double RabattKind { get; private set; }
[23]           public double PreisLateCheckOut { get; private set; }
[24]           public int MaxAnzahlErwachsene { get; private set; }
[25]           public int MaxAnzahlKinder { get; private set; }
[26]           public double MwStA { get; private set; }
[27]       }
```

Klasse VerpflegungsPreis und Enum Verpflegungstyp

Das Enum enthält die Art der Verpflegung:

```
[1]        public enum Verpflegungstyp
[2]        {
[3]            Keine,
[4]            Fruehstueck,
[5]            VP,
[6]            HP
[7]        }

[8]        public class VerpflegungsPreise
[9]        {
[10]           private VerpflegungsPreise() { }

[11]           public VerpflegungsPreise(double pPreisFruehstueck, double
               pPreisVP,
[12]               double pPreisHP, double pMwStB)
[13]           {
[14]               PreisFruehstueck = pPreisFruestueck;
[15]               PreisVP = pPreisVP;
[16]               PreisHP = pPreisHP;
```

```
[17]                    MwStB = pMwStB;
[18]               }

[19]          public double PreisFruehstueck {get; private set;}
[20]          public double PreisVP {get; private set;}
[21]          public double PreisHP { get; private set; }
[22]          public double MwStB { get; private set; }
[23]     }
```

Klasse Unterkunft

Diese Klasse enthält auch eine KategorieNummer. Diese Nummer wird später für das Kapitel 11 benötigt.

```
[1]      public abstract class Unterkunft
[2]      {
[3]           public int KategorieNummer { get; set; }
[4]           public string Kategorie { get; private set; }
[5]           public double Grundpreis { get; private set; }
[6]           public int MaxAnzahlGaeste { get; private set; }
[7]           public static int MwStA { get; private set; }
[8]           public DateTime Von { get; set; }
[9]           public DateTime Bis { get; set; }
[10]          protected int mAufenthaltsdauer;
[11]          private int mAnzahlGaeste;

[12]          protected Unterkunft() { }

[13]          public Unterkunft(int pKategorieNummer, string pKategorie,
                  double pGrundpreis, int pMaxAnzahlGaeste)
[14]          {
[15]              KategorieNummer = pKategorieNummer;
[16]              Kategorie = pKategorie;
[17]              Grundpreis = pGrundpreis;
[18]              MaxAnzahlGaeste = pMaxAnzahlGaeste;
[19]              MwStA = 7;
[20]          }

[21]          public int Aufenthaltsdauer
[22]          {
[23]              get
[24]              {
[25]                  TimeSpan Diff = Bis.Subtract(Von);
[26]                  mAufenthaltsdauer = Diff.Days;
[27]                  return mAufenthaltsdauer;
[28]              }
[29]          }

[30]          public int AnzahlGaeste
[31]          {
[32]              get { return mAnzahlGaeste; }
[33]              set
[34]              {
[35]                  mAnzahlGaeste = -1;
```

```
[36]                          if (value <= MaxAnzahlGaeste)
[37]                             mAnzahlGaeste = value;
[38]                        }
[39]                    }

[40]            public virtual double BerechneGesamtpreis()
[41]            {
[42]                double Gesamtpreis = 0, GesamtpreisBrutto = 0;

[43]                Gesamtpreis = Grundpreis * Aufenthaltsdauer;
[44]                GesamtpreisBrutto = Gesamtpreis +
                    BerechneMwStA(Gesamtpreis);
[45]                return GesamtpreisBrutto;
[46]            }

[47]            protected double BerechneMwStA(double Preis)
[48]            {
[49]                return Preis * MwStA / 100;
[50]            }

[51]            public virtual string ZeigeLeistungsBeschreibung()
[52]            {
[53]                return "Unterkunft ohne Verpflegung";
[54]            }

[55]            public virtual string ZeigeLeistungsBeschreibung(bool
                MitBelegung)
[56]            {
[57]                StringBuilder Beschreibung = new StringBuilder();
[58]                Beschreibung.Append(ZeigeLeistungsBeschreibung());
[59]                if (MitBelegung)
[60]                    Beschreibung.AppendFormat("für {0} Personen",
                        AnzahlGaeste);
[61]                return Beschreibung.ToString();
[62]            }
[63]        }
```

Klasse Zimmer

Die Klasse ZimmerPreisdaten wird dem Konstruktor übergeben. Ebenfalls auch der VerpflegungsPreis. Letztere Klasse ist als statisches Member definiert, da der Verpflegungspreis für alle Zimmerkategorien gleich ist. Die Methode BerechneGesamtpreis wird in zwei der unterschiedlichen Untermethoden aufgeteilt, da die Mehrwertsteuer getrennt nach Unterkunft und Verpflegung berechnet werden muss.

```
[1]        public class Zimmer : Unterkunft
[2]        {
[3]            public double RabattKinder { get; private set; }
[4]            public int AnzahlKinder { get; set; }
[5]            public int MaxAnzahlKinder { get; private set; }
[6]            public bool LateCheckOut { get; set; }
[7]            public ZimmerPreisdaten Preisdaten { get; set; }
[8]            public static VerpflegungsPreise PreisdatenVerpflegung;
[9]            public Verpflegungstyp Verpflegungsart { get; set; }
```

```
[10]            private Zimmer() { }

[11]            public Zimmer(ZimmerPreisdaten pPreisdaten)
[12]                 : base(pPreisdaten.KategorieNummer, pPreisdaten.
                      Kategorie, pPreisdaten.Grundpreis, pPreisdaten.
                      MaxAnzahlErwachsene)
[13]            {
[14]                Preisdaten = pPreisdaten;
[15]            }

[16]            public override double BerechneGesamtpreis()
[17]            {
[18]                double UnterkunftBrutto = BerechneUnterkunft();
[19]                double VerpflegungspreisBrutto =
                    BerechneVerpflegungspreis();
[20]                return UnterkunftBrutto + VerpflegungspreisBrutto;
[21]            }

[22]            private double BerechneVerpflegungspreis()
[23]            {
[24]                double VerpflegungspreisNetto = 0, Verpflegungspreis-
                    Brutto = 0;
[25]                switch (Verpflegungsart)
[26]                {
[27]                    case Verpflegungstyp.Fruehstueck:
[28]                        VerpflegungspreisNetto = PreisdatenVerpflegung.
                          PreisFruehstueck;
[29]                        break;
[30]                    case Verpflegungstyp.VP:
[31]                        VerpflegungspreisNetto = PreisdatenVerpflegung.
                          PreisVP;
[32]                        break;
[33]                    case Verpflegungstyp.HP:
[34]                        VerpflegungspreisNetto = PreisdatenVerpflegung.
                          PreisHP;
[35]                        break;
[36]                }
[37]                VerpflegungspreisBrutto = VerpflegungspreisNetto +
                    BerechneMwStB(VerpflegungspreisNetto);
[38]                return VerpflegungspreisBrutto;
[39]            }

[40]            private double BerechneMwStB(double Preis)
[41]            {
[42]                return Preis * PreisdatenVerpflegung.MwStB / 100;
[43]            }

[44]            private double BerechneUnterkunft()
[45]            {
[46]                double GesamtpreisNetto = 0, ErwachsenenPreis = 0,
                    KinderPreis = 0;
[47]                double GesamtpreisBrutto = 0, MwStABetrag = 0;
[48]                ErwachsenenPreis = Grundpreis * Aufenthaltsdauer *
                    AnzahlGaeste;
[49]                KinderPreis = Grundpreis * Aufenthaltsdauer *
                    AnzahlKinder * Preisdaten.RabattKind / 100;
```

```
[50]            GesamtpreisNetto = ErwachsenenPreis + KinderPreis;
[51]            if (LateCheckOut)
[52]                GesamtpreisNetto = GesamtpreisNetto + Preisdaten.
                   PreisLateCheckOut;
[53]            MwStABetrag = BerechneMwStA(GesamtpreisNetto);
[54]            GesamtpreisBrutto = GesamtpreisNetto + MwStABetrag;
[55]            return GesamtpreisBrutto;
[56]        }

[57]    public override string ZeigeLeistungsBeschreibung(bool
        MitBelegung)
[58]        {
[59]            StringBuilder Beschreibung = new StringBuilder();
[60]            Beschreibung.Append("Übernachtung ohne Verpflegung");
[61]            if (MitBelegung)
[62]            {
[63]                Beschreibung.AppendFormat("Anzahl Erwachsene:
                   {0}", AnzahlGaeste, Grundpreis);
[64]                Beschreibung.AppendFormat("Anzahl Kinder: {0}",
                   AnzahlKinder, Grundpreis * RabattKinder);
[65]            }
[66]            return Beschreibung.ToString();
[67]        }

[68]    }
```

Klasse Appartement und AppartementPreisdaten

Diese beiden Klassen werden erst ab Kapitel 11 benötigt.

7.2 Erstellen einer Windows-Anwendung (Form und Button Control)

Arbeitsauftrag

Erstellen Sie eine einfache Windows-Anwendung, welche das aktuelle Datum mit Uhrzeit auf Knopfdruck ausgibt.

Eine Windows-Anwendung wird in Visual Studio wie folgt erstellt:

- Wählen Sie im Menü Datei den Menüpunkt „Neues Projekt" aus.

- Danach wählen Sie im Dialogfenster „Neues Projekt" den Projekttyp „Windows-Forms-Anwendungen" aus.

- Wie gewohnt, können Sie einen Projektnamen eingeben und OK drücken.

Visual Studio erstellt ein Grundgerüst für eine Windows-Anwendung und öffnet den Formulareditor, mit dem ein Windowsformular erstellt werden kann. Um verschiedene Steuerelemente auf den Formulareditor ziehen zu können, müssen Sie die Toolbox öffnen. Gehen Sie dazu in das Menü Ansicht\Weitere Fenster\Toolbox, wodurch sich Visual Studio wie folgt präsentiert:

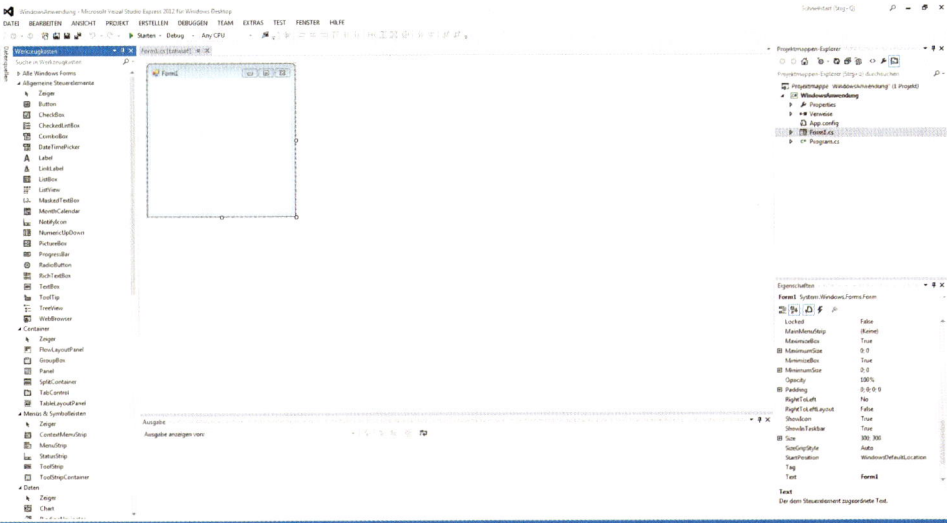

Visual Studio mit Windows-Form-Editor

Die Toolbox stellt verschiedene Elemente wie Steuerelemente zur Verfügung, die auf ein Formular per Drag & Drop gezogen werden können. Klappen Sie die Registerkarte „Allgemeine Steuerelemente" auf und ziehen Sie einen Button auf das Formular. Doppelklicken Sie auf den Button und fügen Sie folgenden Code in die Methode button1_Click ein:

```csharp
private void button1_Click(object sender, EventArgs e)
{
    string Datum = "Es ist " + DateTime.Now.ToString();
    MessageBox.Show(Datum);
}
```

Kompilieren Sie die Anwendung und starten Sie diese mit F5. In einer Messagebox erscheinen beim Klick auf den Button das aktuelle Datum und die Uhrzeit. Damit haben Sie Ihre erste Windows-Anwendung erstellt.

7.3 Aufbau einer Windows-Anwendung

Der ersichtlichste Unterschied zwischen einer Windows-Anwendung und einer Konsolenanwendung ist, dass beim Erstellen des Projektes ein Windowsformular hinzugefügt wird. Dabei besteht ein Windowsformular aus folgenden Dateien:

- Code Behind-Datei (z. B. Form1.cs)
- Designer-Datei (z. B. Form1.Designer.cs)
- Ressourcen-Dateien

Die Code Behind-Datei ist im Projektmappen-Explorer auf den ersten Blick erkennbar. Zu den zwei anderen Dateien gelangen Sie, wenn Sie im Projektmappen-Explorer die Datei Form1.cs über das Plussymbol (+) aufklappen.

Wie in der Auftragsarbeit oben demonstriert, können Sie dem Formular im Formulareditor über die Toolbox verschiedene Steuerelemente wie Buttons usw. hinzufügen. Doch wo speichert .NET die Information, um welches Steuerelement handelt es sich, wo wird es platziert, welche Beschriftung erhält es usw.? Im Hintergrund fügt der Formulareditor das Steuerelement in die Designer-Datei ein. Öffnen Sie die Designer-Datei über das Kontextmenü im Projektmappen-Explorer und Sie sehen unter anderem folgenden Source Code in der Methode InitializeComponent:

```
this.button1.Location = new System.Drawing.Point(113, 97);
this.button1.Name = "button1";
this.button1.Size = new System.Drawing.Size(75, 23);
this.button1.TabIndex = 0;
this.button1.Text = "button1";
this.button1.UseVisualStyleBackColor = true;
this.button1.Click += new System.EventHandler(this.button1_Click);
```

Button1 wurde vom Formulareditor als Membervariable hinzugefügt und die Eigenschaften des Buttons wie Name, Size oder Text werden mit verschiedenen Anfangswerten versehen. Diese Eigenschaften können und sollen über das Eigenschaftsfenster (siehe weiter unten) gesetzt werden, denn Änderungen in der Code Behind-Datei werden bei Änderung im Formulareditor wieder überschrieben.

In der Auftragsarbeit wurde im Formulareditor durch Doppelklick auf den Button eine Handlermethode namens button1_Click generiert und in die Code Behind-Datei Form1. cs einzufügt. Außerdem wird in der Designer-Datei die Handlermethode mit dem Event Click des button1 verknüpft. Je nach Steuerelement existieren verschiedene Events wie: Click, DoubleClick, OnMouseMove usw. Diese Events können ebenfalls über das Eigenschaftsfenster gesetzt werden.

Obwohl die Methode button1_Click in der Code Behind-Datei ist, kann der folgende Source Code in der Designer-Datei auf die Methode button1_Click zugreifen. Das ist möglich durch die Verwendung von partiellen Klassen. Mit dem keyword partial in der Klassendeklaration kann der Source Code einer Klasse auf mehrere Dateien aufgeteilt werden. Dadurch kann man den Code für den Designer (Formulareditor) vom selbstgeschriebenen Code trennen.

```
this.button1.Click += new System.EventHandler(this.button1_Click);
```

Der Button generiert dieses Event nicht selbst, sondern erhält das Event vom Betriebssystem. Löst ein Benutzer ein Event wie Klick auf rechte Maustaste aus, wird das Event von Windows in eine Message Queue gestellt. Die Windows-Anwendung holt dieses Event von der Message Queue ab und leitet es an das Control weiter.

In den Konsolenanwendungen startet die Anwendung über die statische Methode main. Auch eine Windows-Anwendung hat eine main-Methode. Diese befindet sich in der Datei Program.cs und startet das Formular über die statische Methode Application.Run. Der Methode Run wird als Parameter eine Instanz des Windowsformulars übergeben, das gestartet werden soll. Hier: die Form1.

Weitere Windowsformulare können bei Bedarf über das Kontextmenü im Projektmappen-Explorer oder über das „Menü Projekt\Windows Form hinzufügen" hinzugefügt werden.

7.4   Eigenschaftsfenster

Sowohl das Formular als auch der Button haben derzeit keine klingenden Namen. Das Formular wird standardmäßig „Formular1" benannt, der Button heißt „Button1". Dass diese Namen nicht sehr intuitiv sind, liegt auf der Hand. In der Programmierung ist es generell wichtig, selbstsprechende und intuitive Namen zu verwenden, das Stichwort dazu lautet „Clean Code Development".

Benennen wir zuerst das Formular um. Aktivieren Sie im Projektmappen-Explorer die Datei „Form1.cs" und setzen den Cursor im Eigenschaftsfenster auf die Eigenschaft „Name". Der Inhalt der Eigenschaft „Name" ist „Form1.cs". Ändern Sie den Namen in „StartFormular.cs". Daraufhin werden Sie von Visual Studio gefragt, ob Sie auch alle Verweise im Projekt umbennen wollen. Hinter dem Formular steckt eine Klasse namens „Form1". Da auch der Klassenname auf „StartFormular" umbenannt werden soll, bestätigen Sie den Dialog mit „Ja". Damit werden automatisch auch die Designerdatei und Ressourcen Datei umbenannt. Falls die Klasse Form1 auch an anderen Code-Stellen (wie main) verwendet wird, erfolgt auch gleich mit die Umbenennung dieser Verweise.

Nachdem Datei- und Klassenname des Formulars umbenannt wurden, ist nun die Titelleiste des Fensters an der Reihe. Öffnen Sie dazu den Formulareditor durch Doppelklick auf die die Datei „StartFormular.cs" im Projektmappen-Explorer, oder über das Kontextmenü „Öffnen" (Datei „StartFormular.cs" muss im Projektmappen-Explorer aktiviert sein). Aktivieren Sie anschließend das Formular durch einen einfachen Klick auf das Formular selbst, also irgendwo im Formular und nicht auf den Button. Eine Erklärung zum Button folgt später. Im Eigenschaftsfenster sehen Sie, dass die Eigenschaft „Name" den Inhalt „StartFormular" hat, also den Namen der Klasse. Die Eigenschaft „Name" ist eine gemeinsame Eigenschaft sowohl vom Formular als auch der Steuerelemente und setzt den Namen der Klasse.

Eine weitere gemeinsame Eigenschaft ist Text. Diese setzt die Beschriftung eines Formulars bzw. eines Steuerelements. Ändern Sie die Eigenschaft Text des Formulars beispielsweise auf „Datum". Wie Sie sehen, ändert sich im Formulareditor die blaue Fensterleiste auf „Datum". Da die Beschriftung „Button1" nicht sehr aussagekräftig ist, aktivieren Sie den Button1 durch einen Einfachklick. Gehen Sie im Eigenschaftsfenster auf die Eigenschaft „Text" und ändern Sie diese auf „Zeige Datum".

Das Ändern der Eigenschaft Name und Text sollte das erste sein, was Sie in einem Windows-Forms-Projekt machen sollten, damit Sie während des Programmierens und nachher, falls es Wartungsarbeiten gibt, sich leichter und besser zurechtfinden.

Auch wenn wir das Eventhandling für den Klick auf den Button über den Formular editor erledigt haben (durch Doppelklick auf den Button), kann man Events auch über das Eigenschaftsfenster generieren lassen. Im Eigenschaftsfenster gibt es ein Symbol, das ähnlich wie ein Blitz aussieht. Wenn Sie auf diesen Blitz klicken, verändert sich das Eigenschaftsfenster und Sie gelangen zu einer Liste. Diese Liste enthält alle verfügbaren Events, die ein

Formular oder Steuerelement zur Verfügung stellt. Scrollen Sie zum Event Click. Hier sehen Sie, dass der Formulareditor die Handlermethode „button1_Click" eingetragen hat.

Legen wir beispielsweise ein Event an, das uns eine Nachricht liefert, wenn das Formular startet. Aktivieren Sie dazu das Formular und suchen Sie das Event „Load". Wenn Sie in das freie Feld daneben doppelklicken, wird automatisch eine Handlermethode erzeugt und das Event abonniert. Sie brauchen dann nur noch die Anweisungen in die Handlermethode eintippen, wie beispielsweise diese:

```
private void StartForm_Load(object sender, EventArgs e)
{
    MessageBox.Show("Start");
}
```

Es gibt noch jede Menge weitere Eigenschaften und Events. Einige werden wir in den nächsten Kapiteln kennenlernen. Bei den anderen ist die MSDN (eine Online-Hilfe von Microsoft) eine gute Quelle, um die verschiedenen Klassen und Klassenmember genau zu untersuchen.

7.5   Steuerelemente

Steuerelemente erben direkt oder indirekt von der Klasse Control. Diese Klasse stellt gemeinsame Eigenschaften und Events für alle Steuerelemente zur Verfügung. Die Eigenschaften Name und Text bzw. das Event Click aus dem vorherigen Kapitel sind solche Gemeinsamkeiten. Die Control Klasse hat auch noch viele weitere Eigenschaften wie Right und Top für die Position, oder Size für die Größe eines Controls sowie verschiedene Events wie DoubleClick oder MouseUp etc.

7.5.1   Label und TextBox Control

Arbeitsauftrag

Entwerfen und implementieren Sie eine Windows-Anwendung mit zwei Label und TextBox Controls und einem Button, um ein einfaches Angebot erstellen zu können.

Im Screenshot für die Angebotssoftware sind verschiedene Beschriftungen wie Zimmerpreis und Aufenthaltsdauer am Formular zu sehen. Diese Beschriftungen lassen sich über das Label Control realisieren. Die Beschriftung selbst wird wieder über die Eigenschaft Text gesetzt. Zur Laufzeit kann der Benutzer den Text selbst nicht ändern. Der Text kann jedoch über Code verändert werden.

Soll der Benutzer Text oder Zahlen eingeben können, ist das TextBox Control dafür vorgesehen. Der eingegebene Text wird über die Eigenschaft Text ausgelesen und gesetzt werden. Über die Eigenschaft ReadOnly kann verhindert werden, dass der Benutzer Text eingibt. Das ist beispielsweise sinnvoll, wenn nur Information angezeigt werden soll.

Arbeitsauftrag

Um die Auftragsarbeit zu erfüllen, sind folgende Schritte notwendig:

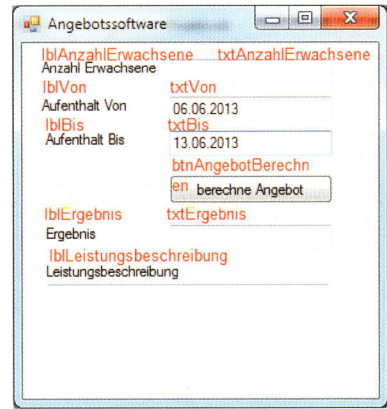

- Erstellen Sie eine Windows-Forms-Anwendung mit dem Namen Hotelangebotssoftware.

- Benennen Sie das Formular Forms1.cs in Angebotsformular.cs um.

- Das Formular Angebotsformular.cs erhält den Titel „Angebotssoftware".

- Fügen Sie Controls laut Screenshot hinzu. Die Namen der Controls sind im Screenshot in roter Schrift eingezeichnet. Die Eigenschaft Mulit-Line des Textcontrols txtLeistungsbeschreibung wird auf True gesetzt, damit mehrere Zeilen angezeigt werden können.

Windowsformular mit Label, TextBox und Button-Control

- Erzeugen Sie ein Klick-Event für den Button (Doppelklick auf Button oder Eigenschaftsfenster).

- Fügen Sie die Klassen aus dem Kapitel 7.1.1. Vorbereitungen hinzu. Markieren Sie das Projekt im Projektmappen-Explorer und wählen Sie im Kontextmenü den Menüpunkt „Hinzufügen\Vorhandenes Element" aus. Wählen Sie die Klasse(n) aus dem Verzeichnis aus und bestätigen Sie den Button „Hinzufügen". Dadurch wird die Klasse dem Projekt hinzugefügt.

- Fügen Sie folgenden Code in den Klick-Eventhandler hinzu, wobei das Datum mit Convert.ToDateTime in ein DateTime Objekt konvertiert wird.

```
[1]     private void btnAngebotBerechnen_Click(object sender, EventArgs e)
[2]     {
[3]     double Gesamtpreis;
[4]     int AnzahlErwachsene;
[5]     ZimmerPreisdaten Preisdaten = new
        ZimmerPreisdaten(1,"Standardzimmer",50,50,15,2,0,7);
[6]         VerpflegungsPreise PreiseVerpflegung = new Verpflegungs-
            Preise(10, 18, 14, 19);

[7]         AnzahlErwachsene = Convert.ToInt32(txtAnzahlErwachsene.
            Text);

[8]         Zimmer Hotelzimmer = new Zimmer(Preisdaten);
[9]         Zimmer.PreisdatenVerpflegung = PreiseVerpflegung;
[10]        Hotelzimmer.Von = Convert.ToDateTime(txtVon.Text);
[11]        Hotelzimmer.Bis = Convert.ToDateTime(txtBis.Text);
[12]        Hotelzimmer.AnzahlGaeste = AnzahlErwachsene;
[13]        Gesamtpreis = Hotelzimmer.BerechneGesamtpreis();
[14]        txtErgebnis.Text = Gesamtpreis.ToString();

[15]        txtLeistungsbeschreibung.Text = Hotelzimmer.
            ZeigeLeistungsBeschreibung();
[16]    }
```

Aufgaben

1. *Entwerfen und implementieren Sie eine Windows-Anwendung zum Berechnen des Windchill. Nach Eingabe der Geschwindigkeit und Temperatur wird der Windchill ausgegeben (formatieren Sie auf eine Stelle mit ToString; "N1"). Verwenden Sie eine Fehlerbehandlung. Werden keine Werte eingegeben, wird eine MessageBox ausgegeben und mit return der Eventhandler verlassen.*

2. *Entwerfen und implementieren Sie einen Fahrscheinautomaten mit drei Zonen (Preise: 2€, 2,50€, 3€). Wenn der Fahrgast eine Zone auswählt, wird der Font des Buttons auf bold (fettgedruckt) gesetzt. Der Font eines Buttons (oder anderen Controls) wird wie folgt gesetzt:*

```
button1.Font = new Font(button1.Font, FontStyle.Bold);
```

Das Enum FontStyle bietet auch noch den Wert Regular an, wodurch die Schrift von fettgedruckt auf normal geändert werden kann.

Über die Eigenschaft Font.Bold (Read-Only) wird abgefragt, ob die Schrift fettgedruckt ist:

```
button1.Font.Bold
```

7.5.2 CheckBox Control

Arbeitsauftrag

Schreiben Sie eine Windows-Anwendung mit einem CheckBox Control.

In der Angebotssoftware gibt es die Möglichkeit, anzugeben, ob der Kunde normal auscheckt (z. B. spätestens um 11 Uhr) oder erst später (Late Check Out, z. B. spätestens um 15 Uhr). Hier soll der Benutzer nur Ja oder Nein angeben können (also mit oder ohne Häkchen). Ein boolscher Wert in einer Oberfläche kann mithilfe eines CheckBox Controls realisiert werden. Dieses Control stellt die Eigenschaft Checked zur Verfügung, die per Code gesetzt oder abgefragt werden kann.

Wird das Control hinzugefügt hat es auch eine Beschriftung. Diese Beschriftung steht normalerweise auf der rechten Seite. Soll die Beschriftung auf der linken Seite stehen, muss die Eigenschaft RightToLeft auf „Yes" gesetzt werden.

Arbeitsauftrag

Fügen Sie der Auftragsarbeit aus dem vorherigen Kapitel eine CheckBox laut Screenshot hinzu. Platzieren Sie diese zwischen Aufenthaltsdauer und dem Button. Setzen Sie die Eigenschaft RightToLeft und verschieben Sie gegebenenfalls die Controls, damit der Abstand gleichmäßig ist. Vergeben Sie als Namen chkLateCheckOut und setzen Sie die Eigenschaft Text auf „Late Check Out".

Ändern Sie den Klick-Eventhandler wie folgt:

```
[1]      private void btnAngebotBerechnen_Click(object sender, EventArgs e)
[2]      {
[3]          double Gesamtpreis;
[4]          int AnzahlErwachsene;
[5]          ZimmerPreisdaten Preisdaten = new ZimmerPreisdaten(
[6]              1,"Standardzimmer",50, 50, 15, 2, 2, 7);
```

```
[7]              VerpflegungsPreise PreiseVerpflegung = new
                 VerpflegungsPreise(10, 18, 14, 19);

[8]              AnzahlErwachsene = Convert.ToInt32(txtAnzahlErwachsene.
                 Text);

[9]              Zimmer Hotelzimmer = new Zimmer(Preisdaten);
[10]             Zimmer.PreisdatenVerpflegung = PreiseVerpflegung;
[11]             Hotelzimmer.Von = Convert.ToDateTime(txtVon.Text);
[12]             Hotelzimmer.Bis = Convert.ToDateTime(txtBis.Text);
[13]             Hotelzimmer.AnzahlGaeste = AnzahlErwachsene;
[14]             Hotelzimmer.LateCheckOut = chkLateCheckOut.Checked;
[15]             Gesamtpreis = Hotelzimmer.BerechneGesamtpreis();
[16]             txtErgebnis.Text = Gesamtpreis.ToString();

[17]             txtLeistungsbeschreibung.Text = Hotelzimmer.
                 ZeigeLeistungsBeschreibung();
[18]         }
```

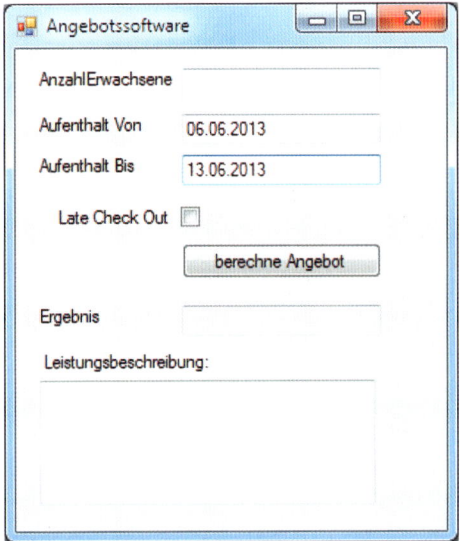

Windows-Formular mit CheckBox

Aufgaben

1. *Entwerfen und implementieren Sie eine Suchmaske. Die Suchmaske hat Label, TextBox, Button und CheckBox. Mithilfe der CheckBox wird angegeben, ob es sich um eine genaue oder ungenaue Suche handelt. Der Suchbutton durchsucht eine Liste von Strings (Beispiel: Ortsliste wie Köln, Kölner Altstadt, Köln-Gremberghoven). In einer MessageBox wird die Anzahl der gefundenen Elemente ausgegeben.*

2. *Entwerfen und implementieren Sie eine Windows-Anwendung, welche prüft, ob eine Texteingabe ein Datum ist. Verwenden Sie die TryParse Methode der DateTime Klasse. Der zweite Parameter wird mit dem keyword out übergeben. Ist die Eingabe ein Datum, wird die CheckBox gesetzt, andernfalls nicht gesetzt.*

7.5.3 Radiobutton und GroupBox Control

Arbeitsauftrag

Entwerfen und implementieren Sie eine Windows-Anwendung mit mehreren Radiobuttons und einem GroupBox Control.

Die Angebotssoftware bietet die Möglichkeit zwischen den Verpflegungsarten Frühstück, Halb- und Vollpension zu wählen. Der Radiobutton bietet die Möglichkeit, den Benutzer zwischen verschiedenen Optionen wählen zu lassen. Damit dem Benutzer die verschiedenen Optionen zur Verfügung stehen, müssen sich die Radiobuttons in einem Group-Box Control befinden. Nur so erkennt .NET das die Optionsfelder zusammengehören.

Über die Eigenschaft Checked kann der Status des Optionsfelds abgefragt oder gesetzt werden. Ist das Optionsfeld markiert, hat die Eigenschaft den Wert True.

Arbeitsauftrag

Fügen Sie wie im Screenshot abgebildet eine GroupBox ein. Diese finden Sie in der Registerkarte „Container" der Toolbox. Setzen Sie die Eigenschaft Text auf „Verpflegungsart". Fügen Sie anschließend drei Radiobuttons in die GroupBox hinzu:

- Radiobutton mit Name „rdFruehstueck" und Text „Frü"
- Radiobutton mit Name „rdHP" und Text „HP"
- Radiobutton mit Name „rdVP" und Text „VP"

Passen Sie den Code in der Handlermethode wie folgt an:

```
[1]        private void btnAngebotBerechnen_Click(object sender, EventArgs e)
[2]        {
[3]            double Gesamtpreis;
[4]            int AnzahlErwachsene;
[5]            ZimmerPreisdaten Preisdaten = new ZimmerPreisdaten(
[6]                1,"Standardzimmer",50, 50, 15, 2, 2, 7);
[7]            VerpflegungsPreise PreiseVerpflegung = new
                   VerpflegungsPreise(10, 18, 14, 19);

[8]            AnzahlErwachsene = Convert.ToInt32(txtAnzahlErwachsene.Text);

[9]            Zimmer Hotelzimmer = new Zimmer(Preisdaten);
[10]           Zimmer.PreisdatenVerpflegung = PreiseVerpflegung;
[11]           Hotelzimmer.Von = Convert.ToDateTime(txtVon.Text);
[12]           Hotelzimmer.Bis = Convert.ToDateTime(txtBis.Text);
[13]           Hotelzimmer.AnzahlGaeste = AnzahlErwachsene;
[14]           Hotelzimmer.LateCheckOut = chkLateCheckOut.Checked;
[15]           if (rdFruehstueck.Checked) Hotelzimmer.Verpflegungsart =
                   Verpflegungstyp.Fruehstueck;
[16]           if (rdHP.Checked) Hotelzimmer.Verpflegungsart =
                   Verpflegungstyp.HP;
[17]           if (rdVP.Checked) Hotelzimmer.Verpflegungsart =
                   Verpflegungstyp.VP;
[18]           Gesamtpreis = Hotelzimmer.BerechneGesamtpreis();
[19]           txtErgebnis.Text = Gesamtpreis.ToString();

[20]           txtLeistungsbeschreibung.Text = Hotelzimmer.
                   ZeigeLeistungsBeschreibung();
[21]       }
```

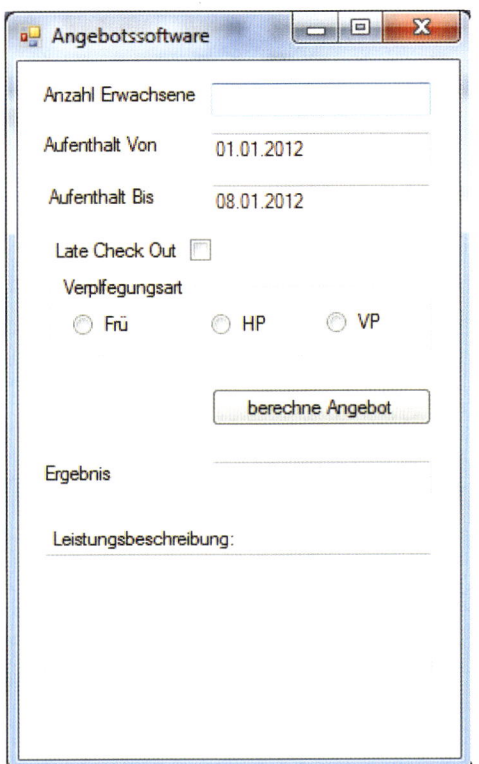

Windows-Formular mt Radiobutton und GroupBox Control

Aufgaben

1. *Entwerfen und implementieren Sie eine Windows-Anwendung zur Umrechnung von Grad in die Himmelsrichtungen Nord, Ost, Süd und West. Verwenden Sie Radiobuttons für die Himmelsrichtungen und ordnen Sie diese so an, dass eine Windrose entsteht.*

2. *Entwerfen und implementieren Sie eine Windows-Anwendung zur Zinsenberechnung. Der Benutzer soll zwischen linearer Verzinsung ($K_n = K_0 + K_0*n*i$) und exponentieller Verzinsung ($K^n = K^0*(1+i)^n$) wählen können. Funktion für Exponent: System.Math.Pow.*

7.5.4   ListBox Control

Arbeitsauftrag

Entwerfen und implementieren Sie eine Windows-Anwendung mit zwei ListBox Controls, wobei Sie die Einträge von einer ListBox in die zweite ListBox verschieben können.

Ein Hotel kennt mehrere Gästekategorien: Erwachsener und Kind. Ein Zimmer kann unterschiedlich belegt werden. Beispielsweise ein Erwachsener, zwei Erwachsene und ein Kleinkind usw. Daher soll der Anwender einerseits die verfügbaren Gästekategorien aus einer Liste auswählen können und andererseits die tatsächliche Belegung in einer anderen Liste sichtbar sein.

Der Inhalt einer ListBox enthält einen oder mehrere Einträge. Diese werden in der Eigenschaft items verwaltet:

```
public ListBox.ObjectCollection Items { get; }
```

Diese Eigenschaft ist eine Collection, der man beliebige Objekte mit Add hinzufügen kann.

```
public int Add(object item);
```

Mit folgenden Code-Snippet kann man den Eintrag „Erwachsene" hinzufügen. Die List-Box hat den Namen lstGaesteKategorie.

```
lstGaesteKategorie.Items.Add("Erwachsene");
```

Mit der Eigenschaft SelectionMode können Sie bestimmen, ob nur ein Eintrag ausgewählt werden kann (One) oder mehrere (MultiSimple oder MultiExtended). Ist der Wert MultSimple oder MultiExtended eingestellt, können die ausgewählten Einträge über die Eigenschaft SelectedItems ausgewählt werden. Diese Eigenschaft ist ebenfalls eine Collection, die mit einer FOR EACH-Schleife durchlaufen werden kann, um die ausgewählten Einträge zu ermitteln.

```
public ListBox.SelectedObjectCollection SelectedItems { get; }
```

Für unsere Zwecke genügt der Standardwert One. Hier liefert die Eigenschaft SelectedItem den einen ausgewählten Eintrag. Ist kein Eintrag ausgewählt, hat diese Eigenschaft den Wert null. Daher sollte mit einer IF-Abfrage auf Null geprüft werden.

```
public object SelectedItem { get; set; }
```

In die zweite ListBox sollen nicht nur Werte hinzugefügt werden können. Sollte sich der Benutzer bei der Zimmerbelegung irren, soll der Eintrag auch wieder entfernt werden können. Dies ermöglicht die Methode Remove:

```
public void Remove(object value);
```

Anmerkung: Anstelle von zwei ListBoxen hätte man auch pro Gästekategorie eine Text-Box dem Formular hinzufügen können. Dieses Beispiel zeigt, dass es beim Entwerfen von grafischen Oberflächen mehrere Möglichkeiten gibt. Dabei hängt die Art der Oberfläche und der Controls auch von der Zielgruppe ab. Beispielsweise soll eine Standardanwendung für einen breiteren Markt einfach zu bedienen sein, d. h., die Oberfläche darf nicht überladen sein und die Hauptfunktionen sollen leicht erreichbar sein. Hingegen kann eine Branchensoftware die Anforderung haben, möglichst viele Informationen auf einmal darzustellen. Daher sollte vor Entwurf einer Oberfläche der Workflow (Arbeitsablauf) des Benutzers analysiert werden, um die optimale Platzierung und Art der Steuerelemente zu ermitteln.

Arbeitsauftrag

Die Auftragsarbeit lässt sich wie folgt erfüllen:

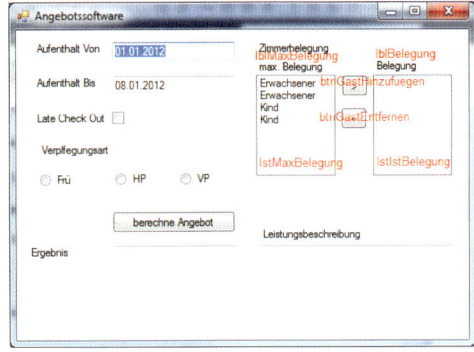

Windows-Formular mit ListBox Control

- Fügen Sie dem Windows-Formular aus der letzten Auftragsarbeit die Steuerelemente innerhalb der GroupBox mit dem Titel „Zimmerbelegung" hinzu. Die Namen der Controls sind in roter Schriftfarbe.

- Weisen Sie dem Formular das Event „Load" hinzu.

Fügen Sie in der Formularklasse folgende Klassenmember hinzu:

```
ZimmerPreisdaten Preisdaten;
```

Und initialisieren Sie diese im Konstruktor des Formulars:

```
[1]        public Angebotsformular()
[2]        {
[3]            InitializeComponent();
[4]            Preisdaten = new ZimmerPreisdaten(
[5]                1,"Standardzimmer",50, 50, 15, 2, 2, 7);
[6]        }
```

Der folgendene Code in der Handlermethode „Form_Load" befüllt die linke ListBox:

```
[1]        private void Angebotsformular_Load(object sender, EventArgs e)
[2]        {
[3]            for (int i = 0; i < Preisdaten.MaxAnzahlErwachsene; i++)
[4]            {
[5]                lstMaxBelegung.Items.Add("Erwachsener");
[6]            }
[7]            for (int j = 0; j < Preisdaten.MaxAnzahlKinder; j++)
[8]            {
[9]                lstMaxBelegung.Items.Add("Kind");
[10]           }
[11]       }
```

Fügen Sie folgenden Code in die Handlermethode btnGastHinzufuegen_Click:

```
[1]        private void btnGastHinzufuegen_Click(object sender, EventArgs e)
[2]        {
[3]            if (lstMaxBelegung.SelectedItem != null)
[4]            {
[5]                lstIstBelegung.Items.Add(lstMaxBelegung.SelectedItem);
[6]                lstMaxBelegung.Items.Remove(lstMaxBelegung.SelectedItem);
[7]            }
[8]        }
```

Fügen Sie folgenden Code in die Handlermethode btnGastEntfernen_Click:

```
[1]          private void btnGastEntfernen_Click(object sender, EventArgs e)
[2]          {
[3]              if (lstIstBelegung.SelectedItem != null)
[4]              {
[5]                  lstMaxBelegung.Items.Add(lstIstBelegung.SelectedItem);
[6]                  lstIstBelegung.Items.Remove(lstIstBelegung.SelectedItem);
[7]              }
[8]          }
```

Passen Sie die Handlermethode des Klickevents wie folgt an:

```
[1]          private void btnAngebotBerechnen_Click(object sender, EventArgs e)
[2]          {
[3]              double Gesamtpreis;
[4]              VerpflegungsPreise PreiseVerpflegung = new Verpflegungs-
                 Preise(10, 18, 14, 19);

[5]              Zimmer Hotelzimmer = new Zimmer(Preisdaten);
[6]              Zimmer.PreisdatenVerpflegung = PreiseVerpflegung;

[7]              foreach (string item in lstIstBelegung.Items)
[8]              {
[9]                  switch (item)
[10]                 {
[11]                     case "Erwachsener":
[12]                         Hotelzimmer.AnzahlGaeste += 1;
[13]                         break;
[14]                     case "Kind":
[15]                         Hotelzimmer.AnzahlGaeste += 1;
[16]                         break;
[17]                     default:
[18]                         break;
[19]                 }
[20]             }

[21]             Hotelzimmer.Von = Convert.ToDateTime(txtVon.Text);
[22]             Hotelzimmer.Bis = Convert.ToDateTime(txtBis.Text);
[23]             Hotelzimmer.LateCheckOut = chkLateCheckOut.Checked;
[24]             if (rdFruehstueck.Checked) Hotelzimmer.Verpflegungsart =
                 Verpflegungstyp.Fruehstueck;
[25]             if (rdHP.Checked) Hotelzimmer.Verpflegungsart =
                 Verpflegungstyp.HP;
[26]             if (rdVP.Checked) Hotelzimmer.Verpflegungsart =
                 Verpflegungstyp.VP;
[27]             Gesamtpreis = Hotelzimmer.BerechneGesamtpreis();
[28]             txtErgebnis.Text = Gesamtpreis.ToString();

[29]             txtLeistungsbeschreibung.Text = Hotelzimmer.
                 ZeigeLeistungsBeschreibung();
[30]         }
```

Starten Sie das Programm und testen es mit der neuen Funktionalität.

Aufgaben

1. *Erweitern Sie die Suche aus Kapitel 7.5.2. CheckBox Control so, dass die gefundenen Ergebnisse in einer ListBox ausgegeben werden. Verwenden Sie anstelle einer MessageBox (zur Darstellung der gefundenen Anzahl) eine Read-Only TextBox (inklusive Label).*

2. *Entwerfen und implementieren Sie eine Windows-Anwendung zur Berechnung des Mittelwerts. Zuerst werden Zahlen einer ListBox hinzugefügt. Über einen weiteren Button wird der Mittelwert berechnet. Implementieren Sie einen Button zum Löschen der Liste.*

7.5.5 ComboBox Control

Arbeitsauftrag

Schreiben Sie eine Windows-Anwendung mit einem ComboBox Control.

In der Angebotssoftware ändert sich der Zimmerpreis abhängig von der Kategorie. Die Kategorie wird über ein ComboBox Control ausgewählt. Ein ComboBox Contol ist eine Kombination zwischen TextBox und ListBox. Einerseits kann in eine TextBox ein Text eingegeben werden, andererseits können Einträge aus einer Liste ausgewählt werden.

Die Liste kann wie bei der ListBox über die Eigenschaften Items bearbeitet werden. Es gibt jedoch noch eine weitere Möglichkeit die Liste einer ComboBox zu befüllen. Listen wie Gästekategorie aus dem vorherigen Kapitel oder Zimmerkategorie können aus verschiedenen Datenquellen (wie Datenbanken, wie wir später sehen werden) kommen. Daher gibt es die Eigenschaft DataSource, an die man verschiedene Datenquellen wie Collections, DataSets usw. binden kann. Nicht nur ComboBoxen verfügen über die Eigenschaften DataSource sondern auch andere Steuerelemente, wie die ListBox oder das DataGridView.

Im folgenden Beispiel wird eine generische Liste vom Typ ZimmerPreisdaten an eine ComboBox namens lstKategorie gebunden.

```
List<ZimmerPreisdaten> PreisListe = new List<ZimmerPreisdaten>();
// Code zum Befüllen der Liste ausgelassen
 lstKategorie.DataSource = PreisListe;
```

Da eine Klasse mehr als eine Eigenschaft haben kann, muss man der ComboBox mitteilen, welche Eigenschaft angezeigt wird. Das geschieht über die Eigenschaft DisplayMember.

```
lstKategorie.DisplayMember = "Kategorie";
```

Nachdem die ComboBox mit Werten befüllt ist, kann der Benutzer den Wert aus der Liste auswählen. Der ausgewählte Wert der Liste kann über die Eigenschaft SelectedValue abgefragt werden. Würde man das Programm starten und den Inhalt dieser Eigenschaft auslesen, würde nicht der gewünschte Inhalt herauskommen. Zuvor muss man noch festlegen, welche Eigenschaft aus der Datenquelle in die Eigenschaft SelectedValue geschrieben wird. Das kann entweder die gleiche Eigenschaft sein, die man mit DisplayMember angegeben hat, oder eine komplett andere. Wird beispielsweise eine Lieferantenliste angezeigt, wird vermutlich in der Liste der Lieferantename angezeigt werden. Als Ergebnis möchte man aber eventuell mit der Lieferantennummer weiterarbeiten, da diese möglicherweise eindeutiger ist, als der Lieferantenname (siehe Kapitel über die Datenbanken weiter hinten).

```
lstKategorie.ValueMember = "Kategorie";
```

Mit den Standardeinstellungen kann in den TextBox-Teil der ComboBox ein Text eingegeben werden. In manchen Situationen soll das verhindert werden, beispielsweise, wenn nur Werte aus der vorgegebenen Liste ausgewählt werden sollen. Das Verhalten der ComboBox kann über die Eigenschaft DropDownStyle verändert werden (Eigenschaftsfenster oder per Programmcode). Da in unserem Fall nur Werte aus der vorgegebenen Liste ausgewählt werden sollen, wird diese Eigenschaft auf „DropDownList" gesetzt.

Wird ein Element aus der Kombinationsliste ausgewählt, wird das Ereignis SelectedIndex-Changed ausgelöst.

Arbeitsauftrag

Ändern Sie die Klassenmember Preisdaten aus dem vorherigen Beispiel wie folgt:

```
List<ZimmerPreisdaten> PreisListe = new List<ZimmerPreisdaten>();
```

Fügen Sie im Load Ereignis des Formulars folgenden Code hinzu. Mit diesem Code erzeugen Sie eine Preisliste mit drei Einträgen.

```
[1]       private void Angebotsformular_Load(object sender, EventArgs e)
[2]       {
[3]           ZimmerPreisdaten Einzelzimmer = new ZimmerPreisdaten(
[4]               1, "Einzelzimmer", 50, 50, 15, 1, 1, 7);
[5]           ZimmerPreisdaten Komfort = new ZimmerPreisdaten(
[6]               2, "Komfortzimmer", 70, 50, 15, 2, 2, 7);
[7]           ZimmerPreisdaten Suite = new ZimmerPreisdaten(
[8]               2, "Suite", 90, 50, 15, 2, 3, 7);
[9]           PreisListe.Add(Einzelzimmer);
[10]          PreisListe.Add(Komfort);
[11]          PreisListe.Add(Suite);

[12]          lstKategorie.DataSource = PreisListe;
[13]          lstKategorie.DisplayMember = "Kategorie";
[14]          lstKategorie.ValueMember = "Kategorie";

[15]      }
```

Die Auswahl der Kategorie wird wie folgt abgefangen:

```
[1]       private void lstKategorie_SelectedIndexChanged(object sender,
          EventArgs e)
[2]       {
[3]           ZimmerPreisdaten Preise = (ZimmerPreisdaten)lstKategorie.
          SelectedItem;
[4]           txtGrundpreis.Text = Preise.Grundpreis.ToString();
```

```
[5]                 GaesteListeFuellen(Preise);
[6]         }


[7]         private void GaesteListeFuellen(ZimmerPreisdaten Preiskategorie)
[8]         {
[9]             lstMaxBelegung.Items.Clear();
[10]            lstIstBelegung.Items.Clear();
[11]            for (int i = 0; i < Preiskategorie.MaxAnzahlErwachsene; i++)
[12]            {
[13]                lstMaxBelegung.Items.Add("Erwachsener");
[14]            }
[15]            for (int j = 0; j < Preiskategorie.MaxAnzahlKinder; j++)
[16]            {
[17]                lstMaxBelegung.Items.Add("Kind");
[18]            }
[19]        }
```

Der Source Code in der Handlermethode des Klickevents des Buttons ändert sich wie folgt. Neu ist, dass über die Eigenschaft SelectedItem der ComboBox die ausgewählte Preisliste ermittelt wird (Objektvariable Preise).

```
[1]         private void btnAngebotBerechnen_Click(object sender, EventArgs e)
[2]         {
[3]             double Gesamtpreis;
[4]             VerpflegungsPreise PreiseVerpflegung = new Verpflegungs-
                Preise(10, 18, 14, 19);

[5]             ZimmerPreisdaten Preise = (ZimmerPreisdaten)lstKategorie.
                SelectedItem;
[6]             Zimmer Hotelzimmer = new Zimmer(Preise);
[7]             Zimmer.PreisdatenVerpflegung = PreiseVerpflegung;

[8]             foreach (string item in lstIstBelegung.Items)
[9]             {
[10]                switch (item)
[11]                {
[12]                    case "Erwachsener":
[13]                        Hotelzimmer.AnzahlGaeste += 1;
[14]                        break;
[15]                    case "Kind":
[16]                        Hotelzimmer.AnzahlKinder += 1;
[17]                        break;
[18]                    default:
[19]                        break;
[20]                }
[21]            }

[22]            Hotelzimmer.Von = Convert.ToDateTime(txtVon.Text);
[23]            Hotelzimmer.Bis = Convert.ToDateTime(txtBis.Text);
[24]            Hotelzimmer.LateCheckOut = chkLateCheckOut.Checked;
[25]            if (rdFruehstueck.Checked) Hotelzimmer.Verpflegungsart =
                Verpflegungstyp.Fruehstueck;
[26]            if (rdHP.Checked) Hotelzimmer.Verpflegungsart =
                Verpflegungstyp.HP;
```

```
[27]              if (rdVP.Checked) Hotelzimmer.Verpflegungsart =
                  Verpflegungstyp.VP;
[28]              Gesamtpreis = Hotelzimmer.BerechneGesamtpreis();
[29]              txtErgebnis.Text = Gesamtpreis.ToString();

[30]              txtLeistungsbeschreibung.Text = Hotelzimmer.
                  ZeigeLeistungsBeschreibung();
[31]          }
```

Aufgaben

1. *Entwerfen und implementieren Sie eine Windows-Anwendung namens Datumsauswahl. Nachdem der Benutzer einen Monat aus einer ComboBox ausgewählt (hier werden die Monate Januar bis Dezember als 01 bis 12 dargestellt) und das Jahr in einer TextBox eingegeben hat, werden diese Eingaben in eine DateTime umgewandelt. Das so berechnete Datum (immer Monatserster) wird in einer Readonly TextBox ausgegeben (ToShortDateTime).*

2. *Entwerfen und implementieren Sie eine Windows-Anwendung zur Umrechung von Euro in verschiedene Währungen. Nach Eingabe eines Eurobetrags, soll der Benutzer die Zielwährung über eine ComboBox auswählen. Über einen Button wird die Umrechnung gestartet und das Ergebnis in einer TextBox angezeigt. Verwenden Sie mindestens drei Währungen und eine Klasse mit den Eigenschaften Waehrung und Umrechnungskurs.*

7.5.6   TabControl

Arbeitsauftrag

Fügen Sie dem Windows-Formular für jede Unterkunftsart eine Registerkarte hinzu.

Für den Anwender der Angebotssoftware soll klar erkennbar sein, für welche Unterkunftsart die Angebotsposition berechnet werden soll. Daher wurde entschieden Registerkarten zu verwenden, um die einzelnen Unterkunftsarten voneinander zu trennen. Das TabControl kann 1 bis n Registerkarten verwalten.

Die Registerkarten werden über die Eigenschaft TabPages verwaltet. Gehen Sie dazu in das Eigenschaftsfenster auf die Eigenschaft TabPages und klicken Sie auf den Button mit drei Punkten. Daraufhin öffnet sich der TabPage-Auflistungs-Editor.

Hier können Sie die Registerkarten verwalten. Sie können vorhandene editieren, löschen oder neue hinzufügen. Jede Registerkarte hat eine Eigenschaft Name und Text. Anstelle des Standardnamens wie tabPage1 können Sie eigene, sinnvollere Namen vergeben. Die Registerüberschrift wird mit der Eigenschaft Text gesezt.

Sie können das Visual Studio Projekt entweder neu anlegen oder das vorherige Projekt weiterverwenden. Falls Sie das Projekt weiterverwenden, müssen Sie nicht die bisher hinzugefügten Steuerelemente löschen. Verändern Sie dazu im Formular-Designer die Größe des Formulars so weit, dass genügend Platz für die bisherigen Steuerelemente und das TabControl ist. Fügen Sie dann das TabControl hinzu. Markieren Sie die bisherigen

Steuerelemente, schneiden Sie diese mit der Tastenkombination „Strg"+"x" aus. Aktivieren Sie das erste Registerblatt und fügen Sie die Steuerelemente aus dem Zwischenspeicher ein. Die Handlermethoden der Steuerlemente müssen über das Eigenschaftsfenster neu gesetzt werden, da der Designer die Designer-Datei überschreibt.

Nennen Sie das TabControl selbst tabAngebot und die einzelnen Pages (beginnend mit pg) wie im Screenshot dargestellt:

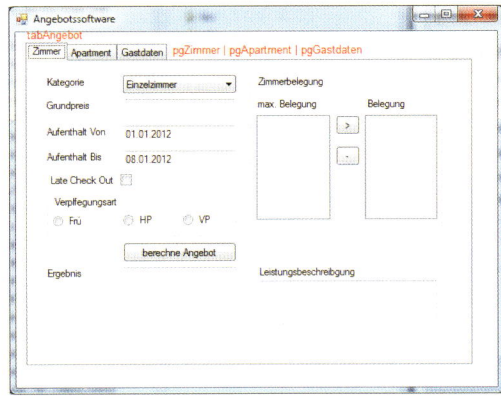

Windows-Formular mit TabControl

Aufgabe

Entwerfen und implementieren Sie eine Windows-Anwendung zur Verwaltung von POIs (Points of Interests, siehe auch Aufgabe aus Kapitel 4). Verwenden Sie zwei Registerkarten. Registerkarte 1 für Sightseeing und Registerkarte 2 für Autowerkstatt. Implementieren Sie entsprechende Controls auf Basis der Angaben in Kapitel 4. Über einen Add Button wird der POI in eine generische Liste hinzugefügt. Die Liste wird in einer ListBox unterhalb des TabControls dargestellt. In der ListBox wird der Name dargestellt. Nach dem Hinzufügen werden die Controls geleert (Eigenschaft Text wird auf Leerstring gesetzt). Verwenden Sie dafür eine eigene private Methode namens ResetControlText.

7.5.7 DataGridView

Arbeitsauftrag

Fügen Sie der Windows-Anwendung DataGridView hinzu.

Ein Angebot kann aus einer oder mehreren Angebotspositionen bestehen. Wie im Screenshot des Hauptauftrages dargestellt, werden die Angebotspositionen in einer Tabelle gezeigt. Bei dieser Tabelle handelt es sich um ein DataGridView-Steuerelement. Dieses Steuerelement kann verschiedene Arten von Datenquellen anzeigen. Beispielsweise können das eindimensionale Arrays oder generische Listen sein. Im Wesentlichen also Klassen, welche die Schnittstellen (Interface, siehe nächstes Hauptkapitel) IList, IListSource, IBindingList oder IBindingListView implementieren.

Eine dieser Datenquellen wird über die Eigenschaft DataSource an das DataGridView gebunden. Daher spricht man im Allgemeinen auch von Data Binding. Da die Klasse List aus dem Kapitel 6.6 „Collections" ebenfalls das Interface IList implementiert, kann sie an das DataGridView gebunden werden.

Im folgenden Code-Snippet wird eine Liste namens Angebotsliste an ein DataGridView mit der Bezeichnung dgvAngebote über die Eigenschaft DataSource gebunden:

```
List<Unterkunft> Angebotsliste = new List<Unterkunft>();
// Code zum Hinzufügen von Unterkünften ausgelassen
dgvAngebote.DataSource = Angebotsliste;
```

Diese Vorgehensweise hat einen Nachteil. Wenn ein neues Angebot hinzugefügt oder entfernt wird, ändert sich die Liste. Das bekommt jedoch das DataGridView nicht mit und die Liste müsste erneut an das Steuerelement gebunden werden. D. h., es müsste zuerst die Eigenschaft DataSource auf null gesetzt und dann die Liste erneut zugewiesen werden.

Diese Vorgehensweise ist jedoch nicht sehr elegant. Daher existieren die Klassen BindingList und BindingSource, welche Änderungen an der darunterliegenden Datenquelle erkennt und an das Steuerelement weiterreicht. Dazu deklariert man wie im folgenden Code-Snippet im Formular eine Klassenmember:

```
public partial class Angebotsformular : Form
{
    List<PreisdatenProPerson> PreisListe = new List<PreisdatenProPerson>();
    List<Angebotsposition> AngebotspositionsListe = new
    List<Angebotsposition>();
    private BindingList<AngebotspositionsView> mAngebotspositionenAnsicht;
    private BindingSource mBindungAngebotsliste = new BindingSource();
```

Die Klasse BindingSource kann man sich als Vermittler zwischen Datenquelle und Formular vorstellen, der verschiedene Dienste anbietet, die man sonst selbst programmieren müsste. Im Load-Ereignis werden die Datenquelle (mAngebotsliste) und das DataGridView (lstAngebote) über die Klasse BindingSource (mBindungAngebotsliste) wie folgt verbunden:

```
mBindungAngebotsliste.DataSource = mAngebotspositionenAnsicht;
dgvAngebotspositionen.DataSource = mBindungAngebotsliste;
```

Wird die Eigenschaft AutoGenerateColumns auf True eingestellt, erzeugt das DataGridView automatisch die Spalten. Ist die Datenquelle eine Liste von Objekten, wie in unserem Fall die Liste von Unterkünften, werden alle Eigenschaften der Klasse als Spalte interpretiert. Felder und Methoden werden ignoriert, d. h., auch die virtuelle Methode BerechneGesamtpreis wird nicht angezeigt.

Hier gibt es (mindestens folgende) Möglichkeiten, den Gesamtpreis und andere Eigenschaften anzeigen zu lassen:

* Der Klasse Angebotsposition wird eine Eigenschaft wie readonly für alle anzuzeigenden Eigenschaften, z. B. Gesamtpreis, hinzugefügt. Diese Eigenschaft ruft die Methode BerechneGesamtpreis auf. Der Nachteil dieser Variante ist, dass man zwei Klassenmitglieder hat, die ähnlich heißen und das Gleiche machen. Ein weiterer Nachteil ist, dass man die Logik für das Berechnen des Angebots an die Logik der Windows-Oberfläche anpassen muss.

* Eine eigene Klasse namens AngebotspositionView. Diese Klasse besteht nur aus den gewünschten Eigenschaften und dient als Adapterklasse zwischen dem Business-Objekt vom Typ Angebotsposition und der Ansicht (DataGridView).

* Um den Nachteil von Möglichkeit 1 zu umgehen, gibt es das Entwurfsmuster „Modell View Controler". In der Softwareentwicklung wurden im Laufe der Zeit einige immer wiederkehrende, ähnliche Programmierabläufe (Muster) entdeckt. Diese Muster wurden von der sogenannten Gang of Four nach den Autoren: Erich Gamma, Richard Helm, Ralph Johnson und John Vlissides bereits 1994 in verschiedene Entwurfsmuster eingeteilt, auf die man beim Entwurf von Software zurückgreifen soll.

In der Softwareentwicklung gibt es meistens mehrere Lösungen zu einer Aufgabenstellung. Nicht immer ist eine Lösung die Optimalste für den Anwendungsfall. Daher muss man auch oft entscheiden, welcher Lösungsansatz für das aktuelle Problem am geeignetsten ist. Für unsere Zwecke wurde hier Lösungsvariante 2 gewählt. Auch in der Praxis wird es immer wieder vorkommen, dass aus verschiedenen Gründen wie Zeitnot etc. nicht immer die optimalste Lösung gewählt wird.

Arbeitsauftrag

Als Erstes wird die Adapterklasse implementiert, welche die Klasse Angebotsposition an die View anpasst. Dem Konstruktor der Klasse AngebotspositionView wird als Parameter die Klasse Angebotsposition übergeben und als private Member gespeichert. Die Eigenschaften Preis, Aufenthaltsdauer und Gesamtpreis verwenden direkt das Objekt mAngebotsposition.

```
[1]     public class AngebotspositionsView
[2]     {

[3]         private Angebotsposition mAngebotsposition;

[4]         protected AngebotspositionsView() { }

[5]         public AngebotspositionsView(Angebotsposition pPosition)
[6]         {
[7]             mAngebotsposition = pPosition;
[8]         }

[9]         public string Kategorie
[10]        {
[11]            get { return mAngebotsposition.UnterkunftsObjekt.
                    Kategorie; }
[12]        }

[13]        public double Grundpreis
[14]        {
[15]            get { return mAngebotsposition.UnterkunftsObjekt.
                    Grundpreis; }
[16]        }

[17]        public int Aufenthaltsdauer
[18]        {
[19]            get { return mAngebotsposition.UnterkunftsObjekt.
                    Aufenthaltsdauer; }
[20]        }

[21]        public double Gesamtpreis
[22]        {
[23]            get { return mAngebotsposition.UnterkunftsObjekt.
                    BerechneGesamtpreis(); }
[24]        }

[25]        public string Beschreibung
[26]        {
[27]            get { return mAngebotsposition.UnterkunftsObjekt.
                    ZeigeLeistungsBeschreibung(); }
[28]        }
[29]    }
```

Damit gibt es im Formular zwei Listen:

• Liste 1 ist eine gewöhnliche Liste vom Typ List und verwaltet die Unterkunftsobjekte.

• Liste 2 ist eine Liste vom Typ BindingList und verwaltet die Objekte vom Typ Unterkunft View. Diese Liste dient nur zur Darstellung der Angebotspositionen.

Beide Listen werden im Formular als Klassenmember deklariert, sowie auch das Objekt vom Typ BindingSource, um die Liste an das DataGridView zu binden.

```
public partial class Angebotsformular : Form
{
    List<ZimmerPreisdaten> PreisListe = new List<ZimmerPreisdaten>();
    List<Angebotsposition> AngebotspositionsListe = new
    List<Angebotsposition>();
    private BindingList<AngebotspositionsView> mAngebotspositionenAnsicht;
    private BindingSource mBindungAngebotsliste = new BindingSource();
```

Im Konstruktor des Formulars wird folgender Code hinzugefügt. Dieser verbindet die Liste mAngebotspositionenAnsicht mit dem DataGridView dgvAngebotspositionen:

```
public Angebotsformular()
{
    InitializeComponent();
    mAngebotspositionenAnsicht = new BindingList<AngebotspositionsView>();
    mBindungAngebotsliste.DataSource = mAngebotspositionenAnsicht;
    dgvAngebotspositionen.DataSource = mBindungAngebotsliste;
}
```

Der Source Code im Load-Ereignis ist der gleiche wie im ComboBox Control.

In der Handlermethode des Button Klickevent wird einerseits das Objekt Zimmer instanziert und aufgrund der Benutzereingaben befüllt. Andererseits wird ein View-Objekt instanziert und der Liste für die Ansicht übergeben. Wenn Sie den folgenden Code dem Formular hinzufügen, haben Sie einen weiteren Meilenstein für die Angebotssoftware erledigt:

```
[1]     private void btnAngebotBerechnen_Click(object sender, EventArgs e)
[2]     {
[3]         int Anzahl;
[4]         VerpflegungsPreise PreiseVerpflegung = new Verpflegungs-
            Preise(10, 18, 14, 19);

[5]         ZimmerPreisdaten Preise = (ZimmerPreisdaten)lstKategorie.
            SelectedItem;
[6]         Zimmer Hotelzimmer = new Zimmer(Preise);
[7]         Zimmer.PreisdatenVerpflegung = PreiseVerpflegung;

[8]         foreach (string item in lstIstBelegung.Items)
[9]         {
[10]            switch (item)
[11]            {
```

```
[12]                        case "Erwachsener":
[13]                            Hotelzimmer.AnzahlGaeste += 1;
[14]                            break;
[15]                        case "Kind":
[16]                            Hotelzimmer.AnzahlKinder += 1;
[17]                            break;
[18]                        default:
[19]                            break;
[20]                    }
[21]                }

[22]            Hotelzimmer.Von = Convert.ToDateTime(txtVon.Text);
[23]            Hotelzimmer.Bis = Convert.ToDateTime(txtBis.Text);
[24]            Hotelzimmer.LateCheckOut = chkLateCheckOut.Checked;
[25]            if (rdFruehstueck.Checked) Hotelzimmer.Verpflegungsart =
                   Verpflegungstyp.Fruehstueck;
[26]            if (rdHP.Checked) Hotelzimmer.Verpflegungsart =
                   Verpflegungstyp.HP;
[27]            if (rdVP.Checked) Hotelzimmer.Verpflegungsart =
                   Verpflegungstyp.VP;

[28]            Anzahl = Convert.ToInt32(txtAnzahl.Text);

[29]            Angebotsposition AngebotspositonsObjekt = new Angebotsposi-
                   tion(Anzahl, Hotelzimmer);
[30]            AngebotspositionsListe.Add(AngebotspositonsObjekt);

[31]            AngebotspositionsView ViewAngebotsposition = new
                   AngebotspositionsView(AngebotspositonsObjekt);
[32]            mAngebotspositionenAnsicht.Add(ViewAngebotsposition);
[33]        }
```

Aufgabe

Erweitern Sie die Aufgabe „POI Verwalten" aus dem vorherigen Kapitel so, dass statt der ListBox ein DataGridView Control verwendet wird. Im DataGridView Control werden die Felder der Basisklasse angezeigt.

7.6   Weitere Themenbereiche

Neben diesen Standardsteuerelementen gibt es noch eine Reihe anderer Steuerelemente wie der Progressbar zur Anzeige des Fortschritts, den DateTimePicker zur Auswahl eines Datums und viele andere mehr.

7.6.1   OpenFileDialog

Der OpenFileDialog wird verwendet, um Standarddialoge zum Öffnen von Dateien dem Benutzer zu präsentieren. Der OpenFileDialog wird von der ToolBox auf den Designer gezogen. Im Designer wird ein zusätzlicher Bereich geöffnet, auf dem das Steuerelement platziert wird.

Das folgende Code-Snippet öffnet den Dialog mit der Methode ShowDialog. Die Eigenschaft InitialDirectory setzt optional das Ausgangsverzeichnis, mit dem der Dialog geöffnet wird. Des Weiteren kann optional angegeben werden, welche Datei-Endungen angezeigt werden sollen. Das geschieht mit der Eigenschaft Filter. Zuerst folgt die Beschreibung des Filters, beispielsweise CSV-Files (*.CSV,*.txt), dann ein vertikaler Strich und dann der Filter selbst (*.CSV,*.txt). Weitere Filter werden durch vertikale Striche getrennt.

Nachdem der Benutzer die Datei ausgewählt hat und mit Öffnen bestätigt hat, liefert die Methode ShowDialog den Wert DialogResult.OK zurück. DialogResult ist ein Enum, das noch andere Werte, wie Abbruch etc. zurückliefert. Nur wenn ein „OK" erscheint, wird der Dateiname über die Eigenschaft FileName ausgelesen.

Wichtig: Der Dialog bietet nur eine Möglichkeit zur Auswahl der Datei an, um an den Dateinamen heranzukommen. Die Datei muss beispielsweise mit dem StreamReader aus Kapitel 6 geöffnet werden.

```
private void btnOpenFile_Click(object sender, EventArgs e)
{
    string FileName = string.Empty;

    openFileDialog1.InitialDirectory = @"C:\";
    openFileDialog1.Filter =
        @"CSV Files(*.CSV;*.txt)|*.CSV;*.txt|" +
        @"All files (*.*)|*.*";
    if (openFileDialog1.ShowDialog() == System.Windows.Forms.DialogResult.OK)
    {
        FileName = openFileDialog1.FileName;
    }
    MessageBox.Show(FileName);
}
```

7.6.2   SaveFileDialog

Der SaveFileDialog hat im Wesentlichen ähnliche Eigenschaften wie der OpenFileDialog und wird rudimentär wie folgt aufgerufen:

Auch hier gilt, dass die Eigenschaft FileName nur den ausgewählten Dateinamen liefert und die Weiterverarbeitung (wie das Speichern der Datei) dem Programmierer obliegt.

```
private void btnSaveDialog_Click(object sender, EventArgs e)
{
    string FileName = string.Empty;
    saveFileDialog1.InitialDirectory = @"C:\";
    saveFileDialog1.Filter =
        @"CSV Files(*.CSV;*.txt)|*.CSV;*.txt|" +
        @"All files (*.*)|*.*";
    if (saveFileDialog1.ShowDialog() == System.Windows.Forms.DialogResult.OK)
    {
        FileName = saveFileDialog1.FileName;
    }
    MessageBox.Show(FileName);
}
```

Aufgaben

1. *Erweitern Sie das Windows-Formular um die Unterkunftsart Appartement. Die Registerkarte Appartement hat folgende Felder: Kategorie, Grundpreis, Endreinigung, Anzahl Gäste (zum Prüfen gegenüber der maximalen Anzahl an Personen), Anzahl (wie viele Appartements) sowie Von/Bis und einen Button. Implementieren Sie die Klasse AppartementPreisdaten aus Kapitel 7.1 und verwalten Sie diese analog zur Klasse ZimmerPreisdaten in einer Liste, welcher der ComboBox-Kategorie zugewiesen wird. Prüfen Sie, ob die Anzahl der Personen nicht die MaxAnzahlErwachsene überschreitet und die Differenz von Von/Bis nicht den Mindestaufenthalt unterschreitet. Die Differenz wird wie folgt ermittelt:*

```
TimeSpan diff; // repräsentiert eine Zeitdifferenz
diff = bis.Subtract(von); // Die Zeitdifferenz wird gebildet
if (diff.TotalDays < Preis.Mindestaufenthalt) // Zugriff auf Differenz
```

2. *Recherechieren Sie über das Control DateTimePicker und ersetzen Sie die TextBox Von/Bis durch dieses Control. Auch im Reiter Appartement.*

3. *Erweiteren Sie die Windows-Anwendung zur Verwaltung von POIs so, dass das POI als Datei (CSV-Format) mit der Klasse SaveFileDialog abgespeichert wird. Das zu exportierende POI wird in der Liste markiert. Der Index der gewählten Zeile wird wie folgt ermittelt (Achtung: CurrentRow kann auch null sein), mit diesem können Sie auf die Liste zugreifen:*

```
dgvPOI.CurrentRow.Index;
```

Verwenden Sie wieder typeof zum Bestimmen des ausgewählten Typs.

8   Weitere Möglichkeiten in C#

Neben den grundlegenden Sprachelementen bietet C# eine Reihe weiterer Sprachelemente und Möglichkeiten. Das sind unter anderem: Namespaces, Programmbibliotheken und Interfaces.

8.1   Namespaces

Arbeitsauftrag

Setzen Sie den Namespace für das Angebotsmodul auf Firma.Hotelsoftware.Angebotsmodul.

In der Hotelsoftware kommt die Klasse HotelzimmerProPerson bisher nur einmal vor. Die Hotelsoftware besteht neben dem Angebotsmodul auch noch aus einem Reservierungs- und Abrechnungsmodul. Angenommen, das Reservierungsmodul möchte auch eine Klasse namens Zimmer verwenden, um einen Belegungsplan für verschiedene Zimmer abbilden zu können. Ein Klassenname muss jedoch eindeutig sein. Daher darf ein Klassenname innerhalb eines Namespaces nur einmal vorkommen.

Ein weiteres Thema ist die Organisation von Klassen innerhalb von meist großen Projekten. Wenn Sie im Code-Editor einen Code eintippen, schlägt die IntelliSense in einer Liste automatisch verschiedene Klassen vor. In einem großen Projekt kann die Liste von Klassen recht lang werden. Um einen Klassennamen mehrfach verwenden zu können und/oder den Code bei einem Projekt übersichtlicher organisieren zu können, gibt es die sogenannten Namespaces. Damit kann man die Klassen in einer Baumstruktur anordnen. Angenommen unsere Beispielfirma stellt nicht nur Hotelsoftware her, sondern auch Buchhaltungssoftware und Marketingsoftware. Dann wäre es durchaus sinnvoll, die Klassen der einzelnen Softwaremodule beispielsweise wie folgt zu organisieren:

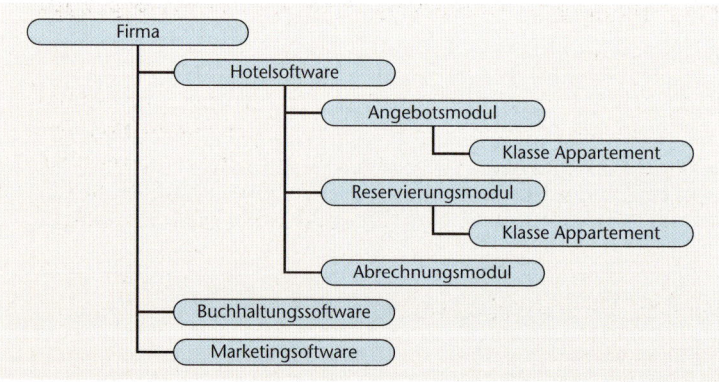

Namespaces

Jede Ebene wird durch einen Punkt getrennt. Die Nomenklatur von Namespaces ist prinzipiell frei wählbar. In der Praxis hat sich jedoch folgende Nomenklatur bewährt, wie oben in der Abbildung dargestellt:

Syntax

Firma.Produktname.Modul oder

Firma.Produktname.Komponente

Der Namespace ist über den Reiter Anwendungen in den Projekteigenschaften einstellbar. Bei einem größeren Projekt sollte auch eine Nomenklatur beim Assembly-Namen überlegt werden.

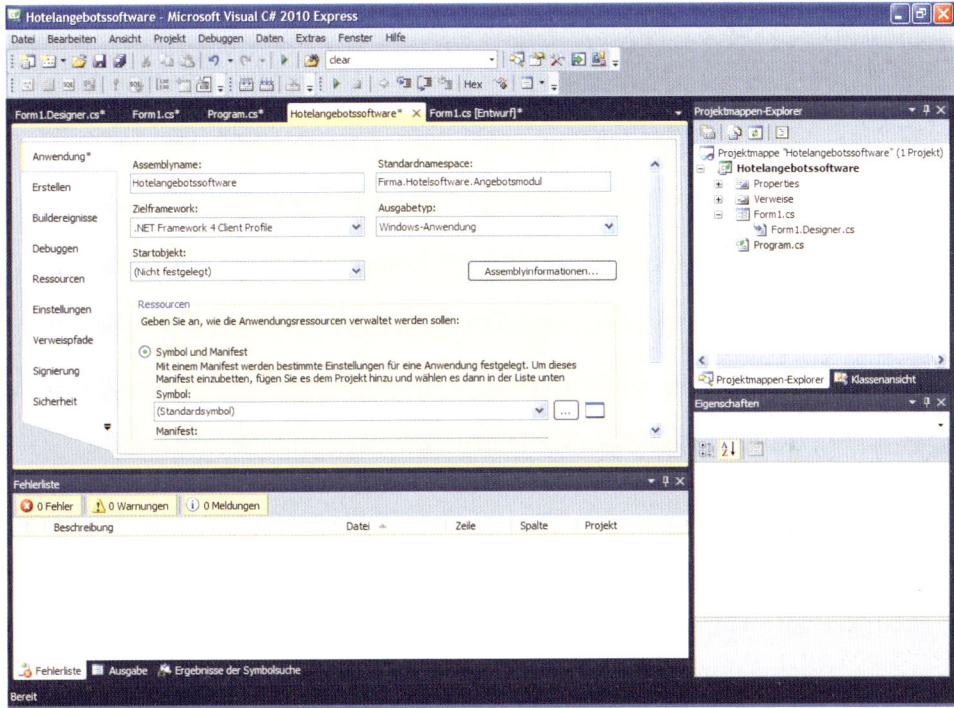

Namespaces in Visual Studio setzen

In jeder Code-Datei muss der Name von vorhandenen Dateien (inklusive Codebehind Dateien von WinForms) angepasst werden. Neue Code-Dateien werden automatisch mit dem geänderten Namespace-Namen angelegt. An der folgenden Syntax ist erkennbar, dass die Namespaces ein Sprachelement ist und die Klassen damit einer virtuellen Baumstruktur zugeordnet werden und nichts mit dem Speicherort der physischen Code-Datei zu tun haben.

```
namespace NamespaceNameTeil1.NamespaceNameTeil2
{
}
```

Die Klassen und die zugeordneten Namespaces kann man über den Objektkatalog betrachten. Hier kann man durch die verschiedenen Klassen und Namespaces durchblättern und so auch Klassen suchen, falls man den genauen Namen nicht mehr kennt (Vorraussetzung: Die Klassenbibliothek – siehe Kapitel 8.2 „Erstellen von Klassenbibliotheken" – ist als Verweis dem Projekt hinzugefügt). Der Objektkatalog ist über das Menü Ansicht\Weitere Fenster erreichbar.

Wenn beispielsweise das letzte Projekt geöffnet ist, und man den Objektkatalog öffnet, sieht dieser beispielsweise wie in der folgenden Abbildung aus. Hier erkennt man sowohl die baumartige Struktur als auch die bereits bekannten Klassen Unterkunft usw. Hier lautet der Namespace Hotelangebotssoftware, da standardmäßig der Projektname verwendet wird, falls kein Namespace-Name vergeben wird.

Im Kapitel 6 „Grundlegende .NET-Klassen" wurde die generische Collection List verwendet. Diese ist im Namespace System.Collections.Generic zu finden. Generell ist hier der Namespace System oft zu finden. Dieser Namespace wird vom .NET Framework verwendet, wie auch System.IO für die Ein- und Ausgabe für u.a. den Dateizugriff.

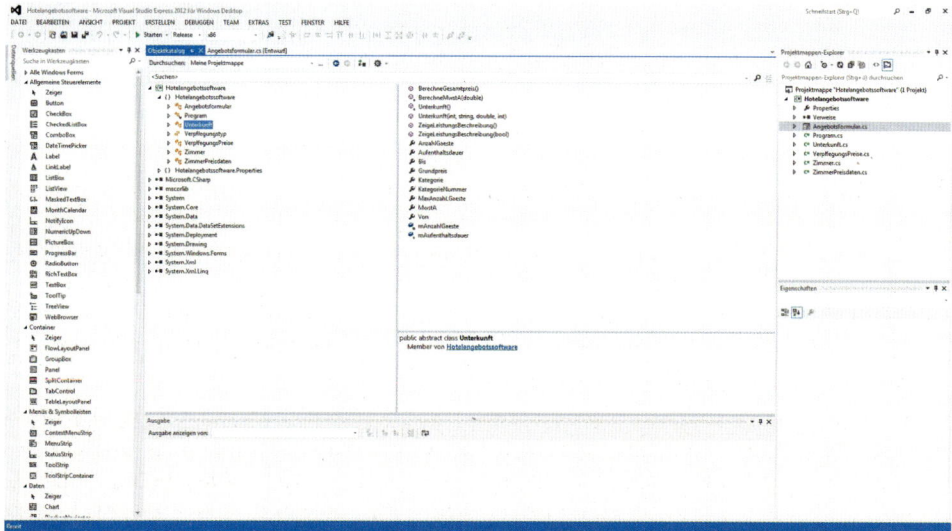

Objektkatalog

Verwendet eine andere Assembly, wie das Reservierungsmodul (siehe Kapitel 8.2 „Erstellen von Klassenbibliotheken"), Klassen aus einer anderen Assembly, wie dem Angebotsmodul, gibt es zwei Möglichkeiten. Zum einen wird der Klassenname über den vollen Namen, also inklusive Namespaces angegeben:

```
NamespaceNameTeil1.NamespaceNameTeil2.Appartement AppartementObjekt = new
Appartement(...);
```

Zum anderen verwendet man die using Direktive am Dateianfang, falls nur der Klassenname angegeben werden soll. Falls es jedoch mehrere Klassen mit gleichen Namen gibt, muss man auf die Eindeutigkeit der Klassennamen achten, da es sonst Compilerfehler gibt.

Syntax

```
using NamespaceTeil; // am Anfang der Datei, noch vor Namespace Deklaration
```

So lässt sich die Schreibweise Instanzierung der Klasse Appartement verkürzen:

```
using NamespaceNameTeil1.NamespaceNameTeil2;
// Viele Zeilen weiter unten
AppartementObjekt = new Appartement(...);
```

Arbeitsauftrag

Damit lässt sich die Auftragsarbeit wie folgt umsetzen:

Ändern Sie ein bestehendes Projekt oder erstellen Sie ein neues Projekt. Gehen Sie auf Projekteigenschaften und dann in den Reiter Anwendung. Dort können Sie den Standardnamespace wie gewünscht ändern. Der Namespace muss noch in den vorhandenen Dateien angepasst werden.

8.2 Erstellen von Klassenbibliotheken

Alle Programme in den Auftragsarbeiten der bisherigen Kapitel waren entweder Konsolen- oder Windows-Anwendungen und konnten direkt gestartet werden, da diese ausführbare Programme (Dateiendung EXE) sind. Es gibt jedoch eine weitere Visual Studio Projektvorlage namens Klassenbibliothek. Wortwörtlich genommen ist eine Klassenbibliothek eine Sammlung von Klassen.

Eine Klassenbibliothek kann beispielsweise Klassen zum Darstellen von Diagrammen anbieten, die von verschiedenen Programmen verwendet werden können. So kann sowohl eine Prognosesoftware als auch eine Aktiensoftware diese Klassenbibliothek verwenden, um den Temperaturverlauf der nächsten Tage oder den Kursverlauf als Liniendiagramm einer Aktie anzuzeigen. Beide Anwendungen können damit die gleiche Klassenbibliothek verwenden und müssen nicht neu programmiert werden. Aber auch intern verwenden Firmen Klassenbibliotheken, auf welche die eigenen Softwareprodukte aufbauen. Klassenbibliotheken haben die Dateiendung dll und können nicht direkt gestartet, sondern nur von anderen Klassenbibliotheken oder ausführbaren Programmen verwendet werden. Dazu muss die andere Klassenbibliothek oder das ausführbare Programm einen Verweis bzw. Referenz auf die Endung dll hinzufügen. Dabei wird zwischen Datei- und Projektverweis unterschieden.

8.2.1 Dateiverweis auf vorhandene Klassenbibliotheken

Arbeitsauftrag

Erstellen Sie eine Windows-Anwendung, welche die Klassenbibliothek System.Drawing. dll zu den Verweisen hinzufügt, um eine Linie zu zeichnen.

Die einfachste Variante ist, eine Klassenbibliothek mit der Dateiendung DLL (aber auch ausführbare Dateien mit der Endung EXE sind möglich) in ein Projekt einzubinden. Um diese DLL im Programm verwenden zu können, muss sie den Verweisen hinzugefügt werden. Dazu sind folgende Schritte notwendig:

- Aktivieren Sie das Projektmappenelement „Verweis".
- Rufen Sie das Kontextmü „Verweis hinzufügen" auf.
- Wählen Sie die gewünschte Verweisart im Dialog „Verweis hinzufügen".

Die Verweisart kann sein:

- .NET: Listet alle .NET Assemblies (Dateien mit Endung DLL oder EXE werden in .NET generell als Assembly bezeichnet) auf, die im GAC installiert sind. GAC bedeutet Global Assembly Cache. In diesem befinden sich Assemblys, auf die systemweit zugegriffen werden kann. Mithilfe des GAC können mehrere Anwendungen eine Assembly verwenden.

- COM: Listet alle COM DLLs auf. COM steht für Component Object Model und ist vereinfacht dargestellt die Vorgänger-Technolgie von .NET. Beispielsweise kann man damit auf VB6 DLLs zugreifen.

- Projekte: Listet alle .NET-Projekte der aktuellen Projektmappe auf. Erklärung siehe Kapitel „Projektverweise".

- Durchsuchen: Hier kann man eine Assembly aus einem Verzeichnis dem Projekt hinzufügen.

Arbeitsauftrag

Erstellen Sie eine neue Windows-Anwendung mit dem Namen DrawingLine.

Würde man eine Assembly von einem Dritthersteller erhalten, würde man den Reiter Durchsuchen verwenden. In unserem Fall wählen wir die .NET Assembly System.Drawing, um das Hinzufügen von bereits vorhandenen Klassenbibliotheken demonstrieren zu können, die auf jedem Rechner mit .NET Framework bereits installiert sind.

Danach wird das Formular im Designer aktiviert und das Fenster Eigenschaften aufgerufen (Kontextmenü). Im Fenster Eigenschaften wird zuerst in den Eventmodus gewechselt und dann eine Handlermethode für das Ereignis Paint durch einen Doppelklick erzeugt.

Im Code-Editor wird in das Paint Ereignis folgender Code eingefügt:

```csharp
private void Form1_Paint(object sender, PaintEventArgs e)
{
    Pen pen = new Pen(Color.FromArgb(200, 200, 0, 0));
    e.Graphics.DrawLine(pen, 20, 10, 200, 80);

}
```

Der obige Code zeichnet eine Linie im Formular. Die Klassen Pen und Graphics liegen im Namespace System-Drawing. Dieser Namespace wurde automatisch durch Hinzufügen des Verweises eingefügt (ist nur bei Standard .NET-Verweisen so, muss man sonst selber machen).

8.2.2 Dateiverweis auf eigene Klassenbibliotheken

Arbeitsauftrag

Erstellen Sie eine Klassenbibliothek namens AngebotsmodulBLL, welche sowohl die Basisklasse Unterkunft als auch die abgeleiteten Klassen HotelzimmerProPerson und Appartement enthält. Verwenden Sie anschließend diese Klassenbibliothek in einer Windows-Anwendung.

Der nächste Fall ist, dass keine vorhandene Klassenbibliothek dem Projekt hinzugefügt, sondern eine eigene Klassenbibliothek erstellt wird. Der Vorgang ist dabei wie folgt:

- Erstellen Sie ein neues Visual Studio Projekt und wählen Sie die Projektvorlage „Klassenbibliothek".

- Vergeben Sie einen Projektnamen.

- Vergeben Sie optional einen Namespace-Namen (siehe Kapitel 8.1 „Namespaces").

- Fügen Sie dem Projekt Klassen hinzu.

- Kompilieren Sie das Projekt.

Im Ausgabepfad (Projekteigenschaften, Reiter Erstellen) befindet sich die kompilierte DLL. Diese DLL kann in einem anderen Projekt als Dateiverweis wie oben beschrieben weiterverwendet werden. Eine mögliche Projektumgebung sieht beispielsweise wie folgt aus:

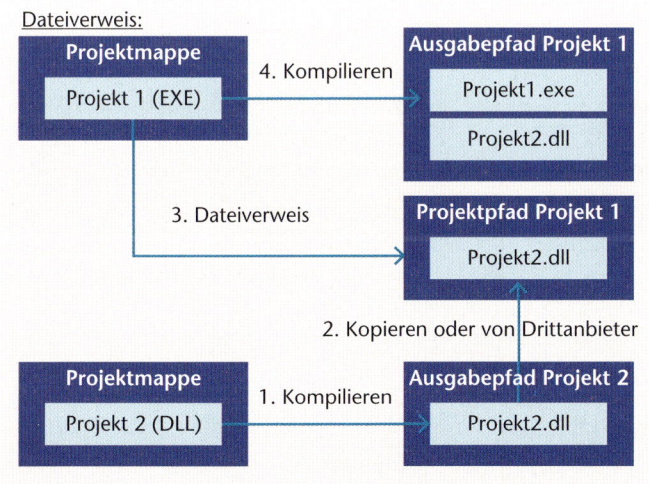

Dateiverweis

Arbeitsauftrag

Um die Auftragsarbeit zu erfüllen, gehen Sie wie folgt vor:

- Erstellen Sie zuerst die Klassenbibliothek:

  - Erstellen Sie ein neues Visual Studio Projekt und wählen Sie die Projektvorlage „Klassenbibliothek".

  - Vergeben Sie den Namen „AngebotsmodulBLL" (BLL für Busines Logic Layer, welche die Geschäftslogik enthält).

  - Setzen Sie den Namespace auf Firma.Hotelsoftware.Angebotsmodul.

  - Fügen Sie dem Projekt die vorhandenen Klassen Unterkunft und HotelzimmerProPerson hinzu (Kontextmenü Hinzufügen im Projektmappen-Explorer).

  - Kompilieren Sie das Projekt.

- Verwenden Sie nun diese Klassenbibliothek in der Windows-Anwendung:

  - Kopieren Sie die Windows-Anwendung Hotelangebotssoftware aus Kapitel 7.

  - Entfernen Sie die Klassen aus der Windows-Anwendung bis auf das Formular selbst (ignorieren Sie zunächst die Fehler).

  - Kopieren Sie die Klassenbibliothek namens „AngebotsmodulBLL" in das Projektverzeichnis der Windows-Anwendung.

  - Fügen Sie die Klassenbibliothek namens „AngebotsmodulBLL" als Dateiverweis dem Projekt hinzu.

  - Setzen Sie die using Direktive auf Firma.Hotelsoftware.Angebotsmodul oder verwenden Sie im Code den vollen Namen (Namespace und Klassenname).

Die Windows-Anwendung verwendet nun die Klasse Unterkunft und deren Ableitungen aus der Klassenbibliothek. Ganz nebenbei haben wir die ersten zwei Schichten des 3-Schichten-Modells realisiert (GUI-Schicht und Geschäftslogik).

8.2.3 Projektverweise

Arbeitsauftrag

Erstellen Sie eine Projektmappe (Solution) mit einer Windows-Anwendung und einer Klassenbibliothek. Verwenden Sie Projektverweise.

Wenn Sie den Projektmappen-Explorer öffnen, sehen Sie als erstes Element den Eintrag „Projektmappe XYZ" und erst dann das eigentliche Projekt. Der Grund für den Eintrag Projektmappe ist, dass es in einer Projektmappe (Solution genannt) ein oder mehrere Projekte geben darf. Beispielsweise kann sie aus einer Windows-Anwendung und einer oder mehreren Klassenbibliotheken bestehen. Der Vorteil einer Projektmappe liegt darin, dass Sie gleichzeitig an mehreren Projekten in einer Visual Studio-Instanz arbeiten können.

Die Auftragsarbeit aus dem vorherigen Kapitel „Eigene Klassenbibliothek erstellen" kann alternativ auch in einer Projektmappe realisiert werden.

• Windows-Anwendung AngebotsmodulGUI verwendet
• Klassenbibliothek AngebotsmodulBLL

Es gibt mehrere Möglichkeiten um größere Projekte auf Dateiebene zu organisieren. In diesem Buch wird die folgende Ordnerstruktur verwendet. Die Solution-Datei wird in einem eigenen Projektmappenverzeichnis (Angebotsmodul) abgespeichert. Die einzelnen Projekte (AngebotsmodulGUI und AngebotsmodulBLL) werden in Unterverzeichnisse gespeichert.

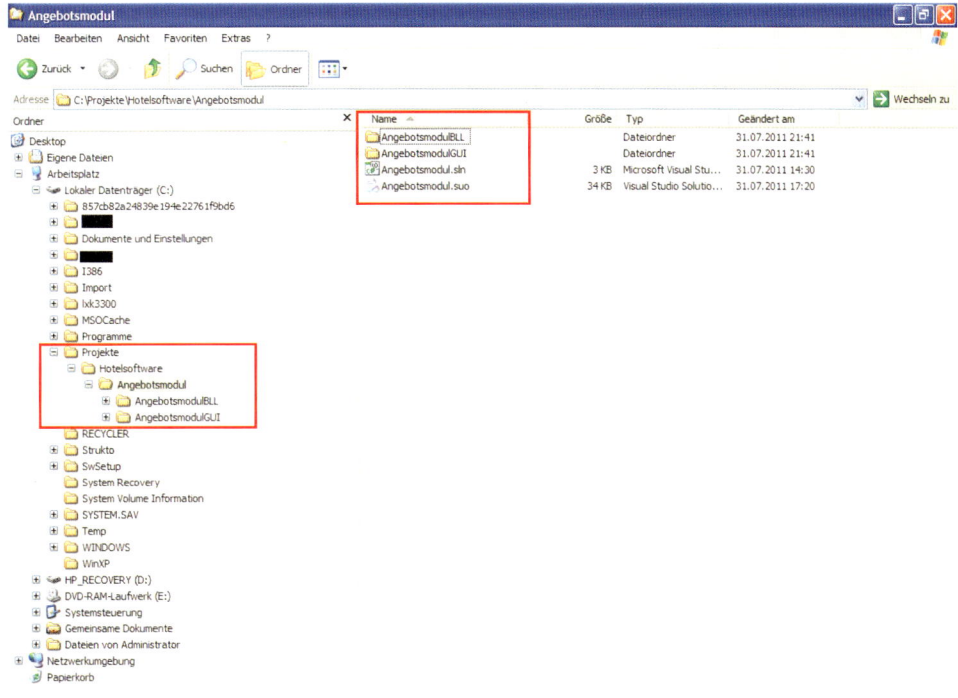

Ordnerstruktur für Solution mit mehreren Projekten

In Visual Studio sind folgende Schritte notwendig, um mehrere Projekte in einer Projektmappe nach obiger Ordnerstruktur anzulegen:

• Erstellen Sie das erste Projekt.

  – Setzen Sie den Projektnamen.

  – Ändern Sie gegebenenfalls im Projektmappen-Explorer den Namen der Projektmappe.

  – Speichern Sie die Projektmappe bei aktiviertem Häkchen „Projektmappenverzeichnis" und passen Sie den Namen der Projektmappe an.

• Für jedes weitere Projekt in der Projektmappe wird wie folgt vorgegangen:

  – Aufruf des Kontextmenü Hinzufügen im Projektmappen-Explorer auf Projektmappen-Ebene. Diese Projekte werden automatisch unterhalb des Projektmappenverzeichnisses angelegt.

Benötigt Projekt 1 den Verweis auf Projekt 2 gehen Sie wie folgt vor:

- Aktivieren Sie das Projekt 1 im Projektmappen-Explorers.
- Öffnen Sie das Kontextmenü Hinzufügen des Projektmappen-Elements Verweise.
- Fügen Sie Projekt 2 als Projektverweis hinzu.

Arbeitsauftrag

Um die Auftragsarbeit zu erfüllen sind folgende Schritte notwendig:

- Erstellen Sie zuerst die Windows-Anwendung:
  - Vergeben Sie den Projektmappen-Namen „Angebotsmodul" und
  - den Projektnamen „AngebotsmodulGUI",
- und dann die Klassenbibliothek mit dem Namen „AngebotsmodulBLL".

Setzen Sie in der Windows-Anwendung AngebotsmodulGUI den Projektverweis auf das Projekt AngebotsmodulBLL.

Passen Sie das Projekt bzw. den Source Code wie folgt an:

- Klassenbibliothek:
  - Fügen Sie die Basisklasse Unterkunft und die Ableitungen aus Kapitel 7 in das Projekt hinzu.

- Windows-Anwendung:
  - Entfernen Sie das Element „Forms1.cs".
  - Fügen Sie das Angebotsformular aus dem Projekt in Kapitel 7 hinzu.
  - Passen Sie die main-Methode so an, dass das richtige WInForm gestartet wird.

Aufgabe

Formen Sie die Windows-Anwendung zur Verwaltung der POIs (aus Kapitel 7) so um, dass diese aus zwei Visual Studio-Projekten besteht. Das erste Visual Studio-Projekt (Name: POIGUI) ist eine Windows-Anwendung und enthält nur das Formular und die Controls. Das zweite Visual Studio-Projekt ist eine Klassenbibliothek (Name: POI) und enthält die Logik für den Zugriff auf die Datei. Verschieben Sie auch die Logik zum Speichern der POIs in eine eigene Klasse (static Methoden).

8.3 Interfaces

Arbeitsauftrag

Definieren Sie eine Schnittstelle, auch Interface genannt, für ein Protokollierungssystem.

Angenommen, Sie möchten verschiedene Vorgänge oder auftretende Fehler in der Hotelsoftware protokollieren. In einer ersten Version soll die Information nur in eine Datei geschrieben werden. Später soll diese Information in eine Datenbank geschrieben werden. Des Weiteren kann es bei dem einen Kunden eine Datenbank von Microsoft sein, bei dem Anderen eine Datenbank von Oracle. Einerseits ist also die Art der Implementierung noch nicht ganz klar, andererseits soll es für das Programm, welches die Protokollierung verwendet, unerheblich sein, wohin das Protokoll gespeichert wird. Der

Aufrufer soll nur wissen, dass es zwei Methoden namens InformationHinzufuegen und FehlermeldungHinzufuegen gibt. Wie diese implementiert werden, soll aus Programmsicht gleichgültig sein.

Für diesen Fall sind Schnittstellen vorgesehen. In einer Schnittstelle werden lediglich die Methoden, Eigenschaften oder Events definiert, die keine Anweisungen enthalten. Die Syntax lautet wie folgt:

Syntax

```
<Zugriffsmodifizierer> interface Interfacename
{
    void Prozedur(int Parameter);
    string Function();
    int MyProperty { get; set; }
}
```

Ein Interface wird mit dem keyword Interface eingeleitet, gefolgt vom Namen des Interface. Methoden, Eigenschaften und Properties werden ohne Zugriffsmodifizierer definiert, da sie von Haus aus öffentlich sind. Das Interface wird wie folgt implementiert:

Syntax

```
public class Klassenname : Interfacename
{
    public void Prozedur(int Parameter)
    {
        throw new NotImplementedException();
    }
    public string Function()
    {
        throw new NotImplementedException();
    }
    public int MyProperty
    {
        get
        {
            throw new NotImplementedException();
        }
        set
        {
            throw new NotImplementedException();
        }
    }
}
```

Wie bei der Vererbung wird nach dem Klassennamen ein Doppelpunkt geschrieben und danach der Name des Interfaces. In der Klasse müssen zumindest alle Member des Interfaces implementiert werden, d. h., alle Member in der Klasse müssen die gleiche Sigantur wie das Interface haben.

Die Klassenmitglieder können über den Code-Editor auch automatisch hinzugefügt werden. Dazu muss man im Code-Editor der Klasse mit dem Cursor auf den Namen des Interface gehen. Dann ruft man das Kontextmenü „Schnittstelle implementieren\ Schnittstelle implementieren" auf. Diese Funktion fügt nun die Implementierung automatisch hinzu. In die Klassenmember der Implementierung wird die Anweisung „throw new NotImplementedException" hinzugefügt. Vergisst man, die Klassenmember fertig zu implementieren, und wird die Member aufgerufen, erhält der Aufrufer diese genannte Exception. So ist erkennbar, welche Member nicht implementiert wurde:

Die Objektvariable wird wie folgt deklariert:

Syntax

Interfacename Objektvariable = new Klassenname();

Arbeitsauftrag

Für diese Auftragsarbeit können Sie ein neues Projekt anlegen oder das Projekt aus dem Kapitel 8.2.3 „Projektverweise" öffnen. Falls Sie das vorhandene Projekt verwenden, fügen Sie das Interface und die Klasse der Klassenbibliothek „AngebotsmodulBLL" hinzu.

Um die Auftragsarbeit zu erfüllen, wird folgendes Interface definiert:

```
public interface IProtokoll
{
    void TextHinzufuegen(string Text);

    void ExceptionHinzufuegen(Exception ex);
}
```

Die Klasse erhält den Namen DateiProtokoll und implementiert die oben definierten Methoden.

Beide Methoden verwenden die private Methode SchreibeText. Im Falle von TextHinzufuegen wird der Parameter einfach weitergereicht. Hingegen bereitet die Methode ExceptionHinzufuegen den Parameter noch auf. Hier wird die Klasse StringBuilder verwendet, um den Text besser formatieren zu können.

```
[1]       public class DateiProtokoll : IProtokoll
[2]       {

[3]           public void TextHinzufuegen(string Text)
[4]           {
[5]               SchreibeText(Text);
[6]           }

[7]           public void ExceptionHinzufuegen(Exception ex)
[8]           {
[9]               StringBuilder Text = new StringBuilder();
[10]              Text.AppendFormat("Message={0}",ex.Message);
[11]              Text.AppendFormat("Type = {0}", ex.GetType().
                  ToString());
```

```
[12]                    Text.AppendFormat("Stack Trace = {0}", ex.StackTrace.
                        ToString());
[13]                    SchreibeText(Text.ToString());
[14]                }

[15]            private void SchreibeText(string Text)
[16]            {
[17]                StreamWriter Datei = null;
[18]                try
[19]                {
[20]                    Datei = new StreamWriter(@"C:\Protokoll.
                        txt",true);
[21]                    Datei.WriteLine("{0}:{1}",DateTime.Now.
                        ToString(),Text);
[22]                }
[23]                finally
[24]                {
[25]                    if (Datei != null) Datei.Close();
[26]                }

[27]            }
[28]        }
```

Wenn Sie das vorhandene Projekt aus dem Kapitel „Projektverweise" verwenden, fügen Sie bitte folgenden Try/Catch-Block ein:

```
[1]        private void btnAngebotBerechnen_Click(object sender, EventArgs e)
[2]        {
[3]            try
[4]            {
[5]                double Preis;
[6]                int Aufenthaltsdauer;
[7]                HotelzimmerProPerson Hotelzimmer = null;
[8]                PreiseHotelzimmerPerson Preisdaten = null;
[9]                PreiseHotelzimmerPerson PreisListenElement = null;

[10]                // unveränderter Code ausgelassen

[11]                mAngebotsliste.Add(Hotelzimmer);
[12]                UnterkunftView View = new UnterkunftView(Hotelzimmer);
[13]                mAngebotslistenAnsicht.Add(View);
[14]            }
[15]            catch (Exception ex)
[16]            {

[17]                Firma.Hotelsoftware.Angebotsmodul.IProtokoll Protokoll =
[18]                    new Firma.Hotelsoftware.Angebotsmodul.
                        DateiProtokoll();
[19]                Protokoll.ExceptionHinzufuegen(ex);
[20]                MessageBox.Show(ex.ToString());
[21]            }

[22]        }
```

Im Catch-Block wird eine Objektvariable vom Typ IProtokoll deklariert. Instanziert wird die Klasse DateiProtokoll. Diese Instanzierung kann durch jede andere Klasse ersetzt werden, welche die Schnitstelle IProtokoll unterstützt. Nach der Instanzierung wird die Methode ExceptionHinzufuegen aufgerufen. Damit ist es für den Aufrufer gleichgültig, ob die Exception in ein Dateiprotokoll oder Datenbankprotokoll geschrieben wird.

Diese Instanzierungsvariante hat jedoch den Nachteil, dass das Formular wissen muss, welche Protokollart (hier Klasse DateiProtokoll) instanziert werden muss. Den Teil der Instanzierung kann man auch so in eine eigene Klasse auslagern, dass sich der Aufrufer nicht mehr darum kümmern muss. Das Stichwort dazu: Entwurfsmuster Singleton. In diesem Buch kann jedoch aus Platzgründen nicht auf dieses Thema eingegangen werden. Professionelle Softwareentwickler sollten sich jedoch mit dem Thema Entwurfsmuster auseinandersetzen.

Aufgabe

Entwerfen (mit UML) und implementieren Sie ein Programm für die Bedarfsermittlung einer Firma, die PC-Gehäuse und Lüfter herstellt. Für die Prognose des Bedarfs an verschiedenen Materialien wie Schrauben, Muttern, Blech etc. für den nächsten Monat sollen mindestens zwei Prognosemethoden verwendet werden:

- *arithmetischer Mittelwert: $x = (x_1 + x_2 + x_n)/n$ (der letzten drei Werte)*
- *gewichteter Durchschnitt mit exponentieller Glättung 1. Ordnung.*
  $\acute{y}(t) = \alpha * y(t) + (1 - \alpha) * \acute{y}(t - 1)$
  $\acute{y}(t)$: Prognosewert aktueller Monat, $\acute{y}(t - 1)$, Prognosewert vorheriger Monat
  $y(t)$: Istwert vorheriger Monat
  α: Glättungsfaktor (zwischen 0 und 1), z. B. 0,4

Es gelten die Rahmenbedingungen aus Kapitel 3.

Entwerfen Sie ein allgemeines Interface namens IBedarfsprognose, welches folgende Klassenmember enthält: Property Istwerte, welches die Istwerte entgegennimmt und in eine Liste speichert, sowie eine Methode namens BerechneBedarf mit dem Parameter AnzahlMonateZukunft. Der Rückgabewert der Methode und die Property sind vom Typ Zeitreihenwert. Diese Klasse enthält die MemberMenge und MonatRelativ.

Implementieren Sie zwei Klassen namens GleitenderDurchschnitt und ExponentielleGlättung, welche das Interface Prognose verwenden. Implementieren Sie Interface und die Klassen in einer eigenen Klassenbibliothek.

Die Eingabe der Werte erfolgt über eine TextBox, einen Add Button und eine ListBox, wobei die Eingabe Monat relativ bei -1 beginnt. Monat Relativ wird in einer ReadOnly TextBox ausgeben und automatisch heruntergezählt.

Danach kann der Benutzer die Art der Prognose über Radiobuttons auswählen.

Das Ergebnis wird in einer zweiten ListBox dargestellt. In der ListBox wird auch der relative Monat dargestellt (auch für 0 und die Zukunft).

9 Grundlagen und Entwurf von Datenbanken

In diesem Kapitel erlernen Sie die Entstehungsgeschichte von Datenbankmodellen, die Architektur und Funktionalität, sowie die Datenmodellierung und den Normalisierungsprozess.

9.1 Hauptauftrag

Die Geschäftsleitung konnte in der Zwischenzeit einen langjährigen Kunden, der Appartements anbietet, als Partner für den Umstieg auf .NET gewinnen. Dieser Kunde ist bereit, einen Teil der Entwicklung mitzuzahlen, möchte aber im Gegenzug bei der Entwicklung mitbestimmen.

Daher wird der bisherige Projektplan wie folgt geändert:

• Phase 1: Das Angebotsmodul wird nur für Appartements entwickelt.

• Phase 2: Das Angebotsmodul wird für Appartements und Hotelzimmer entwickelt

Der Projektleiter beauftragt Sie daher eine Datenbank für Phase 1 zu entwerfen.

Um Datenbanken und die dazugehörigen Tabellen zu analysieren, entwerfen und anzulegen, ist Wissen über die Funktionsweise und den Entwurf von Datenbanken notwendig, das in diesem Kapitel beschrieben wird.

9.2 Entstehungsgeschichte der Datenbankmodelle

Im Lauf der Geschichte wurden verschiedene Konzepte entwickelt, wie Daten für Anwendungen gespeichert werden sollen. Der Hauptgrund für einen weiteren Entwicklungssprung in der Datenbanktechnologie war meist, dass die aktuelle Datenbanktechnologie nicht mit der gestiegenen Komplexität umgehen konnte bzw. die Kosten für die Umsetzung stiegen.

Die wichtigsten Datenbankmodelle sind: hierarchisches Datenmodell, Netzwerkmodell, relationales Datenbankmodell. Es existiert auch noch das objektorientierte Datenbankmodell, worauf hier nicht näher eingegangen wird.

9.2.1 Dateiorientierte Datenspeicherung

Die Verbreitung von Computern begann in der Mitte des 20. Jahrhunderts. In ihren Anfängen füllten die neuartigen Maschinen ganze Räume und konnten nicht mehr wie ein Taschenrechner. Heute sind sie in verschiedenen Formen und Größen vom Desktop-PC über Netbook und Tablet-PC bis hin zu Smartphones verbreitet.

Bevor Firmen und Behörden Computer für die Verwaltung von Daten verwendeten, erledigten die Mitarbeiter die komplette Aktenbearbeitung händisch. Aufgrund des Wirtschaftswachstums stieg die Anzahl der Datenmenge. Daher erleichterte die Anschaffung der Computer die tägliche Arbeit. Mit ihnen wurde die Datensuche und -bearbeitung schneller und einfacher. Die Papierakten wurden auf diese Weise als Daten erfasst und in Dateien auf dem PC gespeichert. Die Verarbeitung erfolgte mit einer Anwendung, wobei der Zugriff für jedes Programm extra entwickelt wurde. Häufig verwaltete jede Abteilung eines Unternehmens oder einer ihre eigenen Daten, wodurch diese oft mehrfach vorkamen und widersprüchlich abgelegt wurden.

Angenommen eine große Hotelkette hatte eine eigene Abteilung für die Angebotserstellung und Reservierung sowie eine Abteilung für das Marketing. In der dateiorientierten Datenspeicherung benötigte jedes Programm seine eigenen Kundendaten. Dadurch kamen Daten mehrfach vor und die Aktualisierung der Daten war sehr aufwendig. So entstand bald der Wunsch die Daten zentral zu speichern und die ersten Datenbankmanagementsysteme entstanden, um die Datenzugriffe zu vereinheitlichen und die Datenpflege zu reduzieren. Damit die Daten ordnungsgemäß verwaltet werden, ist ein Datenbankmanagementsystem notwendig. Dies fungiert als Schnittstelle zwischen Programm und Daten, siehe auch Kapitel 9.3 „Architektur und Funktionalitäten einer Datenbank".

9.2.2 Datenbanken mit navigierendem Zugriff

Im Zusammenhang mit Datenbanken fallen auch die Begriffe Datensatz und Datenfeld. In einer Datenbank werden beispielsweise die Preise für ein Appartement abgespeichert. Sowohl ein Appartement mit 25 qm als auch eines mit einer Fläche von 40 qm haben jeweils Preisinformationen für den Preis pro Tag und einen Preis für die Endreinigung. Diese Daten werden nicht irgendwo in der Datenbank gespeichert, sondern strukturiert als Datensatz, um zu erkennen, welche Daten zusammengehören. Der Datensatz selbst besteht aus ein oder mehreren Datenfeldern. Ein Datensatz PreisAppartement setzt sich damit aus den Datenfeldern Preis pro Tag und Preis für Endreinigung zusammen. Die Anordnung der Datensätze und die Beziehung zwischen den Datensätzen sind in dem hierarchischen Datenbankmodell und Netzwerkmodell unterschiedlich. Zunächst wird das hierarchische Datenbankmodell beschrieben.

In der Natur, Technik und anderen Gebieten gibt es oft hierarchische Ordnungssysteme. Beispielsweise besteht ein Produkt wie eine Kamera aus mehreren Bausteinen wie Gehäuse, Objektiv usw., wobei die Module wiederum aus mehreren Einzelteilen wie verschiedenen Kunststoffteilen oder Knöpfen bestehen. Solche Systeme haben also über- und untergeordnete Elemente. Auf dieses Prinzip greift auch das hierarchische Datenbankmodell zurück. Dabei gelten folgende Regeln: Es gibt einen einzigen Datensatz, der keinen übergeordneten Datensatz mehr hat. Jeder untergeordnete Datensatz hat nur einen übergeordneten Datensatz. (Beispiel: ISM System von IBM für das Apolloprojekt in der USA in den 1960er Jahren).

Wie in der Abbildung dargestellt, wäre in einer hierarchischen Datenbank der Kunde Strobel der oberste Datensatz, die Wurzel der Baumstruktur. Diese Anordnung wird auch Baumstruktur genannt, da die graphische Darstellung einem Baum ähnlich sieht (Wurzel, Äste, Blätter). Jedes Angebot des Kunden ist ein untergeordneter Datensatz. Jede angebotene Unterkunftsart wiederum ist ein untergeordneter Datensatz des jeweiligen Angebots.

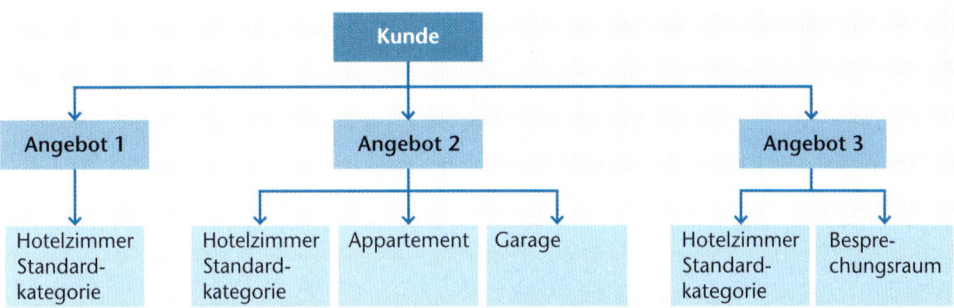

Beispiel zum Datensatz-Aufbau

Wird in einem anderen Angebot ebenfalls die Unterkunftsart Appartement angeboten, muss dieser Datensatz bei dem neuen Angebot hinzugefügt werden, da es immer nur einen übergeordneten Datensatz geben darf. Die Information wird dadurch redundant.

Den Nachteil, dass es im hierarchischen Datenbankmodell nur einen übergeordneten Datensatz geben darf, hebt das Netzwerkmodell auf: Ein Datensatz darf hier auch mehrere übergeordnete Datensätze haben, wodurch sich die Redundanz verringern lässt. Stellt man dieses Datenmodell grafisch dar, ergibt sich eine Netzstruktur. Das Netzwerkmodell war das erste Datenbankmodell mit der Bestrebung, den Zugriff auf die Daten zu standardisieren. (Beispiel: Datenbanken, welche auf dem CODASYL Projekt basieren. CODASYL wurde von Charles Bachmann und der Industrie in den 1960er Jahren initiiert, um den Datenbankzugriff zu standardisieren. Datenbanksysteme zuvor hatten uneinheitliche Zugriffe auf die Datenbanken).

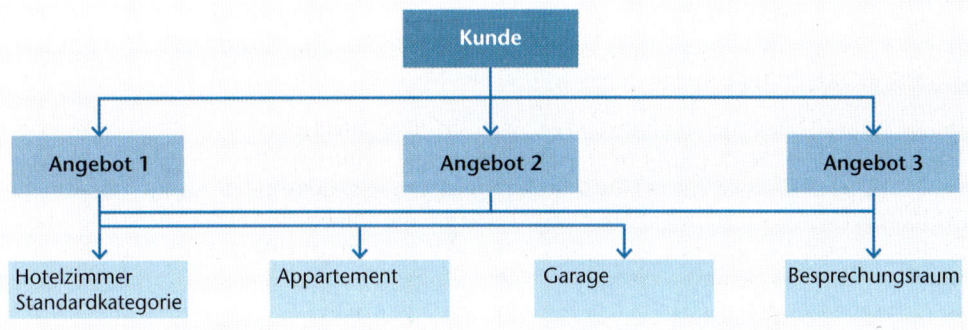

Datenbankzugriff

Die oben beschriebenen Datenbankmodelle haben den Nachteil, dass ein Programm, welches Daten benötigt, die interne Datensicht kennen musste, um die Daten zu finden. Angenommen es sollen alle Angebotspositionen für das Angebot ausgedruckt oder angezeigt werden. Das Programm kann nicht direkt auf die Angebotspositionen zugreifen, sondern muss die Daten auf oberster Ebene (Kunde) einlesen und Ebene für Ebene zu den gewünschten Daten vordringen. Daher auch der Begriff navigierender Zugriff. Des Weiteren waren Änderungen an der Datenstruktur, wie das Hinzufügen von neuen Datenfeldern, mit einem hohen Programmieraufwand verbunden.

9.2.3 Relationales Datenbankmodell

Die oben beschriebenen Nachteile wollte E. F. Codd in den 1970er Jahren ändern und entwarf ein Konzept, damit ein Datenbankbenutzer nichts von der internen Datensicht wissen musste, um an bestimmte Daten ranzukommen. Da Codd Mathematiker war, kam er auf die Idee, Daten als Menge zu betrachten. Beispielsweise existieren zu einem Hotelzimmer verschiedene Informationen wie Kategorie, Preis, verschiedene Rabatte und Zuschläge. Schreibt man die Daten zu jeder Zimmerkategorie zeilenweise untereinander, entsteht ein zweidimensionales Array. Möchte man neben den Werten auch den Namen der Informationen wie Kategorie ebenfalls darstellen, ergibt sich eine Tabellenform. So eine Tabelle findet man beispielsweise in einem Hotelprospekt oder auf der Homepage eines Hotels. Die Tabellenform ist also auch eine Darstellungsform, die wir aus dem alltäglichen Leben gewöhnt sind und somit auch leicht verstanden werden kann.

Kategorie	Preis	Rabatt Kleinkind	Rabatt Kind	Zuschlag Hund	Zuschlag Late Check Out
Standard	80	100	60	12	15
Komfort	100	70	30	15	15

Die Tabelle besteht einerseits aus einer ersten Zeile mit Spaltenüberschriften, anderseits aus den Daten selbst. Während die Spaltenüberschriften (= Attribute) die Struktur der Daten festlegen, enthalten die Zeilen ab Zeile 2 die eigentlichen Daten (= Tupeln). Genau diese Attribute und Tupeln machen den Begriff Relation aus.

Relation ist ein mathematischer Begriff und definiert sowohl die Datenstruktur der Datensätze als auch mögliche Operationen auf Datenmengen. Die Daten sind zunächst nur in Tabellen hinterlegt. Um an einen bestimmten Preis für ein Programm heranzukommen, muss lediglich eine Datenbankabfrage abgesetzt werden. Das Programm muss nicht wissen wie diese Daten in der Datenbank physisch auf der Festplatte organisiert sind, sondern benötigt nur Informationen über die logische Struktur. An die Datenbank wird eine Abfrage gestellt, die beispielsweise wie folgt lautet:

Syntax

„Selektiere alle Datenfelder aus der Tabelle PreiseHotelzimmer, in denen die Kategorie den Wert Standard enthält":

SELECT * FROM PreiseHotelzimmer WHERE Kategorie = "Standard"

Das Datenbankmanagementsystem sucht diese Daten und liefert das gewünschte Ergebnis als Teilmenge zurück. In diesem Falle kommt die erste Datenzeile (= zweite Zeile in der Beispieltabelle) zurück und enthält alle Datenfelder für die Kategorie Standard. Auch das Ergebnis selbst ist wieder eine Relation.

Die Reihenfolge der Daten kann in den Tabellen eine ganz andere sein, als das Programm sie benötigt. Im Falle einer Kundentabelle mit den Attributen Kundenart, Firma, Vor- und Zuname, Ort, Postleitzahl und Straße kann ein Programm einmal Kunden sortiert nach Name oder Ort suchen, unabhängig davon wie die Daten in den Tabellen abgespeichert sind. Hier würde die Datenbankabfrage ungefähr wie folgt lauten:

Syntax

„Selektiere alle Datenfelder aus Tabelle Kunden sortiere nach Datenfeld Ort aufsteigend"

SELECT * FROM Kunde ORDER BY Ort ASC

Wird der Tabelle ein neues Datenfeld hinzugefügt, funktionieren die bisherigen Abfragen trotzdem noch. Die Abfrage muss nur dann angepasst werden, wenn die bisherigen Programme auch dieses neue Datenfeld benötigen. Die Abfrage oder Selektion ist nur eine mögliche Operation, die auf Relationen angewandt werden kann.

Neben der Projektion, die als Auswahl bestimmter Datenfelder einer Tabelle gilt, existieren die Mengenoperation und der Join. All diese Operationen können mithilfe der Datenbanksprache SQL (Structured Query Language) durchgeführt werden. Diese ist durch ANSI (American National Standards Institute) seit 1986 und ISO (International Organization for Standardization) seit 1987 normiert. Allgemein wird eine Sprache zur Datenbankabfrage QL genannt; SQL ist bereits eine konkrete Ausprägung. Auch existiert eine Datenbanksprache, welche die logische Struktur der Daten festlegt und weitere Datenbankobjekte verwaltet (DDL, Data Description Language). Damit werden beispielsweise Tabellen angelegt oder geändert. Desweiteren gibt es eine Sprache zur Beschreibung des Datenspeichers (DSDL, Data Storage Description Language).

9.3 Architektur und Funktionalitäten einer Datenbank

Ein Datenbankmanagementsystem bietet eine Reihe von Funktionalitäten an:

- **Datenunabhängigkeit**: Im Endeffekt werden die Daten in einer Datenbank physisch in einer oder mehreren Dateien gespeichert. Die Dateien können auf eine oder mehrere Festplatten oder gar mehrere Server verteilt werden. Aus verschiedenen Gründen kann sich die physische Struktur der Datenbank ändern. Diese Änderung darf keine Auswirkung auf die logische Struktur haben.

- **Datenbanksprachen**: Die Daten einer Datenbank können ausgelesen, neue hinzugefügt oder verändert werden. Der Zugriff auf die Daten erfolgt über eine eigene Datenbanksprache (DML, Data Manipulation Language). Die Daten selbst haben eine definierte Struktur (logische Struktur), diese wird ebenfalls über eine eigene Sprache (DDL) festgelegt oder verändert.

- **Datenintegrität**: Ohne Hinzutun können in einer Datenbank Daten doppelt angelegt werden. Nur mithilfe der Datenintegrität (Entitätsintegrität) kann unter anderem verhindert werden, dass der Kunde Strobel mehrfach angelegt wird. Ohne Datenintegrität könnte es passieren, dass man Kundendaten löscht, obwohl es noch Angebotsdaten zu diesem Kunden gibt (referentielle Integrität). Datenintegrität hilft also, die Daten sauber zu halten.

- **Vermeidung von Redundanzen**: Auch wenn verschiedene Programme wie Angebotsmodul oder Reservierungsmodul Kundendaten benötigen, sollen diese nur einmal in einer Datenbank hinterlegt sein. Würden die Daten mehrfach hinterlegt werden, wäre die Datenpflege sehr aufwendig.

- **Mehrbenutzerbetrieb**: Der Mehrbenutzerbetrieb ermöglicht einerseits, dass mehrere Benutzer auf die Datenbank zugreifen können. Dadurch können beispielsweise sowohl das Angebotsmodul als auch das Rechnungsmodul gleichzeitig auf die Kundendaten zugreifen, ohne dass es zu Konflikten kommt.

- **Verwaltung großer Datenmengen**: In großen Datenbanken können mehrere Hunderttausend oder auch Millionen Datensätze gespeichert sein. Um die gewünschten Daten möglichst schnell auszulesen oder abzuspeichern, gibt es verschiedene Möglichkeiten (z. B. Indizes), um die Zugriffe zu beschleunigen.

Diese Funktionalität stellt das Datenbankmanagementsystem (DBMS) zur Verfügung. Ein externes Programm wie das Angebotsmodul greift dann nur mehr über das DBMS auf die eigentlichen Daten zu, welche in der Datenbank gespeichert sind. Diese Architektur erlaubt es, die Daten zentral zu speichern und zu verwalten.

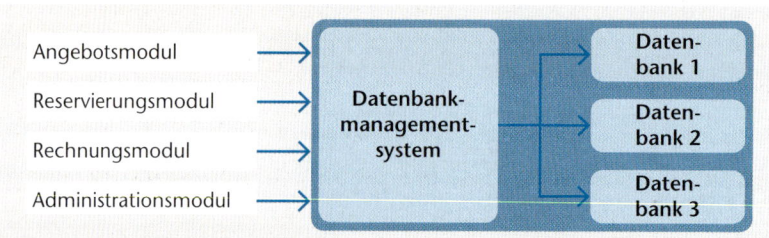

Datenbankmanagementsystem

9.4 Dateien vs. Datenbanken

Verschiedene Inhalte, wie ein Foto des letzten Strandurlaubs, ein Musikstück der Lieblingsgruppe oder auch Texte werden in Dateien gespeichert. Auch wenn verschiedene Dateitypen wie jpg, mp3, mpg4 oder doc weit verbreitet sind und das Format bekannt ist, werden das Format und der Aufbau der Daten von der jeweiligen Anwendung festgelegt. Die Datei selbst kennt jedoch nicht die Art des Inhalts, sondern speichert diese Daten als eine Reihe von Bytes ab. In der Datei kann also beliebiger Inhalt stehen und das Programm muss selbst prüfen, ob diese Werte korrekt sind. Das bedingt auch, dass der lesende und schreibende Zugriff auf die Daten für jede Anwendung extra entwickelt werden muss.

Eine Online-Reservierungsseite für Hotels listet auf der Detailseite den Preis, Hotelnamen, Reiseveranstalter und weitere Details auf, beispielsweise ob das Hotel direkt am Strand liegt. Werden diese Daten in einer Datenbank hinterlegt, kennt die Datenbank sehr wohl die Struktur der Daten. Sie kann festgelegt werden, unter anderem mit dem Datentyp und Name eines Datenelements wie dem Preis. So kann in einem Datenelement für den Preis niemals (unabsichtlich oder absichtlich) ein Text abgespeichert werden, da die Datenbank den Datentyp prüft. Ein weiterer Vorteil von Datenbanken ist, dass die Daten von verschiedenen Programmen mehrfach genutzt werden können. Lässt sich der Kunde ein Angebot zusenden oder reserviert gleich, können die Kundendaten nicht nur für das Angebots- oder Reservierungsmodul verwendet werden, sondern auch für das Rechnungsmodul.

Wenn Sie beispielsweise ein Worddokument öffnen, sperrt Word die Datei. Andere Benutzer können nur noch lesend in einer Kopie auf die Datei zugreifen. Hingegen können auf eine Datenbank mehrere Benutzer bzw. Programme auf die Daten zugreifen. Dabei können Regeln, so genannte Locks, definiert werden, in welcher Art und Weise es möglich ist, dass mehrere Programme auf die gleichen Daten schreibend bzw. lesend zugreifen dürfen. So können beispielsweise zwei Programme gleichzeitig unterschiedliche Kundendaten ändern. Wie bei einer Datei kann aber auch erreicht werden, dass nur ein Programm gleichzeitig auf die Daten zugreifen kann.

Sollen in einer Datei bestimmte Daten gesucht werden, muss das Programm die Logik für die Suche bereitstellen und notfalls nicht benötigte Daten auslesen. Eine Datenbank bietet jedoch eine eigene Abfragesprache an, um Teilmengen zu finden. Beispielsweise können so leicht alle Kunden mit einer bestimmten Buchungsanzahl herausgefunden werden, um diese für eine Marketingaktion anzuschreiben.

Dateien und Datenbanken als Technologie zur Datenspeicherung haben also verschiedene Vor- und Nachteile. Dateien können beispielsweise zum Datenaustausch zwischen verschiedenen Systemen verwendet werden (z. B. XML oder EDIFACT) oder als Speicher für Initialwerte einer Anwendung (z. B. ini-Dateien). Greifen mehrere Anwendungen oder Personen auf gemeinsame Daten zu, ist der Einsatz von Datenbanken vorzuziehen.

9.5 Datenmodellierung mit ERM

In den folgenden Unterkapiteln werden die Grundlagen der Datenmodellierung mit ERM (Entity Relationship Model), sowie die Generalisierung und Spezialisierung näher beschrieben.

9.5.1 Grundlagen

Arbeitsauftrag

Erstellen Sie ein ERM-Diagramm für die Angebotsdaten.

In der Softwareentwicklung geht es unter anderem um die Fragen „welche Anforderungen werden an die Softwarelösung gestellt" und „wie bekommt man diese in den Computer". Um diese Fragen zu beantworten gibt es die Phasen Analyse, Entwurf, Umsetzung und Test. Nachdem festgestellt wurde, welche Features ein Programm bereitstellen soll, wird in der objektorientierten Programmierung mithilfe der UML ein Modell erstellt, aus welchen Klassen das Programm besteht.

In ähnlicher Weise geht man bei dem Entwurf einer Datenbank vor. Hier gibt es auch die Phasen Analyse, Entwurf, Umsetzung und Test. Für die Modellierung bzw. die grafische Darstellung der Daten wird ERM verwendet. Ziel von ERM ist es herauszufinden, aus welchen Datensätzen, Datenfeldern und Beziehungen die zu speichernden Daten bestehen. ERM verwendet die Begriffe Entitytyp für Gegenstandstyp, Relation für Beziehung und Attribute für Datenfelder.

Zunächst wird mit der Analyse der Gegenstandstypen begonnen und wie diese in Beziehung stehen. Es wird untersucht welche Arten von Daten eine Anwendung benötigt. In diesem Fall möchte ein Kunde ein Angebot für verschiedene Appartementtypen erhalten. Das Angebot wird sowohl in der Datenbank gespeichert als auch per E-Mail versendet und kann beispielsweise folgende Form haben:

Sehr geehrter Herr Gruber,

wir danken für Ihre freundliche Anfrage vom 10. Januar 2013 und freuen uns, dass Sie sich für einen Aufenthalt bei uns entschieden haben. Für die Zeit vom 11. bis 16. Februar 2013 können wir Ihnen gemäß Ihrer Anfrage folgende Appartements anbieten.

Aufenthaltsdauer	Anzahl	Appartementkategorie	Preis
7	2	Appartement 35 m² à € 50 inkl. Endreinigung € 10	€ 710,--
7	1	Appartement 50 m² à € 70 inkl. Endreinigung € 10	€ 500 ,--
Gesamtpreis			€ 1.210 ,--

Wir freuen uns schon darauf, Sie als Gast begrüßen zu dürfen.

Hinweis: Erst durch eine Bestätigung wird das Angebot verbindlich zu einer Reservierung.

Bei der Reservierung wird die Reihenfolge der Bestellungen berücksichtigt.

Mit freundlichen Grüßen

Der Chef, am 11. Januar 2013

Appartementdorf Schöner Ausblick

Bergstraße 1

12345 Schöner Ort

Die Analyse ergibt folgende Gegenstandstypen:

- Gast: Herr Gruber

- Angebot: Angebot vom 11. Januar 2013

- Angebotspositionen:
  - 2 Appartements der Kategorie 35 m²
  - 1 Appartement der Kategorie 50 m²

- Appartementkategorie:
  - Preis Appartement 35 m²: EUR 50
  - Preis Appartement 50 m²: EUR 70

Die Gegenstandstypen wie Kunde und Angebot stehen in dieser Auflistung einfach nur für sich alleine und es ist dadurch noch nicht unbedingt direkt eine Beziehung zwischen den Gegenstandstypen erkennbar. Daher wird nun im nächsten Schritt der Beziehungstyp zwischen den Gegenstandstypen ermittelt, wobei zwischen folgenden Beziehungstypen unterschieden wird.

- **1:1 Beziehungstyp:** Jede Entity (Relation, Datensatz) eines Gegenstandstyps A steht mit genau einer Entity des Gegenstandstyps B in Beziehung.

- **1:N Beziehungstyp:** Jede Entity (Relation, Datensatz) eines Gegenstandstyps A steht mit einer oder mehreren Entities des Gegenstandstyps B in Beziehung.

- **M:N Beziehungstyp:** Mehrere Entities (Relation, Datensatz) eines Gegenstandstyps A stehen mit mehreren Entities des Gegenstandstyps B in Beziehung.

Die Gegenstandstypen für das Angebotsmodul stehen damit wie folgt in Beziehung:

- Ein Gast kann eines oder mehrere Angebote erhalten: 1:N Beziehung

- Ein Angebot kann eine oder mehrere Angebotspositionen enthalten: 1:N Beziehung

- Eine Angebotsposition steht für eine Appartementkategorie (auch wenn die Anzahl größer 1 sein kann): 1:1 Beziehung

- Eine Appartementkategorie kann in mehreren Angeboten vorkommen: M:N Beziehung

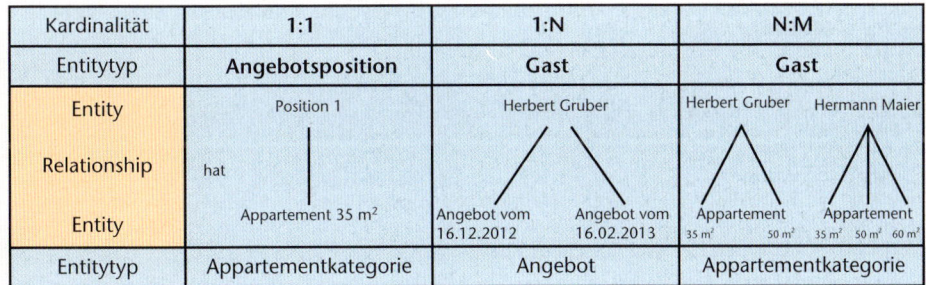

Beziehungstypen am Beispiel

Die Attribute zu einem Entity-Typen werden wie folgt grafisch dargestellt:

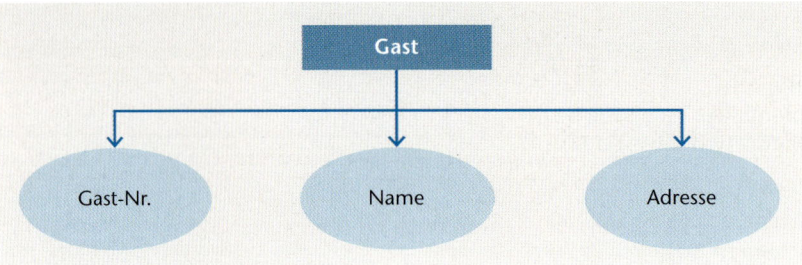

Attribute eines Entity-Typen

Es gibt verschiedene Arten ein ER-Modell darzustellen, hier wird die sogenannte Chen Notation verwendet:

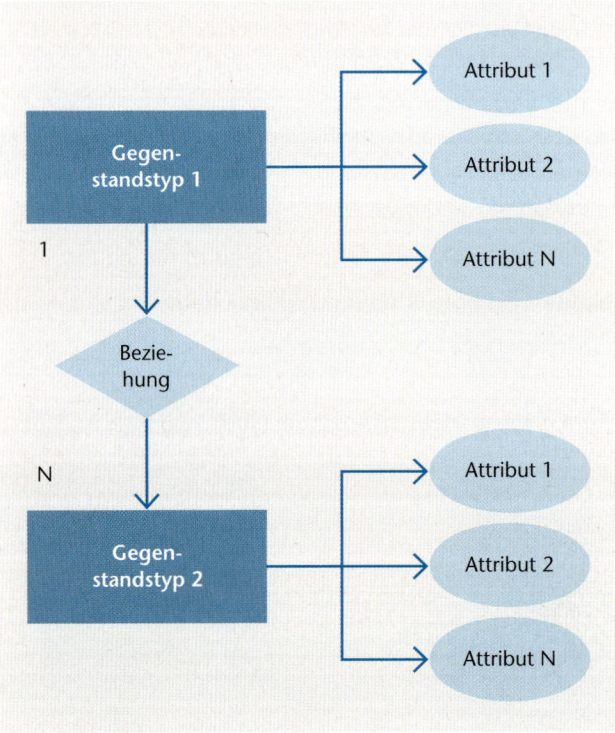

Chen Notation

Das ER-Modell für das Angebotsmodul sieht damit wie folgt aus:

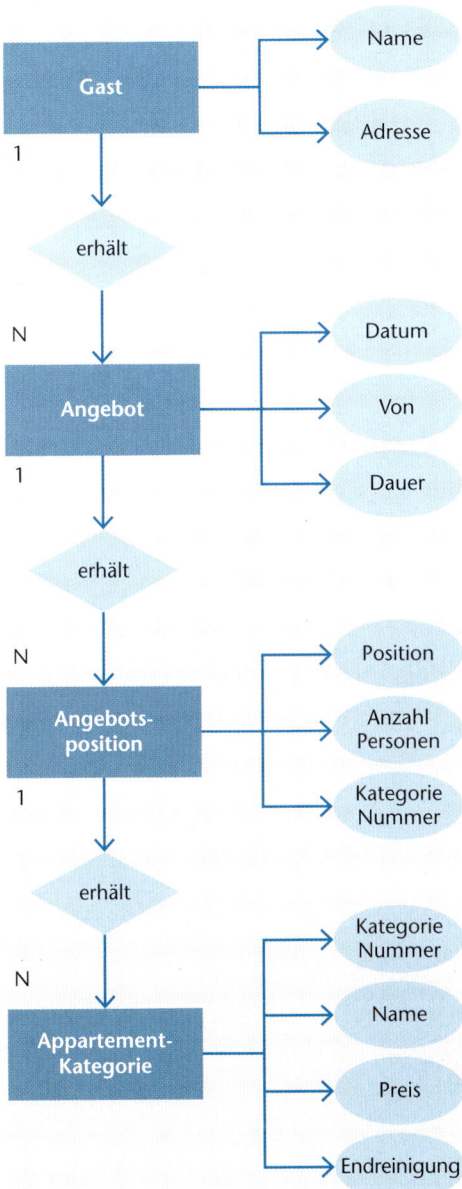

Allgemeines Modell

9.5.2 Generalisierung und Spezialisierung

Arbeitsauftrag

Erstellen Sie ein generalisiertes ER-Modell für verschiedene Unterkunftskategorien wie Hotelzimmer und Appartement.

Das oben beschriebene Beispiel ist derzeit nur für die Unterkunftskategorie Appartement ausgelegt. Wenn in Phase 2 die Software und die Datenbank für mehrere Unterkunftskategorien ausgelegt wird, könnte man für jede Unterkunftskategorie eine eigene Tabelle implementieren. Dann würden aber in jeder Tabelle gemeinsame Datenfelder wie Preis und Name mehrfach vorkommen. So wie in der objektorientierten Programmierung gemeinsame Klassenmitglieder in einer Basisklasse implementiert werden können, kann in der Datenbank eine gemeinsame Tabelle für gemeinsame Datenfelder implementiert werden. So kann auch auf Datenbankebene eine Generalisierung und Spezialisierung von Gegenstandstypen umgesetzt werden.

Im ER-Modell selbst wird die Beziehung zwischen Generalisierung und Spezialisierung mit einem „Is-A"- bzw. „Ist-Ein"-Beziehungstyp hergestellt.

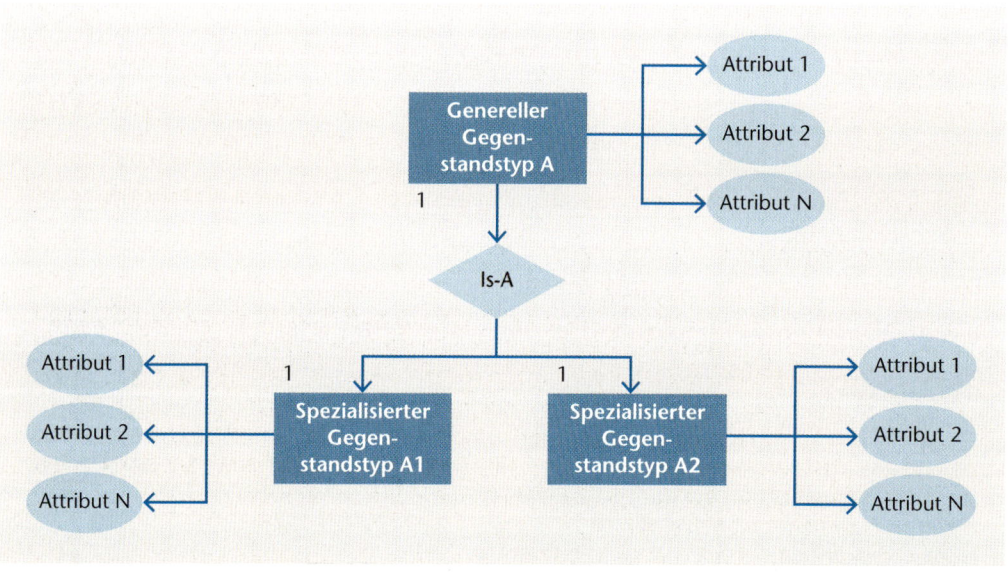

Is-A-Beziehung

In diesem ER-Modell wird auf den Begriff Fremdschlüssel vorgegriffen. Um zu erkennen, welcher Datensatz in den spezialisierten Tabellen zum Datensatz in der generalisierten Tabelle gehört, gibt es in den spezialisierten Tabellen den Fremdschlüssel Kategorie-Nummer.

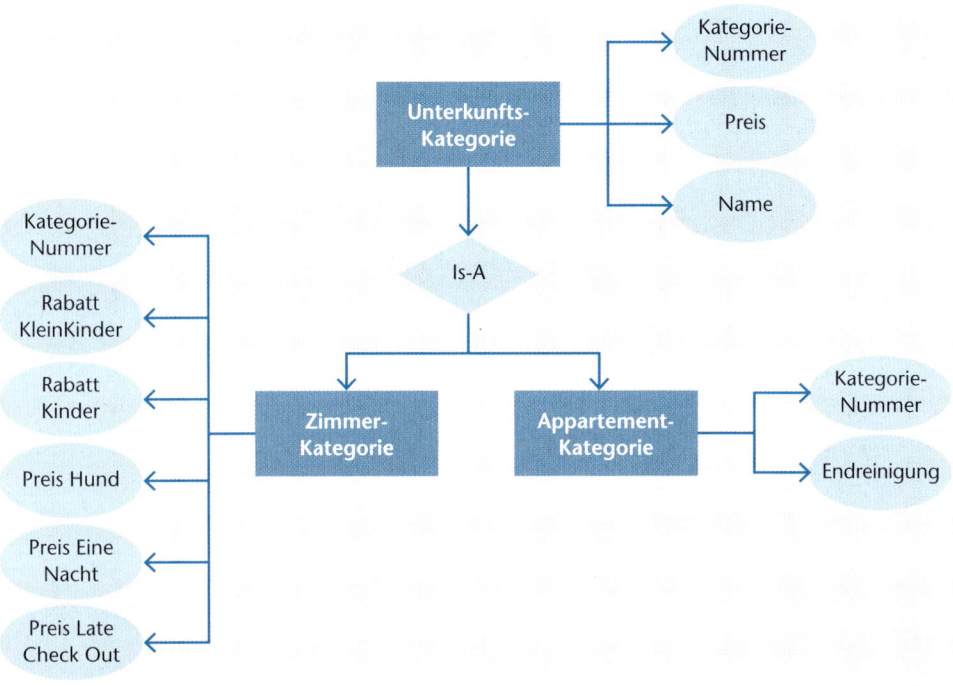

ER-Modell Unterkunftsarten

9.6 Normalisierungsprozess

Mit Hilfe der ERM-Datenmodellierung wurden die Gegenstandstypen und Beziehungen untereinander identifiziert und modelliert. Das ER-Datenmodell zeigt zunächst nur auf, welche Arten von Daten es gibt, aber noch nicht wie dieses Modell in einer Datenbank umgesetzt werden soll. Um eine geeignete Tabellenstruktur zu finden, gibt es den Prozess der Normalisierung. Ziel ist es, eine redundante Datenstruktur zu finden, d. h., es sollen sich im Idealfall keine Daten wiederholen. Der Idealfall hat aber auch Grenzen. Auch wenn die Nicht-Redundanz das Ziel ist, sollten die Faktoren Übersichtlichkeit, Wartung und Aufwand berücksichtigt werden.

9.6.1 Unnormalisierte Tabelle

Arbeitsauftrag

Erstellen Sie eine unnormalisierte Tabelle.

Um auf die Tabellenstruktur zu kommen, wird angenommen, dass die Angebotssoftware Appartements ausgelegt werden soll. Um ein oder mehrere Appartements für einen Gast anzubieten, wurden bisher folgende notwendige Attribute analysiert: Name, Adresse, Angebotsposition, Appartementkategorie, Anzahl und Aufenthaltsdauer. Diese Attribute werden einfach der Reihe nach in Spalten geschrieben. Da es hier um den Sachverhalt Angebot geht, wird jedes Angebot in eine Zeile geschrieben. Dabei dürfen in einer Tabellenzelle mehrere Attributswerte vorkommen.

Die Daten aus der Angebots-Mail im Kapitel 9.4.1 „Grundlagen" werden zunächst in eine Tabelle geschrieben. In jede Zeile wird ein Angebot geschrieben. Hat das Angebot mehr als eine Angebotsposition, können dadurch mehrere Werte in einer Zelle stehen. Um verschiedene Aspekte zu demonstrieren, werden noch weitere Angebote in die Tabelle geschrieben.

Name	Adresse	Angebots-datum	Position	Anzahl	Appartement-kategorie	Von	Aufent-halts-dauer
Herbert Gruber	54321 Berlin, Graben 1	11.10.2012	1 2	2 1	Appartement 35 m² Appartement 50 m²	16.12.2012 16.12.2012	7 7
Her-mann Maier	12345 Köln, Berggasse 7	01.12.2012	1	2	Appartement 50 m²	20.12.2012	14
Herbert Gruber	54321 Berlin, Graben 1	14.01.2013	1 2 3	2 1 1	Appartement 35 m² Appartement 50 m² Appartement 60 m²	16.02.2013 16.02.2013 16.02.2013	12 12 12

9.6.2 1. Normalform

Arbeitsauftrag

Erstellen Sie eine Tabellenstruktur in der 1. Normalform.

Die unnormalisierte Tabelle im vorherigen Kapitel würde vielleicht eher ein Sachbearbeiter auf einem Stück Papier niederschreiben. Aus Sicht einer Datenbank kommen aber die Daten mehrfach vor. Mehrfach vorkommende Daten haben verschiedene Nachteile, wie beispielsweise das Aktualisieren einer Adresse. Daher wird über den Prozess der Normalisierung die Datenredundanz aufgelöst. Es existieren mehrere Normalformen. In diesem Buch werden die ersten drei Normalformen beschrieben, da diese in der Praxis meistens ausreichen, um eine gute Datenbankstruktur zu entwerfen.

Um die 1. Normalform zu erreichen, wird eine Tabelle so aufgebaut, dass deren Attribute unteilbare Wertebereiche aufweisen. D.h., in jeder Tabellenzelle soll nur ein einfacher Wert gespeichert werden. Dazu wird analysiert, ob es für den Ablauf erforderlich ist, die bisher ermittelten Attribute noch weiter zu zerlegen. Beispielsweise könnte die Marketing-abteilung alle Gästedaten aus einer bestimmten Region benötigen, daher könnte man das Attribut Adresse in weitere Attribute wie PLZ, Ort und Straße aufteilen. Nur so kann die Datenbank relativ einfach die benötigten Gästedaten finden, wenn diese getrennt in der

Datenbank abgespeichert sind. Ob man das Attribut Straße in die Attributswerte Straße und Hausnummer zerlegt, hängt von der Art der Anwendung ab. Nicht jede weitere Zerlegung ist also sinnvoll. In diesem Fall wird das Attribut Straße nicht weiter zerlegt.

Hingegen könnte für einen Online-Routenplaner (mit automatischer Vervollständigungs-Funktion in der Adresszeile) eine Zerlegung in Straße und Hausnummer durchaus Sinn machen. Hier müssen immer die Anforderungen an eine Software berücksichtigt werden.

Vor-name	Name	PLZ	Ort	Straße	Angebots-datum	Posi-tion	Anzahl	Appart-mentka-tegorie	Von	Aufent-halts-dauer
Herbert	Gruber	54321	Berlin	Graben 1	11.10.2012	1	2	Appartement 35 m²	16.12.2012	7
Herbert	Gruber	54321	Berlin	Graben 1	01.12.2012	2	1	Appartement 50 m²	16.12.2012	7
Her-mann	Maier	12345	Köln	Berg-gasse 7	14.01.2013	1	2	Appartement 50 m²	20.12.2013	14
Herbert	Gruber	54321	Berlin	Graben 1		1	2	Appartement 35 m²	16.02.2013	12
Herbert	Gruber	54321	Berlin	Graben 1		2	1	Appartement 50 m²	16.02.2013	12
Herbert	Gruber	54321	Berlin	Graben 1		3	1	Appartement 60 m²	16.02.2013	12

9.6.3 2. Normalform

Arbeitsauftrag

Erstellen Sie eine Tabellenstruktur in der 2. Normalform.

Wenn in einer Relation (= Tabelle) ein oder mehrere Atttribute (= Primärschlüssel) die Werte von anderen Attributen bestimmen und die 1. Normalform vorliegt, ist die 2. Normalform erfüllt. In der Fachsprache heißt das: Attribute (die nicht Teil eines Schlüssels sind) sind funktional abhängig von einem Primärschlüssel.

Auch wenn der Name Primärschlüssel bzw. Schlüssel noch unbekannt erscheinen mag, begegnen wir diesem doch häufig im Alltag. Ein solches alltägliches Beispiel ist der Anruf beim Pizzaservice. Hat der Pizzaservice Kundendaten wie Telefonnummer und Adresse gespeichert, braucht man oft nicht mehr seinen Namen und Adresse bekannt geben, da ein Computerprogramm die Kundendaten über die mitgesendete Telefonnummer herausfindet. Es genügt also ein einziges Attribut, um die restlichen Daten zu finden. So ein Attribut wird Primärschlüssel genannt. Die Wahl des richtigen Attributes ist wichtig, um die Daten eines Datensatzes eindeutig im System zu finden. So ganz eindeutig dürfte die Telefonnummer auch nicht sein, denn eine Frage des Pizzaservices ist: „Sind Sie Herr/ Frau XYZ in der Musterstraße 5?". Denn es kann sich sowohl die Telefonnummer als auch die Adresse des Kunden ändern.

Daher wird oft ein künstlicher Schlüssel verwendet, beispielsweise eine Kundennummer. Diese Nummer wird den meisten von uns von Kundenkarten oder Rechnungen bekannt vorkommen. Wenn wir einkaufen, wird in vielen Geschäften zuerst nach der Kunden- karte mit der Kundennummer gefragt, wodurch das System die Kundendaten eindeutig finden kann. Diese Nummer ist meistens auch das Erste, wonach wir auch bei einer Servicehotline gefragt werden.

Daher besteht der nächste Schritt darin herauszufinden, welche Attribute sich durch einen Primärschlüssel eindeutig bestimmen lassen. Die Gästedaten mit den Attributen Vorname, Nachname, PLZ, Ort und Straße werden durch das Attribut Gastnummer eindeutig identi- fiziert. Daher werden diese Daten in einer eigenen Tabelle namens Gasttabelle abgebildet. In dieser Tabelle wiederholt sich kein einziger Datensatz, sodass Datenredundanz vermie- den wird. Damit ist auch die 2. Normalform für die Gästedaten erfüllt, da die anderen Attribute vom Primärschlüssel Gastnummer funktional abhängig sind.

Gastnummer	Vorname	Name	PLZ	Ort	Straße
1	Herbert	Gruber	54321	Berlin	Graben 1
2	Hermann	Maier	12345	Köln	Berggasse 7

Ein Primärschlüssel kann sich auch aus mehreren Attributen zusammensetzen. Die Angebotstabelle im nächsten Schritt enthält so einen zusammengesetzten Primärschlüs- sel. Hier identifizieren die Spalten Gastnummer, Auftragsnummer und Positionsnummer eindeutig einen Datensatz.

Gast-nummer	Angebots-nummer	Angebots-datum	Position	Anzahl	Appartement-kategorie	Von	Aufenthalts-dauer
1	501	11.10.2012	1	2	Appartement 35 m²	16.12.2012	7
1	501	11.10.2012	2	1	Appartement 50 m²	16.12.2012	7
2	502	01.12.2012	1	2	Appartement 50 m²	20.12.2012	14
1	503	14.01.2013	1	2	Appartement 35 m²	16.02.2013	12
1	503	14.01.2013	2	1	Appartement 50 m²	16.02.2013	12
1	503	14.01.2013	3	1	Appartement 60 m²	16.02.2013	12

In der Tabelle Angebot kommt die Appartementkategorie ebenfalls mehrfach vor. Daher ist auch die Appartementkategorie ein Kandidat für eine eigene Tabelle mit einem eigenen Primärschlüssel. Diese Werte werden in der Tabelle Appartementkategorie abgespeichert.

Kategorie-Nummer	Name	Preis	Endreinigung
1	Appartement 35 m²	50	10
2	Appartement 50 m²	70	10
3	Appartement 60 m²	90	15

Damit braucht man in der Tabelle Angebot nur noch die Nummer aus der Spalte Kategorienummer der Tabelle Appartementkategorie eintragen. Da der Schlüssel in der Tabelle Angebot auf eine fremde Tabelle zeigt, wird dieser Schlüssel auch Fremdschlüssel genannt.

Gast-nummer	Angebots-nummer	Angebots-datum	Position	Anzahl	Appartement-kategorie	Von	Aufenthalts-dauer
1	501	11.10.2012	1	2	1	16.12.2012	7
1	501	11.10.2012	2	1	2	16.12.2012	7
2	502	01.12.2012	1	2	2	20.12.2012	14
1	503	14.01.2013	1	2	1	16.02.2013	12
1	503	14.01.2013	2	1	2	16.02.2013	12
1	503	14.01.2013	3	1	3	16.02.2013	12

Damit ergibt sich folgende Tabellenstruktur für das Angebotsmodul:

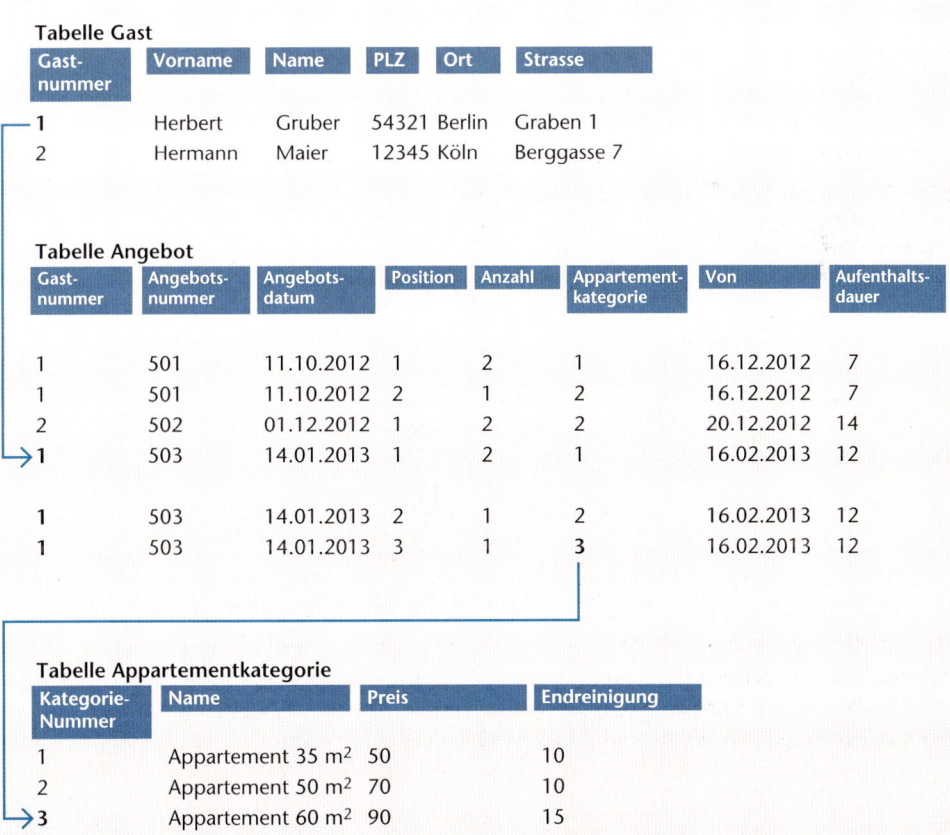

9.6.4   3. Normalform

Arbeitsauftrag

Erstellen Sie eine Tabelle in der 3. Normalform.

Wenn ein Attribut X vom Primärschlüssel und ein Attribut Y vom Attribut X abhängt, wird davon ausgegangen, dass auch Attribut Y vom Primärschlüssel abhängt, wobei vorausgesetzt wird, dass es sich bei den Attributen X und Y um Nichtschlüsselattribute handelt. Attribut Y ist somit transitiv vom Primärschlüssel abhängig. Wird nun diese Transitivität vermieden und liegt die Tabelle in der 2. Normalform vor, ist die 3. Normalform erreicht.

Der zusammengesetzte Primarykey Auftragsnummer und -position bestimmt eindeutig eine Datenzeile. Beispielsweise ergeben sich aus den Attributen Auftragsnummer 501 und -position 1 die Auftragsposition mit den funktional abhängigen Attributen Anzahl 2, Appartementkategorie 1, dem Von-Datum 16.12.2012 und die Aufenthaltsdauer von 7 Tagen. Weiterhin bestimmt der Primarykey die Gastnummer und diese wiederum das Angebotsdatum. Daher ist das Angebotsdatum transitiv abhängig vom Primarykey. Jedes Attribut sollte aber nur direkt vom Primarykey abhängig sein. Daher werden die Attribute Angebotsnummer, Gästenummer und Angebotsdatum von den restlichen Attributen für die Angebotsposition getrennt und jeweils als eigene Relation abgebildet. Damit ergibt sich folgende Tabellenstruktur:

Angebotsnummer	Gastnummer	Angebotsdatum
501	1	11.10.2012
502	2	01.12.2012
503	1	14.01.2013

In dieser Tabelle kommt jede Angebotsnummer und jedes Angebotsdatum nur einmal vor. Dieser Tabelle könnte man noch zusätzliche Attribute wie Sachbearbeiter, Gültig-Bis-Datum, Angebotstitel usw. hinzufügen. Ändert sich beispielsweise das Gültig-Bis-Datum oder der Angebotstitel aufgrund einer falschen Eingabe, muss man nur einen Datensatz ändern. Wäre die Tabelle in der 2. Normalform, müsste man mehrere Datensätze ändern, was unter Umständen mit hohem Aufwand verbunden wäre.

Angebotsnummer	Gastnummer	Angebotsdatum	Sachbearbeiter
501	1	11.10.2012	Fink
502	2	01.12.2012	Fink
503	1	14.01.2013	Muller

Die restlichen Attribute wandern in die Tabelle Angebotspositionen, aus der die Spalten Angebotsdatum und Gastnummer verschwinden.

Angebots-nummer	Position	Anzahl	Appartement-kategorie	Von	Aufenthalts-dauer
501	1	2	1	16.12.2012	7
501	2	1	2	16.12.2012	7

Angebots-nummer	Position	Anzahl	Appartement-kategorie	Von	Aufenthalts-dauer
502	1	2	2	20.12.2012	14
503	1	2	1	16.02.2013	12
503	2	1	2	16.02.2013	12
503	3	1	3	16.02.2013	12

Damit ergibt sich folgende Tabellenstruktur:

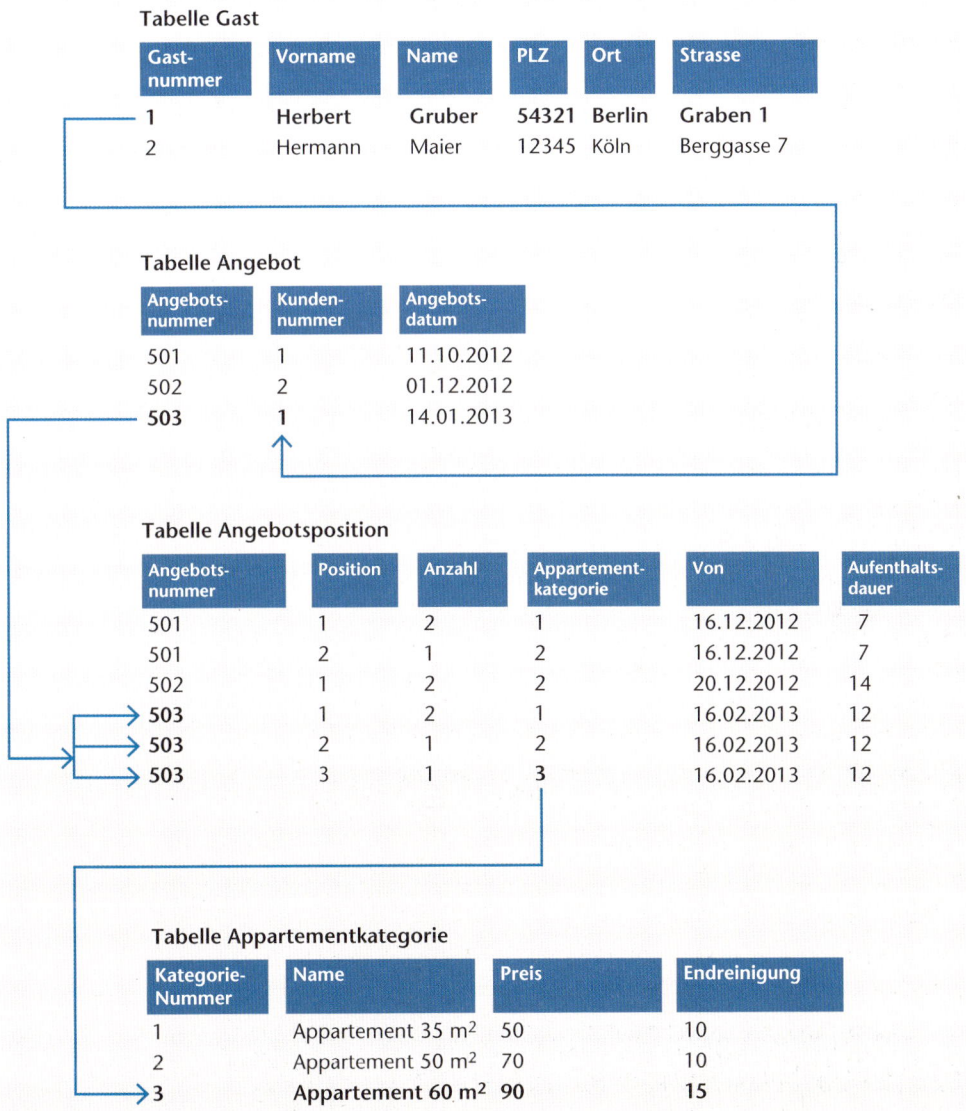

Tabelle Gast

Gast-nummer	Vorname	Name	PLZ	Ort	Strasse
1	Herbert	Gruber	54321	Berlin	Graben 1
2	Hermann	Maier	12345	Köln	Berggasse 7

Tabelle Angebot

Angebots-nummer	Kunden-nummer	Angebots-datum
501	1	11.10.2012
502	2	01.12.2012
503	1	14.01.2013

Tabelle Angebotsposition

Angebots-nummer	Position	Anzahl	Appartement-kategorie	Von	Aufenthalts-dauer
501	1	2	1	16.12.2012	7
501	2	1	2	16.12.2012	7
502	1	2	2	20.12.2012	14
503	1	2	1	16.02.2013	12
503	2	1	2	16.02.2013	12
503	3	1	3	16.02.2013	12

Tabelle Appartementkategorie

Kategorie-Nummer	Name	Preis	Endreinigung
1	Appartement 35 m^2	50	10
2	Appartement 50 m^2	70	10
3	Appartement 60 m^2	90	15

Aufgaben

1. *Entwerfen Sie ein ER-Modell für die Verwaltung von Kundenkontakten. Die Verwaltungssoftware soll auf einer Messe eingesetzt werden. Wenn ein Kunde einen Messestand besucht, werden die Kundenkontaktdaten (Firma, Ansprechperson, Position, Adresse, Telefon, E-Mail) gespeichert. Da auf dem Messestand unterschiedliche Betreuer arbeiten, wird der Betreuer (Personal-Nummer, Vorname, Nachname, Telefonnummer, Adresse) ebenfalls vermerkt. Pro Kontakt (Besuch, Anruf etc.) wird das Datum und die Uhrzeit und eine Notiz vermerkt (Beispiel: wollte Infomaterial, wollte Herrn Müller sprechen).*

2. *Entwerfen Sie ein ER-Modell für eine Datenbank zur Verwaltung von Projektteams. Ein Projekt enthält folgende Informationen: Name, Beschreibung, Projektstart und -ende. Ein Projekt hat einen Projektleiter, der ein Mitarbeiter ist. Desweiteren hat ein Projekt ein- oder mehrere Teammitglieder, welche ebenfalls Mitarbeiter sind. Ein Mitarbeiter kann einem oder mehreren Projekten zugeordnet sein. Zu den Mitarbeitern werden folgende Informationen gespeichert: Vorname, Nachname, Personalnummer, Adresse, Telefonnummer und E-Mail-Adresse.*

10 Standard Query Language (SQL)

Mithilfe der Standard Query Language können Sie sowohl die Datenstruktur als auch die Daten selbst manipulieren.

10.1 Hauptauftrag

Der Projektleiter beauftragt Sie, eine Datenbank auf Basis des Datenentwurfs des vorangegangenen Kapitels zu implementieren. Die Definition der Datenbankstruktur erfolgt mithilfe der Data Defintion Language (DDL), welche im Kapitel 10.1 vorgestellt wird. Die Daten selbst werden mit Data Manipulation Language (DML) manipuliert und ab Kapitel 10.2. behandelt.

Vorraussetzungen

In der weiteren Entwurfsphase wurde erkannt, dass zwischen verschiedenen Gastarten wie Standard und Stammkunde unterschieden werden soll. Durch diese Trennung nach Gastart erhalten Stammkunden einen bestimmten Rabatt auf die Gesamtsumme. Die Information, ob ein Gast Stammkunde ist, kommt aus dem Rechnungssystem oder kann durch einen Administrator geändert werden.

Daher wird eine eigene Tabelle namens Gastart mit den Spalten ID, Name und Beschreibung sowie Rabatt der Tabellenstruktur hinzugefügt. In der Tabelle Gast wird die Spalte GastartID hinzugefügt, welche ein Fremdschlüssel auf die Spalte ID in der Tabelle Gastart ist.

10.2 Data Defintion Language Teil 1

Jedes Datenbanksystem hat sein eigenes Werkzeug, um Datenbanken zu administrieren. Im Fall von Microsoft heißt das Werkzeug „SQL Server Management Studio". Nach dem Start präsentiert das Tool den folgenden Dialog:

Da ein Datenbankmodul am lokalen Rechner mit Windows-Authentifizierung angelegt werden soll, werden die Standardeinstellungen laut Screenshot belassen (hier kann noch der Servername variieren, da jeder Rechner anders heißt). Zur Info: Es können auch eine Datenbank auf einem Server angegeben oder andere Authentifizierungen eingestellt werden. Für diese Zwecke genügen die Standardeinstellungen.

Verbindung zur Datenbank herstellen

10.2.1 Datenbank anlegen

Arbeitsauftrag

Legen Sie eine Datenbank namens Hotelsoftware an.

Nach dem Verbinden mit der lokalen Datenbank präsentiert das Tool einen Objekt-Explorer. In diesem sieht man auf oberster Ebene den Namen des Servers, der vorher im Verbindungsdialog angegeben wurde. In zweiter Ebene befinden sich Datenbankobjekte für Datenbanken, Sicherheit, Serverobjekte usw.

Um eine neue Datenbank anzulegen, öffnen Sie das Kontextmenü im Knoten „Datenbank" und wählen das Menü „neue Datenbank".

Arbeitsauftrag

Geben Sie im folgenden Dialog den Datenbanknamen ein. Drücken Sie OK und Sie haben mit einfachen Mitteln eine neue Datenbank angelegt:

Im Knoten Datenbanken befindet sich nun die neue Datenbank namens Hotelsoftware. Damit ist die Basis für das Anlegen der ersten Tabelle geschaffen.

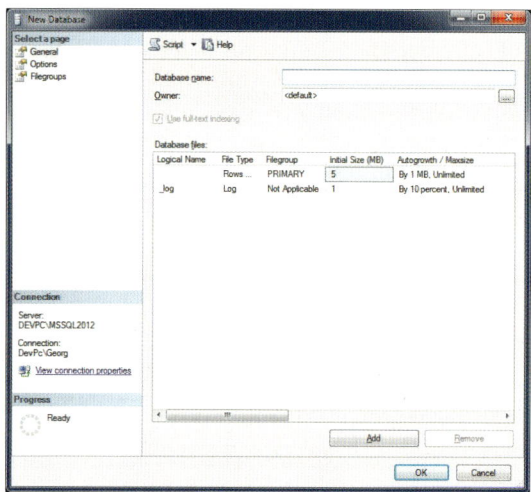

Neue Datenbank anlegen

10.2.2 Abfrage-Editor, Use und Go Statement

Arbeitsauftrag

Stellen Sie eine Verbindung zur Datenbank Hotelsoftware her.

Die folgenden Statements müssen im Abfrage-Editor ausgeführt werden. Dieser wird über den Button „Neue Abfrage" geöffnet. Nach dem Öffnen des Editors würden die Statements für die Standarddatenbank ausgeführt werden. Damit die Statements für eine bestimmte Datenbank wie die Hotelsoftware gelten, muss zuvor der USE-Befehl abgesetzt werden.

Syntax

USE database_name

Im Abfrage-Editor können ein oder mehrere Statements eingegeben werden. Diese Statements können als Gruppe auf einmal an den Server gesendet werden (anstatt jedes einzelne hintereinander). Damit der Abfrage-Editor erkennt, wann das Statement zu übermitteln ist, wird der GO-Befehl verwendet. Der GO-Befehl ist jedoch kein typisches SQL-Statement, sondern kennzeichnet einen Batchlauf. In der folgenden Syntax kann optional eine Anzahl an auszuführenden Befehlen angegeben werden.

Syntax

GO [Count]

```
use Hotelsoftware;
go
```

10.2.3 Schema anlegen

Arbeitsauftrag

Legen Sie die Schemata Allgemein und Angebot in der Datenbank Hotelsoftware an.

Auch wenn die Tabelle die Basis für relationale Datenbanken ist, gibt es noch eine Vielzahl von weiteren Datenbankobjekten. Das sind unter anderem: Views und Stored Procedures. Diese Datenbankobjekte können in einer Datenbank eine bestimmte Anzahl erreichen und damit unübersichtlich werden. Beispielsweise besteht die Hotelsoftware aus den Modulen Angebot, Reservierung und Rechnung, wobei jedes Modul seine eigenen Tabellen hat. Um den Überblick zu gewährleisten, könnte man pro Modul oder Thema eine eigene Datenbank anlegen. Eine andere Möglichkeit bietet das Schema. Mit Hilfe des Schemas können verschiedene Datenbankobjekte zu einer Gruppe zusammengefasst werden. So könnte man die Tabellen Angebot und Angebotsposition dem Schema-Namen Angebot zuteilen. Hingegen ist die Tabelle Gastart und Gast ein Datenbankobjekt, welches Schema übergreifend verwendet werden wird. Dieses Objekt könnte in den Standardschema-Namen dbo erstellt werden oder es wird ein eigenes Schema namens Allgemein erstellt.

Die einfachste Syntax zum Erzeugen eines Schema-Namens lautet:

Syntax

CREATE SCHEMA schema_name_clause

```
use Hotelsoftware;
go
create schema Allgemein;
go
```

10.2.4 Tabelle ohne Constraints anlegen

Arbeitsauftrag

Legen Sie die Tabelle Gastart für das Angebotsmodul an.

Die Spalten(namen) einer Tabelle legen die Tabellenstruktur fest. Nicht so offensichtlich ist, dass zu einem Spaltennamen ein Datentyp gehört. Wie in der Programmiersprache C# existieren verschiedene Datentypen wie Zahlen und Text. Neben dem Spaltennamen und Datentypen gibt es noch folgende weitere Elemente einer Tabelle: Tabellenname und Primarykey. Mit diesen minimalen Informationen und dem Statement CREATE TABLE lässt sich eine Tabelle anlegen. Da dieses Statement sehr viele Parameter aufweist, wird hier nur eine Minimalvariante beschrieben. Die volle Syntax kann in der MSDN (Microsoft Developer Network) nachgelesen werden.

Syntax

```
CREATE TABLE
    [ database_name . [ schema_name ] . | schema_name . ] table_name
    ( { <column_definition> [ ,...n ] ) }
[ ; ]

<column_definition> ::=column_name <data_type>
    [ NULL | NOT NULL ]
    [ CONSTRAINT constraint_name ] DEFAULT constant_expression ]
    [ ROWGUIDCOL ] [ <column_constraint> [ ...n ] ]

<data type> ::=
[ type_schema_name . ] type_name
    [ (precision [ ,scale ] ]

<column_constraint> ::=
[ CONSTRAINT constraint_name ]
{    { PRIMARY KEY  }
}
```

Der Befehl zum Erzeugen einer Tabelle wird mit CREATE TABLE eingeleitet. Der erste Muss-Parameter ist der Tabellenname. Optionale Parameter wie database_name, schema_name sind von eckigen Klammern [] umgeben. Der Name des optionalen Parameters database_name kann noch erahnt werden. Der Datenbankname wurde in einem der letzten Kapitel mit dem Namen „Hotelsoftware" festgelegt. Dem optionalen Parameter schema_name wird der Name des Schemas wie Allgemein oder Angebot übergeben.

Nachdem der Speicherort und der Name der Tabelle festgelegt wurden, können nun der Reihe nach die Spalten definiert werden. Die Spalten wiederum bestehen aus einem Spaltennamen und dem Datentyp. In der Tabelle werden nur die wichtigsten Datentypen aufgezählt:

Kategorie	Datentyp
Exact Numeric	Bigint
	Numeric
	Bit
	smallint
	Decimal
	smallmoney

Kategorie	Datentyp
	tinyint
	Int
	money
Approximate Numerics	float
	real
Date and Time	date
	datetimeoffset
	datetime2
	smalldatetime
	datetime
	time
Character String	char
	varchar
	Text

```
use Hotelsoftware
go
create table Allgemein.Gastart
(
      ID int,
      Name char(20),
      Rabatt Decimal
);
go
```

Hinweis:

In diesem Beispiel fehlen noch der Primarykey und andere Constraints.

Dieses Beispiel soll lediglich die einfachste Syntax zum Anlegen einer Tabelle demonstrieren.

10.2.5 Tabellen ändern

Arbeitsauftrag

Fügen Sie der vorhandenen Tabelle Allgemein.Gastart die Spalte Beschreibung hinzu.

Eine einmal angelegte Datenbankstruktur mit verschiedenen Datenbankobjekten wie Tabellen ist nicht in Stein gemeißelt. Im Laufe des Anwendungslebenszyklus (Entwicklung, Einführung, Wachstum, Sättigung/Reife, Abschaffung) kann sich die Datenbankstruktur ändern. So erkennt man beispielsweise während der Entwicklungszeit, dass man die eine oder andere Spalte vergessen hat oder nach der Einführungsphase kommen neue Anforderungen hinzu. Daher haben DDL-Statements nicht nur Befehle zum Erzeugen, sondern auch Befehle zum Ändern. Im Falle einer Tabelle heißt das Statement

ALTER TABLE. Für den konkreten Fall, dass eine Spalte hinzugefügt werden soll, lautet die Syntax wie folgt:

Syntax

```
ALTER TABLE [ database_name . [ schema_name ] . | schema_name . ] table_name
{
ADD
    {
        <column_definition>
    } [ ,...n ]
}
[ ; ]
```

Es existieren noch zahlreiche andere Varianten, um eine vorhandene Tabellenstruktur zu ändern. Im Rahmen dieses Buches wird nur sehr kurz auf eine wichtige Variante eingegangen, um zu demonstrieren, welche Möglichkeiten SQL bietet.

```
use Hotelsoftware
go
alter table Allgemein.Gastart
        add
        Beschreibung char(100)
;
go
```

10.2.6 Tabellen löschen

Arbeitsauftrag

Löschen Sie die Tabelle Allgemein.Gastart.

Eine Tabelle kann nicht nur erzeugt und geändert, sondern auch gelöscht werden. Das Statement zum Löschen lautet DROP TABLE. Der Vollständigkeit halber sei erwähnt, dass mit dem DROP-Befehl auch andere Datenbankobjekte (wie USER etc.) gelöscht werden können.

Syntax

```
DROP TABLE [ database_name . [ schema_name ] . | schema_name . ]
    table_name [ ,...n ] [ ; ]
```

```
use Hotelsoftware
go
drop table Allgemein.Gastart;
go
```

10.2.7 Tabelle mit Primary Key anlegen

Arbeitsauftrag ·

Legen Sie eine Tabelle Allgemein.Gastart mit einem Primary Key an.

Die bisher angelegte Tabellenstruktur verhindert nicht, dass in der Tabelle gleiche Werte mehrfach vorkommen können. Beispielsweise könnten so zwei Datensätze mit der ID 1 angelegt und die Spalte Name könnte leer gelassen werden. Um solche widersinnigen Datenkonstellationen zu verhindern, existieren Constraints. Constraints bedeutet übersetzt Einschränkungen. In diesem Kapitel wird der Primarykey und Unique Key Constraint behandelt. Der Primarykey Constraint definiert welche Spalten (eine oder mehrere) ein Primärschlüssel sind. Der Primärschlüssel ist wichtig, um einen Datensatz eindeutig zu identifizieren. Die Syntax von SQL-Server erlaubt, den Primärschlüssel auf Tabellen- oder Spaltenebene zu definieren. Die folgende Syntax bezieht sich auf die Definition auf Tabellenebene.

Syntax

```
CREATE TABLE
    [ database_name . [ schema_name ] . | schema_name . ] table_name
    ( { <column_definition> | [ <table_constraint> ] [ ,...n ] ) }
[ ; ]
<column_definition> ::=column_name <data_type>
    [ NULL | NOT NULL ]
<data type> ::=
[ type_schema_name . ] type_name
    [ (precision [ ,scale ]) ]
< table_constraint > ::=
[ CONSTRAINT constraint_name ]
{
    { PRIMARY KEY }
    (column [ ASC | DESC ] [ ,...n ] )
```

Der Constraint erhält einen Namen. Primarykeys haben üblicherweise das Präfix pk. Die Spalten (eine oder mehrere) werden nach dem Keyword PRIMARY KEY in runder Klammer angegeben.

```
use Hotelsoftware
go
CREATE TABLE Allgemein.Gastart
(
ID INT,
Name VARCHAR(15),
Beschreibung VARCHAR(200) ,
Rabatt Decimal
CONSTRAINT pk_gastart_id PRIMARY KEY(ID)
);
GO
```

10.2.8 Tabelle mit weiteren Constraints anlegen

Arbeitsauftrag

Konfigurieren Sie die Tabelle Gastart so, dass die Spalte Name keine NULL-Werte und nur eindeutige Werte enthält.

Im letzten Kapitel wurde der Primarkey Constraint definiert. Es gibt noch weitere wichtige Einschränkungen. Das sind einerseits der Unique Key Constraint und die NULL- bzw. NOT NULL-Einstellungen auf Spaltenebene.

Mit dem Primarykey wurde zunächst nur der Primärschlüssel festgelegt, welche Spalten einen Datensatz eindeutig identifizieren. Oft gibt es aber auch noch andere Spalten, welche einen eindeutigen Wert enthalten sollen, aber nicht zum Primärschlüssel gehören. Mit dem Unique Key Constraint kann erreicht werden, dass der Name für die Gastart wie Standard und Stammkunde nur ein einziges Mal in der Tabelle vorkommt. Möchte man zwischen verschiedenen Stammkunden (für verschiedenen Rabattstaffeln) unterscheiden, muss man für jede Gastart einen eigenen Namen vergeben, z. B. Stammkunde Bronze, Stammkunde Silber und Stammkunde Gold.

In einem Datensatz können Spalten leer gelassen werden. Intern kennzeichnet SQL-Server den Datensatz mit dem Wert NULL. In der Tabellendefinition kann auf Spaltenebene definiert werden, ob in einer Spalte ein Wert eingegeben werden muss (NOT NULL) oder leer gelassen werden darf (NULL).

Syntax

```
CREATE TABLE
    [ database_name . [ schema_name ] . | schema_name . ] table_name
    ( { <column_definition> | [ <table_constraint> ] [ ,...n ] ) }
[ ; ]
<column_definition> ::=column_name <data_type>
    [ NULL | NOT NULL ]
<data type> ::=
[ type_schema_name . ] type_name
    [ (precision [ ,scale ]) ]
< table_constraint > ::=
[ CONSTRAINT constraint_name ]
{
    { UNIQUE }
    (column [ ASC | DESC ] [ ,...n ] )
}
```

```
use Hotelsoftware
go
drop table Allgemein.Gastart
go
CREATE TABLE Allgemein. Gastart
(
ID INT,
Name VARCHAR(15) NOT NULL,
Beschreibung VARCHAR(200),
```

```
Rabatt Decimal,
CONSTRAINT pk_gastart_id PRIMARY KEY(ID),
CONSTRAINT uk_gastart_Name UNIQUE(Name)
);
GO
```

10.2.9 Tabelle mit IDENTITY Column anlegen

Arbeitsauftrag

Legen Sie die Tabelle Allgemein.Gastart so an, dass die ID automatisch vergeben wird.

Eine Spalte wie ID in Gastart oder Gastnummer in der Gasttabelle muss bis jetzt manuell vergeben werden. Es gibt jedoch eine Möglichkeit, dass die Nummernvergabe automatisch erfolgt. Das Keyword dazu heißt IDENTITY. Mit jedem INSERT-Statement (siehe Kapitel 10.3 „Data Manipulation Language") wird der Wert automatisch vergeben.

Syntax

```
CREATE TABLE
    [ database_name . [ schema_name ] . | schema_name . ] table_name
    ( { <column_definition> | [ <table_constraint> ] [ ,...n ] ) }
[ ; ]
<column_definition> ::=column_name <data_type>
    [ NULL | NOT NULL ]
    [
       [ CONSTRAINT constraint_name ]
     | [ IDENTITY [ ( seed ,increment ) ]
    ]
```

Dem Keyword IDENTITY können optional zwei Parameter übergeben werden. Mit Seed wird der Startwert festgelegt und mit Increment um wie viel der Wert erhöht wird. Standardmäßig ist bei beiden Parametern der Wert 1 eingestellt.

```
use Hotelsoftware
go
drop table Allgemein.Gastart
go
CREATE TABLE Allgemein.Gastart
(
ID INT IDENTITY ,
Name VARCHAR(20) NOT NULL,
Beschreibung VARCHAR(200),
Rabatt Decimal,
CONSTRAINT pk_Gastart_id PRIMARY KEY(ID),
CONSTRAINT uk_Gastart_Name UNIQUE(Name)
);
GO
```

10.2.10 Tabelle mit Foreign Key Constraints anlegen

Arbeitsauftrag

Legen Sie die Tabelle Allgemein.Gast an, wobei die Spalte Gastart ein Foreign Key Constraint ist.

In der zuvor angelegten Tabelle Gastart können nun mit dem INSERT-Statement (siehe Kapitel Data Manipulation Language) Datensätze für verschiedene Gastarten wie Standard und Stammkunde angelegt werden. Die Tabelle Gast soll so angelegt werden, dass die Spalte Gastart nur Werte aus der Tabelle Gastart verwendet. Die Spalte Gastart in der Tabelle Gast ist damit ein Fremdschlüssel. Der Fremdschlüssel kann im SQL-Server sowohl auf Spalten- als auch auf Tabellenebene definiert werden. Die folgende Syntax definiert den Foreign Key auf Tabellenebene.

Syntax

```
CREATE TABLE
    [ database_name . [ schema_name ] . | schema_name . ] table_name
    ( { <column_definition>  [ <table_constraint> ] [ ,...n ] ) }
[ ; ]
<column_definition> ::=column_name <data_type>
    [ NULL | NOT NULL ]
    [
      [ IDENTITY [ ( seed ,increment ) ]
    ]
<data type> ::=
[ type_schema_name . ] type_name
    [ (precision [ ,scale ]  ]
<column_constraint> ::=
[ CONSTRAINT constraint_name ]
{    { PRIMARY KEY | UNIQUE }
}
< table_constraint > ::=
[ CONSTRAINT constraint_name ]
{
    FOREIGN KEY
        ( column [ ,...n ] )
        REFERENCES referenced_table_name [ (ref_column [ ,...n ] ) ]
}
```

Der Constraint erhält seinen Namen üblicherweise mit dem Präfix fk, gefolgt vom Tabellen- und Spaltennamen. Nach dem REFERENCES Keyword folgt der Name der zu referenzierenden Tabelle. In geschwungenen Klammern werden einer oder mehrere Spaltennamen der zu referenzierenden Tabelle angegebenen. Damit lässt sich der Constraint wie folgt lesen: Constraint mit dem Namen fk_Tabellenname_Spalte vom Typ Foreign Key verweist auf die Tabelle referenced_table_name mit den Spalte(n) ref_column.

```
use Hotelsoftware
go
create table Allgemein.Gast
(
      Gastnummer int PRIMARY KEY IDENTITY,
      Gastart int,
      Vorname char(20),
      Nachname char(50),
      PLZ numeric(5),
      Ort char(50),
      Strasse char(100),
      Telefon1 char(50),
      Telefon2 char(50),
      Email char(50),
      CONSTRAINT fk_Gastart_ID FOREIGN KEY(Gastart) REFERENCES Allgemein.
      Gastart(ID)
)
go
```

Aufgaben

1. *Legen Sie die restlichen Tabellen für das Angebotsmodul an.*

2. *Erstellen Sie die notwendigen Tabellen, u. a. Datenbankobjekte, für die Datenbank zur Speicherung von Kundenkontakten (Messesoftware) aus Kapitel 9.*

3. *Erstellen Sie die notwendigen Tabellen, u. a. Datenbankobjekte, für die Datenbank Verwaltung von Projektteams aus Kapitel 9.*

10.3 Data Manipulation Language (DML)

Erst wenn die Tabellenstruktur inklusive verschiedener Constraints angelegt wurde, können Daten hinzugefügt, abgefragt, aktualisiert oder gelöscht werden. Bevor dies geschieht, müssen diese jedoch der Datenbank bzw. der Tabelle hinzugefügt werden.

10.3.1 INSERT-Statement

Arbeitsauftrag

Fügen Sie der Tabelle Gastart Datensätze für die Gastart Standard und Stammkunde hinzu.

Laut Auftrag sollen in einer Tabelle folgende Datensätze hinzugefügt werden:

ID	Name	Beschreibung	Rabatt
1	Standard	Kein Stammkunde	0
2	Stammkunde	Stammkunde (ab zehn Reservierungen). Wird von Reservierungssystem gesetzt.	5

Auf einem Blatt Papier würden diese Datensätze der Reihe nach eingetragen werden. Für die Daten der Gastart Standard wären die Schritte wie folgt:

- Eintrag Wert 1 in die Spalte ID
- Eintrag Wert „Standard" in die Spalte Name
- Eintrag Wert „Kein Rabatt" in die Spalte Beschreibung
- Eintrag Wert 0 in die Spalte Rabatt

Um eine Datenzeile einer Tabelle hinzuzufügen, muss also bekannt sein, welcher Wert in welche Spalte kommt. In einer SQL Datenbank wird mit dem INSERT-Statement eine Datenzeile hinzugefügt. Damit dieses Statement erkennt, welcher Wert in welche Spalte geschrieben wird, werden eine Liste der Spalten und eine Liste der Werte als Parameter übergeben.

Syntax

```
INSERT
{
    [ ( column_list ) ]
    VALUES ( [ ,...n ] )
}
[; ]
```

Die Liste des Spaltennamens ist optional. Wird sie weggelassen, müssen in der Liste für die Werte alle Werte aufgelistet werden.

In dieser Variante wird nur die Spalte Name, Beschreibung und Rabatt mit Werten pro INSERT befüllt, da die ID automatisch vergeben wird.

```
use Hotelsoftware
go
insert Allgemein.Gastart(Name,Beschreibung,Rabatt) values('Standard','Kein
Stammkunde',0);
insert Allgemein.Gastart(Name,Beschreibung,Rabatt)
values ('Stammkunde','Stammkunde ab 10 Reservierungen',5);
go
```

10.3.2 SELECT-Statement

Arbeitsauftrag

Listen Sie alle Datensätze in der Tabelle Gastart auf.

In einer Tabelle sind die Daten zunächst nur abgespeichert. Diese Daten werden jedoch von verschiedenen Benutzern bzw. Anwendergruppen unterschiedlich benötigt. So braucht beispielsweise ein Sachbearbeiter zum Erstellen eines Angebots andere Informationen aus der Gasttabelle, als eine Marketingabteilung, welche Gäste mit einer bestimmten Buchungsanzahl ermitteln möchte. Daher wird ein Statement benötigt, welches die Daten ausliest, mit anderen Tabellen verknüpft und unterschiedlich aufbereiten kann. SQL stellt für diese Aufgabe das SELECT-Statement zur Verfügung.

Die folgenden SQL-Syntaxvarianten lesen alle Daten aus einer Tabelle aus:

Syntax

Variante 1: SELECT * FROM <table_source>

Variante 2: SELECT column_name [,...n] FROM <table_source>

Die Variante 1 listet alle Spalten aus der Tabelle auf, hingegen listet die Variante 2 nur die angegebenen Spalten auf. Dieser Befehl kann auch wie folgt gelesen werden:

Variante 1: Selektiere (die Daten mit) allen Spalten aus der Tabelle XY

Variante 2: Selektiere (die Daten mit) Spalte 1, Spalte 2, Spalte n aus der Tabelle XY

Diese Variante liefert die Daten mit allen Spalten der Tabelle:

```
select * from Allgemein.Gastart
```

Diese Variante liefert die Daten nur mit der Spalte Name:

```
select Name from Allgemein.Gastart
```

10.3.3 Sortierung mit ORDER BY

Arbeitsauftrag

Listen Sie alle Datensätze in der Tabelle Gast und sortieren Sie nach Gastart Stammkunde.

In einer zweiten Abfrage sortieren Sie nach Gastart und Nachname.

Erzeugen Sie zuerst 2 Gäste mit Gastart Standard und 1 Gast mit Gastart Stammkunde.

In der betrieblichen Realität werden die Daten in beliebiger Reihenfolge eingegeben. Beispielsweise wird zuerst der Gast Müller angelegt, dann der Gast Ahorn usw. In der Praxis ist jedoch oft gefordert, dass die Daten nach verschiedenen Spalten sortiert werden sollen, beispielsweise aufsteigend nach dem Nachnamen. Um die Daten nach verschiedenen Spalten zu sortieren, wird für die Sortierung das Keyword SELECT in Kombination mit ORDER BY verwendet.

Syntax

Variante 1: SELECT * FROM <table_source> ORDER BY column_name2 [ASC|DESC] [,...n]

Variante 2: SELECT column_name [,...n] FROM <table_source> column_name2 [ASC|DESC] [,...n]

Nach Angabe von einer oder mehreren Spalten, nach denen sortiert werden soll, kann optional angegeben werden, ob die Sortierung aufsteigend (ASC = ascending) oder absteigend (DESC = descending) ist.

```
[1]         INSERT INTO [Hotelsoftware].[Allgemein].[Gast]
[2]                     ([Gastart]
[3]                     ,[Vorname]
[4]                     ,[Nachname]
[5]                     ,[PLZ]
[6]                     ,[Ort]
[7]                     ,[Strasse]
[8]                     ,[Telefon1]
[9]                     ,[Telefon2]
[10]                    ,[Email])
[11]            VALUES
[12]                    (1
[13]                    ,'Peter'
[14]                    ,'Müller'
[15]                    ,'12345'
[16]                    ,'Köln'
[17]                    ,'Hansestr. 1'
[18]                    ,null
[19]                    ,null
[20]                    ,null);
[21]        INSERT INTO [Hotelsoftware].[Allgemein].[Gast]
[22]                    ([Gastart]
[23]                    ,[Vorname]
[24]                    ,[Nachname]
[25]                    ,[PLZ]
[26]                    ,[Ort]
[27]                    ,[Strasse]
[28]                    ,[Telefon1]
[29]                    ,[Telefon2]
[30]                    ,[Email])
[31]            VALUES
[32]                    (1
[33]                    ,'Max'
[34]                    ,'Ahorn'
[35]                    ,'12345'
[36]                    ,'Köln'
[37]                    ,'Hauptstr. 2'
[38]                    ,null
[39]                    ,null
[40]                    ,null);
```

Und nun der Stammkunde:

```
[1]         INSERT INTO [Hotelsoftware].[Allgemein].[Gast]
[2]                     ([Gastart]
[3]                     ,[Vorname]
[4]                     ,[Nachname]
[5]                     ,[PLZ]
[6]                     ,[Ort]
[7]                     ,[Strasse]
[8]                     ,[Telefon1]
[9]                     ,[Telefon2]
[10]                    ,[Email])
[11]            VALUES
[12]                    (2
[13]                    ,'Richard'
```

```
[14]                      ,'Löwe'
[15]                      ,'54321'
[16]                      ,'Berlin'
[17]                      ,'Am Fluss 7'
[18]                      ,null
[19]                      ,null
[20]                      ,null);
```

Zunächst wird nur nach der Gastart sortiert,

```
SELECT *  FROM [Hotelsoftware].[Allgemein].[Gast]
ORDER BY Gastart
```

dann zusätzlich auch nach Nachname.

```
SELECT *  FROM [Hotelsoftware].[Allgemein].[Gast]
ORDER BY Gastart, Nachname
```

10.3.4 Datenfilterung mit der WHERE-Klausel

Arbeitsauftrag

Listen Sie alle Datensätze in der Tabelle Gast mit Gastart Standard auf.

In der Tabelle können 0 bis n, wobei n für jede beliebige Zahl – wie einige Hundert oder sogar Millionen Datensätze – stehen kann. In der Regel benötigt ein bestimmter Personenkreis wie Sachbearbeiter nur einen oder einige Datensätze. Ein großes Appartementdorf kann beispielsweise einige Hundert Gäste haben. Für eine Werbeaktion sollen alle Standardkunden angeschrieben werden. Daher benötigt man die Möglichkeit, nach Daten zu suchen bzw. zu filtern. Die Suche nach Teilmengen wird mit dem Keyword WHERE erledigt.

Syntax

SELECT [* | column_name [,...n]] FROM <table_source> WHERE <search_condition>

Nach dem Keyword Where folgt die Suchbedingung. Hier existieren verschiedene Möglichkeiten nach Daten zu suchen. Eine Marketingabteilung könnte nach Daten filtern, in denen genau nach einem Wert gesucht wird, wie beispielsweise alle Gäste aus Köln. Eine andere Möglichkeit wäre, nach allen Gästen zu suchen, die mehr als zehn Buchungen durchgeführt haben, oder die Abteilung möchte alle Gäste anschreiben, die im Postleitzahlengebiet 12XXX wohnen, wobei XXX für Zahlen von 000 bis 999 stehen.

Suche mit Operator:

```
SELECT *  FROM [Hotelsoftware].[Allgemein].[Gast]
where Gastart = 1
```

Suche Postleitzahlen mit LIKE, die mit 1 beginnen:

```
SELECT *  FROM [Hotelsoftware].[Allgemein].[Gast]
where [PLZ] like '1%'
```

10.3.5 JOIN

Arbeitsauftrag

Erzeugen Sie einen Gastdatensatz. Listen Sie anschließend alle Gastdatensätze auf. Anstelle der Gastarten-ID soll der Name der Gastart ausgegeben werden.

Auf Basis des Datenbankentwurfs wurden die Daten, um Redundanz zu vermeiden, auf mehrere Tabellen aufgeteilt. Über ein JOIN können die Daten von zwei oder mehreren Tabellen miteinander verknüpft und ausgelesen werden. Die Tabellen werden beispielsweise über den Primärschlüssel und den Fremdschlüssel miteinander verknüpft, da dies die eindeutigste Variante ist. Die Verknüpfung der Daten kann aber auch über andere Spalten erfolgen. Das hängt aber sehr starkt vom Anwendungsfall ab.

Syntax

SELECT [* | column_name [,...n]] FROM *first_table join_type second_table* [ON (*join_condition*)]

Nach dem FROM-Keyword folgt der JOIN-Typ. Der Typ JOIN verknüpft nur jene Datensätze, bei denen es in beiden Tabellen eine Übereinstimmung gibt. Gäbe es eine Gastart „Stammkunde Bronze" und keinen Gast mit dieser Gastart, würde dieser nicht im Ergebnis aufgelistet werden. Möchte man trotzdem ein Ergebnis haben, das auch nicht übereinstimmende Datensätze liefert, können die JOIN-Typen RIGHT JOIN oder LEFT JOIN verwendet werden.

Die Tabellennamen werden im FROM-Teil mit einem Alias versehen. Anstelle des (langen) Tabellennamens können in weiterer Folge die Tabellen über den Alias angesprochen werden.

Arbeitsauftrag

Solange die Spaltennamen eindeutig sind, muss der Aliasname oder Tabellenname nicht angegeben werden. Bei der Spalte ga.name könnte ga weggelassen werden, wird aber zu Demonstrationszwecken angeführt. Des Weiteren kann auch bei einem Spaltennamen ein Alias angegeben werden. So wird aus dem Spaltenname ga.name der neue Spaltenname Gastart. Dieser Alias ändert nicht die Tabellenstruktur, der Spaltenname Name in Tabelle Gastart bleibt nach wie vor erhalten. Hier geht es lediglich um den Spaltennamen im Anzeigeergebnis.

```
SELECT Gastnummer, ga.name Gastart, vorname, nachname, plz, ort, strasse
FROM [Hotelsoftware].[Allgemein].[Gast] g join
[Hotelsoftware].[Allgemein].[Gastart] ga
on (g.gastart = ga.ID);
```

Fügen Sie zu Demonstrationszwecken des RIGHT JOIN eine neue Gastart ein.

```
use Hotelsoftware
go
insert Allgemein.Gastart(Name,Beschreibung,Rabatt) values('Stammkunde
Bronze','Stammkunde ab 20 Reservierungen',7);
go
```

Möchte man auch ein Ergebnis mit der eben eingefügten Gastart bekommen, verwendet man in diesem Fall das RIGHT JOIN, da alle Datensätze aus zweiten Tabelle (rechts) mit berücksichtigt werden sollen.

```
SELECT gastnummer, ga.name gastart, vorname,nachname,plz,ort, strasse
FROM [Hotelsoftware].[Allgemein].[Gast] g right join
[Hotelsoftware].[Allgemein].[Gastart] ga
on (g.Gastart = ga.ID);
```

Da es auf der linken Seite (= Tabelle Gast) der Verknüpfung keine Übereinstimmung gibt, kommt nur für die Spalte Gastart ein Ergebnis heraus.

10.3.6 UPDATE-Statement

Arbeitsauftrag

Der Gast Ahorn zieht um in die Krongasse 13 in 54321 Berlin. Ändern Sie den Datensatz.

Datensätze werden mit dem UPDATE-Statement aktualisiert.

Syntax

UPDATE table_alias

SET
   { column_name = expression
   } [,...n]
WHERE <search_condition>

Dazu werden nach dem SET-Keyword eine oder mehrere Spalten auf die gewünschten Werte gesetzt. Soll nicht der gesamte Inhalt der Tabelle aktualisiert werden, schränkt die WHERE-Bedingung die Datensätze ein.

```
[1]        update [Hotelsoftware].[Allgemein].[Gast]
[2]        set strasse = 'Krongasse 13',
[3]        plz = '54321'
[4]        where Gastnummer = '2'
```

10.3.7 DELETE-Statement

Arbeitsauftrag

Der Gast Müller möchte kein Werbematerial mehr erhalten und beantragt nach dem Datenschutzgesetz die Löschung der Daten.

Datensätze können mit dem DELETE-Statement aus der Tabelle entfernt werden. Auch hier ist wieder ein WHERE-Statement notwendig, möchte man nicht den gesamten Inhalt der Tabelle löschen.

Syntax

DELETE

    FROM <table_source> [,...n]
    WHERE { <search_condition>

```
delete [Hotelsoftware].[Allgemein].[Gast]
where Gastnummer = '1'
```

Aufgaben

1. *Legen Sie verschiedene Daten für die Datenbank zur Speicherung von Kundenkontakten (Messesoftware) aus Kapitel 9 an. Erzeugen Sie zwei Kundenkontakte mit unterschiedlichen Notizen. Machen Sie ein Update auf eine Telefonnummer des Kunden. Schreiben Sie eine SQL-Abfrage, welche Kunde, Kontakt und Betreuer verknüpft. Es sollen folgende Felder angezeigt werden: Kunde: Vorname, Nachname; Kontakt: Notiz, Datum; Betreuer: Name.*

2. *Legen Sie verschiedene Mitarbeiter- und Projektdaten für die Datenbank zur Verwaltung von Projektteams aus Kapitel 9 an. Fügen Sie zwei Mitarbeiter ein und ordnen Sie diese einem Projekt zu, wobei ein Mitarbeiter der Projektleiter ist. Schreiben Sie eine SQL-Abfrage, welche alle Projektnamen und Mitarbeiternamen auflistet*

10.4 Data Defintion Language Teil 2

Dieses Kapitel beschreibt noch zwei weitere Data Defintion Language Statements, welche in der Praxis wichtig sind: View und Index.

10.4.1 View

Arbeitsauftrag

Erstellen Sie eine View, welche die Tabellen Gast und Gastart verknüpft und folgende Spalten zusammengesetzt ausgibt:

*   Name: Vorname und Nachname, z. B. Max Müller
*   Adresse: PLZ, Ort und Straße, z. B. 54321 Berlin Krongasse 13

Daten können über SELECT-Statement in gewünschter Art und Weise aufbereitet werden. Das Statement im Abfrage-Editor kann über das Management Studio als SQL-File abgespeichert und so wieder verwendet werden. Es gibt jedoch auch noch eine andere Möglichkeit, Abfragen abzuspeichern: Eine Abfrage kann in der Datenbank als View abgespeichert werden. Nach außen verhält sich diese View wie eine Tabelle und kann auch so angesprochen werden, nur mit dem Unterschied, dass dahinter eine Abfrage steht, die vom DBMS nach Aufruf direkt ausgeführt wird und so alle geänderten Daten direkt ersichtlich werden. Eine View ist also keine Kopie der Daten aus einer Tabelle, sondern eine gespeicherte Abfrage, obwohl sie wie eine Tabelle angesprochen werden kann.

Mithilfe einer View können auch unterschiedliche Sichten auf die Daten definiert werden. So kann beispielsweise eine View definiert werden, welche nur die Stammkunden zurückliefert, eine andere View liefert hingegen alle Standardkunden.

Syntax

CREATE VIEW [schema_name .] view_name [(column [,...n])]
AS select_statement

Auf den View_Namen kann mithilfe eines Select-Statements zugegriffen werden.

In diesem Beispiel werden auch folgende neue Funktionen angewandt:

- Verketten von Spalten bzw. Texten (Fachausdruck Concatenate Strings)
- Konvertieren in String mit der str Funktion

```
use Hotelsoftware
go
CREATE VIEW [Allgemein].[Gastsuche]
AS
select
Gastnummer, ga.name Gastart,
Vorname + ' ' + Nachname name,
str(PLZ) + ' ' + Ort + ' ' + Strasse Adresse
from
[Hotelsoftware].[Allgemein].[Gast] g JOIN
[Hotelsoftware].[Allgemein].[Gastart] ga
ON (ga.ID = g.Gastart)
```

Nun kann (in einem anderem Abfrage-Editor) auf die Daten in der View zugegriffen werden.

```
select * from [Hotelsoftware].[Allgemein].[Gastsuche]
```

10.4.2 Index

Arbeitsauftrag

Erstellen Sie einen Index für die Gasttabelle.

Angenommen, Sie möchten eine Pizza selber backen, da Ihr Lieblings-Pizzaservice im Urlaub ist. Wie finden Sie das Kochrezept in einem Kochbuch? Durchblättern Sie das gesamte Kochbuch oder schlagen Sie zuerst im Index nach? Welche Methode geht schneller? Im Regelfall findet man über den Index die gewünschte Information schneller, da weniger geblättert werden muss. Auch wenn die Datenbank durch Absetzen des SELECT-Statements die Daten für uns sucht, benötigt diese eine gewisse Zeit dafür. Bei einigen wenigen Datensätzen mag dies noch kaum Auswirkungen haben, aber ab einer gewissen Größe kann auch hier die Suche länger dauern. Daher kann auch für eine Tabelle wie die Gasttabelle ein Index angelegt werden, der ähnlich wie ein Index in einem Buch funktioniert. Dem Index-Statement werden ein oder mehrere Spaltennamen übergeben, für den der Index angelegt werden soll, wie beispielsweise der Nachname. Werden Daten hinzugefügt, geändert oder gelöscht wird der Index angepasst und ein SQL-Statement wie SELECT sucht die Daten über den Index.

Syntax

```
CREATE [ UNIQUE ] INDEX index_name
    ON <object> ( column [ ASC | DESC ] [ ,...n ] )
```

Die oben genannte Index-Syntax ist eine sehr einfache Variante. Das CREATE INDEX-Keyword bietet noch viel mehr Möglichkeiten. Auf eine ausführliche Darstellung wird jedoch hier verzichtet.

Arbeitsauftrag

Damit lässt sich die Auftragsarbeit sehr leicht umsetzen:

```
create index idx_gast_name
on hotelsoftware.allgemein.gast(nachname)
```

10.4.3 Transaktionen

Arbeitsauftrag

Fügen Sie Angebotspositionen unter Verwendung von Transaktionen hinzu.

Einer Tabelle wird in der Praxis meistens nicht nur ein Datensatz hinzugefügt, sondern mehrere auf einmal. Beispielsweise kann ein Angebot 1 bis n verschiedene Angebotspositionen enthalten. Angenommen, es werden zwei Angebotspositionen der Tabelle hinzugefügt: Das erste Insert hat funktioniert, das zweite Insert liefert – aus welchem Grund auch immer (Programmierfehler, Netzwerkfehler etc.) – einen Fehler. D. h., in der Tabelle steht nur eine Angebotsposition und der Gast würde eventuell nicht die gewünschte Information im Angebot erhalten. Daher bietet eine Datenbank Transaktionen an: Nur wenn alle SQL-Statements erfolgreich innerhalb einer Transaktion ausgeführt werden, werden alle Daten in die Tabelle(n) geschrieben.

Eine Transaktion wird mit BEGIN TRAN oder BEGIN TRANSACTION eingeleitet, wobei optional ein Transaktionsname vergeben werden kann. Wurden alle Statements ausgeführt wird die Transaktion mit COMMIT beendet.

Sollen die Statements rückgängig gemacht werden, ist das Statement ROLLBACK zu verwenden.

Syntax

```
BEGIN { TRAN | TRANSACTION }
    [ { transaction_name }]
    ]
[ ; ]

COMMIT { TRAN | TRANSACTION }
    [ { transaction_name }]
    ]
[ ; ]

ROLLBACK { TRAN | TRANSACTION }
    [ { transaction_name }]
    ]
[ ; ]
```

Arbeitsauftrag

Erstellen Sie zuerst die folgenden Tabellen in dieser Reihenfolge: Appartementkategorie, Angebot, Angebotsposition. Überlegen Sie, warum diese Reihenfolge gewählt wurde.

```
use Hotelsoftware
go
CREATE TABLE Allgemein.Appartementkategorie
(
KategorieNummer INT IDENTITY ,
Name VARCHAR(15) NOT NULL,
Preis Decimal,
Endreinigung Decimal,
CONSTRAINT pk_ApartKat_id PRIMARY KEY(KategorieNummer),
CONSTRAINT uk_ApartKat_Name UNIQUE(Name)
);
GO
```

Für die Angebotstabellen wird ein eigenes Schema angelegt:

```
use hotelsoftware
go
create schema Angebotsmodul
go
```

Damit können nun die Angebotstabelle

```
use Hotelsoftware
go
CREATE TABLE Angebotsmodul.Angebot
(
```

```
AngebotsNummer INT IDENTITY ,
GastNummer INT,
AngebotsDatum Date,
      CONSTRAINT pk_Angebots_Nummer PRIMARY KEY(AngebotsNummer),
      CONSTRAINT fk_Gast_Nummer FOREIGN KEY(GastNummer) REFERENCES
      Allgemein.Gast(Gastnummer)
);
GO
```

und die Angebotspositionstabelle angelegt werden:

```
use Hotelsoftware
go
CREATE TABLE Angebotsmodul.AngebotsPosition
(
AngebotsNummer INT,
Position INT,
Anzahl INT,
AppartementKategorie INT,
Von Date,
Aufenthaltsdauer INT,
      CONSTRAINT fk_Angebots_Nummer FOREIGN KEY(AngebotsNummer) REFERENCES
      Angebotsmodul.Angebot(Angebotsnummer),
      CONSTRAINT fk_Kategorie_Nummer FOREIGN KEY(AppartementKategorie)
      REFERENCES Allgemein.Appartementkategorie(KategorieNummer),
      CONSTRAINT uk_Angebots_Position UNIQUE(AngebotsNummer,Position)
);
GO
```

Fügen Sie folgende drei Appartementkategorien hinzu:

```
INSERT INTO [Hotelsoftware].[Allgemein].[Appartementkategorie]
            ([Name]
            ,[Preis]
            ,[Endreinigung])
      VALUES
            ('Appartement 35m2'
            ,50
            ,10)
INSERT INTO [Hotelsoftware].[Allgemein].[Appartementkategorie]
            ([Name]
            ,[Preis]
            ,[Endreinigung])
      VALUES
            ('Appartement 50m2'
            ,70
            ,10)
INSERT INTO [Hotelsoftware].[Allgemein].[Appartementkategorie]
            ([Name]
            ,[Preis]
            ,[Endreinigung])
      VALUES
            ('Appartement 60m2'
            ,90
            ,15)
GO
```

Setzen Sie im Abfrage-Editor folgende Statements ab. Verwenden Sie die Funktion Convert, um eine Datums-Zeichenfolge in ein Datum zu konvertieren: Recherchieren Sie über diese Funktion. Ein weiteres neues Statement ist das DECLARE-Statement. Hier kann eine Variable deklariert werden. In diese Variable wird die generierte Angebotsnummer hineingeschrieben. Diese Variable wird dann in den Statements für die Angebotspositionen verwendet. Die generierte Angebotsnummer selbst wird mit der Funktion SCOPE_IDENDITTY() ermittelt. Recherchieren Sie auch über diese Funktion im Internet.

```
Begin tran T1

DECLARE @AngebotsID int

INSERT INTO Hotelsoftware.Angebotsmodul.Angebot(GastNummer,AngebotsDatum)
VALUES (1,convert(date,'11.10.2012'))

SELECT @AngebotsID = SCOPE_IDENTITY()

INSERT INTO Hotelsoftware.Angebotsmodul.Angebotsposition(
Angebotsnummer, Position, Anzahl, Von, Aufenthaltsdauer,
Appartementkategorie)
VALUES (@AngebotsID,1,2,convert(date,'16.12.2012'),7,1)

INSERT INTO Hotelsoftware.Angebotsmodul.Angebotsposition(
Angebotsnummer, Position, Anzahl, Von, Aufenthaltsdauer,
Appartementkategorie)
VALUES (@AngebotsID,2,1,convert(date,'16.12.2012'),7,2)

Commit tran T1
```

Kontrollieren Sie das Ergebnis:

```
select * from Hotelsoftware.Angebotsmodul.Angebot a join
Hotelsoftware.Angebotsmodul.Angebotsposition ap
on a.AngebotsNummer = ap.AngebotsNummer
```

10.5   Weitere Themenbereiche

Weitere wichtige Themenbereiche, die im BuchPlusWeb behandelt werden, sind Aggregatsfunktionen. Mit diesen können beispielsweise die Anzahl, das Minimum oder Maximum nach bestimmten Kriterien, wie Gastarten, bestimmt werden. Um eine Aggregationsfunktion zu implementieren, muss die Group By-Anweisung verwendet werden, da man von einer Gruppe von Daten die Anzahl, das Minimum oder Maximum wissen möchte.

Im folgenden Beispiel wird nach dem Namen der Gastart gruppiert (Group by ga.Name) und mit Count(*) die Anzahl ermittelt.

```
SELECT count(*) Anzahl, ga.name
  FROM [Hotelsoftware].[Allgemein].[Gast] g join
[Hotelsoftware].[Allgemein].[Gastart] ga
  on g.Gastart = ga.id
  group by ga.name
```

Die Ausgabe kann dann beispielsweise wie folgt aussehen:

Anzahl	Gastart
2	Standard
1	Stammkunde

D.h., es gibt zwei Gäste mit der Gastart Standard und einen Gast mit der Gastart Stammkunde.

Aufgaben

1. Legen Sie eine View für die Datenbank zur Speicherung von Kundenkontakten (Messesoftware) an. Verwenden Sie als Basis für die View die SELECT-Abfrage aus der letzten Aufgabe.

2. Legen Sie eine View für die Datenbank zur Verwaltung von Projektteams an. Verwenden Sie als Basis für die View die SELECT-Abfrage aus der letzten Aufgabe.

3. Entwerfen Sie ein ER-Modell für eine Datenbank zur Speicherung von Wetterdaten. Die Wetterdaten bestehen aus den Wetterinfos und Zeitreihenwerten. In den Wetterinfos werden ein Name (z. B. „Wind Köln"), PLZ (12345), Ort und Straße der Messstation hinterlegt sowie die Einheit (z. B. km/h oder °C). Die Zeitreihenwerte bestehen aus einem Zeitstempel und einem Wert. Definieren Sie die Tabellen und sonstige Datenbankobjekte. Die Einheit und die Adressfelder sind optional, da sie vom Benutzer nachträglich geändert werden können/müssen.

11 Erstellen von Datenbankprogrammen

In diesem Kapitel erlernen Sie, wie man von einem .NET-Programm aus auf Daten zugreift.

11.1 Hauptauftrag

Der Projektleiter beauftragt Sie, die bisher erstellte Windows-Anwendung um eine Datenbankanbindung zu erweitern. Die Windows-Anwendung wird so erweitert, dass der Sachbearbeiter

- neue Stammdaten für den Gast anlegen,
- nach vorhandenen Stammdaten für den Gast suchen,
- vorhandene Stammdaten für den Gast ändern oder löschen kann.

Vorbereitungen

In der Softwareentwicklung gibt es fast immer mehrere Möglichkeiten eine Aufgabe zu lösen. Das trifft auch für das Datenbankprogramm zu, wie es für dieses Kapitel gelöst werden soll. Aus Sicht der Softwarearchitektur kann dieses Datenbankprogramm wie folgt umgesetzt werden:

- Variante 1: Alle Klassen für die Oberfläche, den Geschäftsprozess und den Datenbankzugriff können in einem Visual Studio-Projekt vom Typ Windows-Anwendung implementiert werden.

- Variante 2: Die Visual Studio-Projektstruktur wird nach dem 3-Schichten-Modell aufgebaut, d.h., es gibt jeweils ein Visual Studio-Projekt für:
  - Oberfläche (Windows-Anwendung)
  - Geschäftsprozess (Klassenbibliothek)
  - Datenbankzugriff (Klassenbibliothek)

In diesem Kapitel wird aus Gründen der Einfachheit die Variante 1 demonstriert.

Such- und Bearbeitenseite für Gastdaten

Arbeitsauftrag

Erstellen Sie eine Such- und Bearbeitungsseite für die Stammdaten eines Gastes. Erstellen Sie eine neue Windows-Anwendung oder verwenden Sie die Windows-Anwendung aus Kapitel 7. Wenn Sie sich für Letzteres entscheiden, erweitern Sie das Angebotsformular um eine Such- und Bearbeitungsseite für Gastdaten.

Um eine Oberfläche zu entwerfen und zu implementieren, muss man den Ablauf aus Sicht eines Endanwenders kennen. In diesem Fall ergibt die Analyse folgenden Ablauf:

- Der Sachbearbeiter prüft, ob es die Daten zum Gast in der Datenbank gibt. Als Suchkriterium verwendet er den Firmennamen oder den Namen des Gastes.

- Ist der Name in der Datenbank vorhanden, wird der Gast markiert.
- Ist der Name nicht in der Datenbank vorhanden, wird der Gast angelegt.
- Ändern sich die Kontaktdaten, können diese geändert werden.
- Die Stammdaten können auch gelöscht werden.

Die Suchfunktion und die Anzeige des Suchergebnisses ist also die erste Aktion des Sachbearbeiters. Erst wenn die Suche kein Ergebnis geliefert hat, gelangt der Sachbearbeiter auf eine Bearbeitungsseite.

Daher wurde entschieden, die Such- und Bearbeitungsseite ebenfalls über ein TabControl zu lösen:

Diese Seite gilt sowohl für das Neuanlegen von Stammdaten als auch für das Bearbeiten.

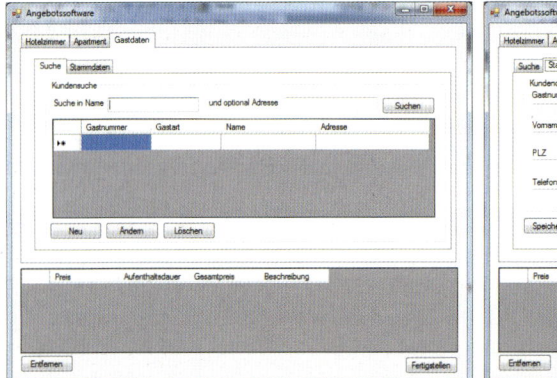 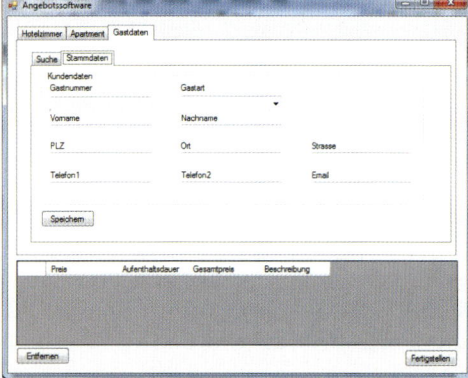

Formular für Suchseite   *Formular für Bearbeitungsseite*

Erweiterten Sie das Windows-Formular wie folgt:

- Die Windows-Anwendung wird um einen neuen Reiter namens Gastdaten erweitert.
- Das zweite TabControl (siehe Screenshot) innerhalb des Reiters Gastdaten erhält jeweils einen Reiter für Suche und Stammdaten.
- Erweitern Sie die Windows-Anwendung laut Screenshot und vergeben Sie entsprechende Namen für die Controls.

Tabellenstruktur und Testdaten
Falls nicht schon geschehen, legen Sie die Tabellen für Gast und Gastart an.

11.2 System.Data Namespace

Erinnern Sie sich, wie Sie in Kapitel 10 mithilfe des SQL Server Management Studios an die Gastdaten herangekommen sind oder Daten manipuliert haben: Nach dem Start des DBMS-Tools haben Sie in einem Dialog die Verbindungsdaten zum SQL-Server eingeben. Im dazugehörigen Abfrage-Editor haben Sie dann verschiedene SQL-Kommandos eingegeben. Diese Kommandos liefern entweder keine Datensätze zurück (wie im Falle des INSERT-Kommandos) oder aber 0 bis n Datensätze (wie im Falle des SELECT-Kommandos).

Die SQL-Kommandos können auch in einem .NET-Programm abgesetzt werden. Der Datenzugriff in .NET erfolgt über die ADO.NET-Technologie. Diese basiert im Wesentlichen darauf, dass die Zeit für den Datenbankzugriff möglichst kurz gehalten wird und die notwendigen Daten im lokalen Speicher des Rechners abgelegt werden. Das Programm arbeitet dann mit den Daten im lokalen Speicher weiter. Erst bei Bedarf (Gastdaten aktualisieren, Angebot abspeichern) wird wieder eine Verbindung zur Datenbank aufgebaut und die notwendigen SQL-Kommandos abgesetzt. Dieser Ansatz wird auch Disconnected Database Access genannt.

Im Gegensatz dazu stehen Technologien, welche eine Verbindung zur Datenbank benötigen, um mit den Daten arbeiten zu können. Dieser Ansatz wird auch Connected Database Access genannt. Welchen Nutzen haben diese unterschiedlichen Ansätze? Eine Datenbankverbindung benötigt viele Ressourcen (Speicher, CPU, etc.). Solange nur wenige Benutzer auf eine Anwendung zugreifen, hat die Anzahl der Datenbankverbindungen kaum Auswirkungen. Hingegen sieht die Situation für eine Anwendung mit vielen Benutzern anders aus. Viele gleichzeitige Zugriffe können die Datenbankperformance dramatisch sinken lassen und der Benutzer muss länger auf eine Antwort warten.

Aus der obigen Beschreibung des Disconnected Database Access kann daher folgender allgemeiner Ablauf für den Datenbankzugriff mit der ADO.NETTechnologie hergeleitet werden:

• Verbindung zur Datenbank öffnen
• SQL-Kommando absetzen
• Optional: zurückgegebene Datensätze des SQL-Kommandos verarbeiten (lokal speichern)
• Verbindung zur Datenbank schließen

Um unter anderem die oben genannten Schritte zu realisieren, stellt der Namespace System.Data verschiedene Klassen zur Verfügung. Um einige dieser Klassen von der Art der Datenbank unabhängig zu machen, basieren diese auf folgenden Schnittstellen (Interfaces):

• System.Data.IDbConnection
• System.Data.IDataReader
• System.Data.IDbCommand

Datenbankanbieter können mithilfe dieser und anderer Schnittstellen auch ihre eigenen ADO.NET-Datenbankschnittstellen implementieren. So bietet beispielsweise Oracle den „Oracle Data Provider for .NET (ODP.NET)" an, um so spezielle Eigenheiten seiner Oracle-Datenbank zu unterstützen. Auch wenn SQL ein Standard ist, so hat doch jeder Datenbankhersteller (darüber hinaus) seinen eigenen Funktionsumfang.

Basierend auf diesen Interfaces stellt das .NET-Framework verschiedene Implementierungen in den folgenden Namespaces zur Verfügung:

- System.Data.SqlClient für den SQL-Server
- System.Data.OleDB für die OleDB-Programmierschnittstelle
- System.Data.ODBC für die ODBC-Programmierschnittstelle

Ein Programm, wie die Hotelsoftware, tauscht mit einem anderen Programm, wie einer Datenbank, verschiedene Daten, wie SQL-Kommandos, aus. Damit diese beiden Programme miteinander kommunizieren können, stellt die Datenbank eine Programmierschnittstelle zur Verfügung, auch API (Application Programming Interface) genannt. APIs gibt es nicht nur für Datenbanken, sondern auch für viele andere Anwendungen, welche von einem Programm verwendet werden sollen. Eine API kann die Daten mithilfe von Funktionen, Dateien, Objekten oder Protokollen austauschen. Die API für den Oracle-Server (ODP.NET) oder SQL-Server (System.Data.SqlClient) basiert auf Objekten.

Neben den speziellen .NET-Programmierschnittstellen für den SQL-Server oder Oracle, existieren auch allgemeine Programmierschnittstellen für OleDB und ODBC. Diese allgemeinen APIs sind standardisiert. ODBC ist ein internationaler Standard, hingegen ist die OleDB API ein Microsoft-Standard. Eine standardisierte API hat den Vorteil, dass der Datenzugriff auf die Datenbank theoretisch unabhängig von der verwendeten Datenbank ist. Damit eine Datenbank über ODBC angesprochen werden kann, muss der Hersteller einen ODBC-Treiber zur Verfügung stellen. Dies gilt auch für die OleDB API. Hier muss ebenfalls ein Treiber des Herstellers installiert werden, damit diese API verwendet werden kann.

In den folgenden Beispielen wird die SQL-Server API aus dem .NET Framework verwendet.

11.3 Verbindung zur Datenbank herstellen

Arbeitsauftrag

Stellen Sie eine Verbindung zur Datenbank her und schließen Sie diese anschließend wieder.

Die erste Aktion für einen Datenbankzugriff ist das Herstellen einer Verbindung zu einem Datenbankserver. Der Datenbankserver ist ein Dienst, welcher über das „SQL Server Konfigurations-Management"-Tool konfiguriert und gesteuert werden kann. Der Datenbankserver kann sowohl auf einem Client (wie in diesem Beispiel) als auch auf einem Server installiert werden. In der Praxis wird die Datenbank auf einem Server installiert.

Auf einem Rechner kann der SQL-Server nicht nur einmal, sondern mehrmals installiert werden. Jede Installation wird Instanz genannt und hat einen Instanznamen. Die Instanzen ermöglichen eine Trennung nach verschiedenen Bereichen bzw. Themen. Beispielsweise werden in einer Firma auf einem Server die Datenbanken von verschiedenen

Softwarelieferanten installiert. So könnte auf diesen Server gleichzeitig sowohl die Datenbank für die Hotelsoftware der Firma A installiert werden als auch die Datenbank für die Buchhaltung der Firma B. Wenn Firma B auf die Buchhaltungsdatenbank zugreift, darf sie nicht auf die Datenbank der Firma A zugreifen. In diesem Fall werden daher zwei Installationen (= Instanzen) auf dem Server installiert: eine Instanz für Firma A und die andere für Firma B. Über Berechtigungen wird der Zugriff gesteuert. Jede Instanz kann eine oder mehrere Datenbanken verwalten.

Die Funktionalität für die Herstellung der Verbindung ist im Interface System.Data. IDBConnection deklariert. Hingegen ist die Implementierung für den SQL-Server in der Klasse System.Data.SqlClient.SqlConnection zu finden.

Bisher wurden folgende Verbindungsdaten aufgezählt: Servername, Instanzname, Datenbankname. Um sich mit der angegebenen Datenbank verbinden zu können, sind Username und Passwort notwendig. Alternativ kann die integrierte Windows-Authentifizierung verwendet werden. Diese (und andere) Verbindungsdaten werden der Eigenschaft ConnectionString übergeben. Die Daten werden in folgendem Format übergeben, wobei mehrere Werte durch Semikolon getrennt werden:

Syntax

Keyword1=value1[;Keyword2=value2; KeywordN=ValueN]

Die wichtigsten Keywords sind Data Source, Initial Catalog, User Id und Password. Anbei werden zwei mögliche Syntaxvarianten aufgelistet:

Syntax

Data Source=myServerAddress;Initial Catalog=myDataBase;User Id=myUsername;Password=myPassword;

Mit dem Keyword Data Source wird die Datenquelle im Format Servername\Instanzname angegeben. Ist die Datenbank lokal installiert, wird der Wert (local) verwendet. Der eigentliche Datenbankname, wie Hotelsoftware, wird über das Keyword Initial Catalog gesetzt. Soll eine sichere Anmeldung mit dem integrierten Windows-Konto erfolgen, werden das Keyword Integrated Security und der Wert SSPI verwendet.

Syntax

Data Source=myServerAddress;Initial Catalog=myDataBase;Integrated Security=SSPI;

Im folgenden Beispiel wird die Verbindung zu einer lokalen Datenbank unter Verwendung der integrierten Windows-Authentifizierung aufgebaut. Schließlich wird mit den Methoden Open und Close die Verbindung zur Datenbank aufgebaut oder geschlossen.

```
System.Data.IDbConnection cnn = new System.Data.SqlClient.SqlConnection();

cnn.ConnectionString = "Data Source=(local);Integrated Security=SSPI;Initial Catalog=Hotelsoftware";

cnn.Open();

cnn.Close();
```

Arbeitsauftrag

Damit lässt sich die Aufgabe wie folgt realisieren, wobei der folgende Source Code im Eventhandler des Suchenbuttons implementiert wird: Bei Zugriff auf Ressourcen sollte immer eine Fehlerhandling vorgesehen werden, damit im Fehlerfall die offene Verbindung geschlossen und damit die Ressource wieder freigegeben wird.

```
[1]          private void btnSucheStarten_Click(object sender, EventArgs e)
[2]          {
[3]              System.Data.IDbConnection cnn = null;
[4]              try
[5]              {
[6]                  cnn = new System.Data.SqlClient.SqlConnection();
[7]                  cnn.ConnectionString = @"Data Source=.\;Integrated
                     Security=SSPI;Initial Catalog=Hotelsoftware";
[8]                  cnn.Open();
[9]                  MessageBox.Show("Verbindung hergestellt");
[10]             }
[11]             catch (Exception ex)
[12]             {
[13]                 MessageBox.Show(ex.ToString());
[14]             }
[15]             finally
[16]             {
[17]                 if (cnn != null)
[18]                     cnn.Close();
[19]             }
[20]         }
```

Aufgaben

1. *Erstellen Sie für die Verwaltung von Kundenkontakten (Messesoftware) aus Kapitel 9 ein Administrationsprogramm mit folgender Funktionalität (nur die Controls; versuchen Sie, ohne TabControl auszukommen. Wenn das Suchergebnis ausgewählt wird, sollen die Detaildaten in eigenen TextBoxen angezeigt werden. Setzen Sie im DataGridView die Eigenschaft AllowUserToAdd auf false):*

   • *Suche nach allen oder einem bestimmten Betreuer (ungenaue Suche)*
   • *Betreuer anlegen (mit Username und Passwort, muss eventuell in Datenbank angelegt werden)*
   • *Betreuer bearbeiten*
   • *Betreuer löschen*

2. *Erstellen Sie eine Windows-Anwendung für die Projektteams aus Kapitel 9. Erstellen Sie ein Windows-Formular für die Bearbeitung von Projekten mit folgender Funktionalität (nur die Controls; Sie können entweder mit TabControl arbeiten oder das Windows-Formular so aufbauen wie in der Kundenkontaktverwaltung):*

   • *Projekt suchen*
   • *Projekt anlegen*
   • *Projekt bearbeiten*
   • *Projekt löschen*

11.4 Daten abfragen

Arbeitsauftrag

Schreiben Sie ein Programm, das einen Gast in der Gasttabelle sucht.

Nach dem Schritt „Verbindung zur Datenbank öffnen" können nun SQL-Kommandos abgesetzt werden. Dabei wird zwischen SQL-Kommandos unterschieden, welche Datensätze zurückliefern (SELECT) und welche keine Datensätze zurückliefern (wie INSERT und UPDATE). Mithilfe eines SELECT-Kommandos soll das Programm in der Datenbank suchen, ob der Gast, der das Angebot anfragt, bereits in der Datenbank vorhanden ist. Anschließend soll das Ergebnis in einem DataGridView dargestellt werden.

Für den Suchvorgang und die Darstellung des Suchvorgangs sind folgende Schritte in einem .NET-Programm notwendig:

Die Klasse SQLConnection ist bereits aus dem vorherigen Kapitel bekannt. Neu ist die Klasse SQLCommand und die Schnittstelle IDataReader. Wie aus dem Klassennamen leicht zu erkennen ist, führt die Klasse SQLCommand SQL-Kommandos aus. Dafür benötigt diese Klasse einerseits eine Verbindung zur Datenbank, andererseits ein SQL-Statement. Die Verbindung wird über die Eigenschaft Connection hergestellt, indem das Connection-Objekt übergeben wird. Dem CommandText Eigenschaft wird ein SQL-Statement übergeben. Diese Eigenschaft ist vom Typ string. Entweder wird dafür eine string-Variable verwen-

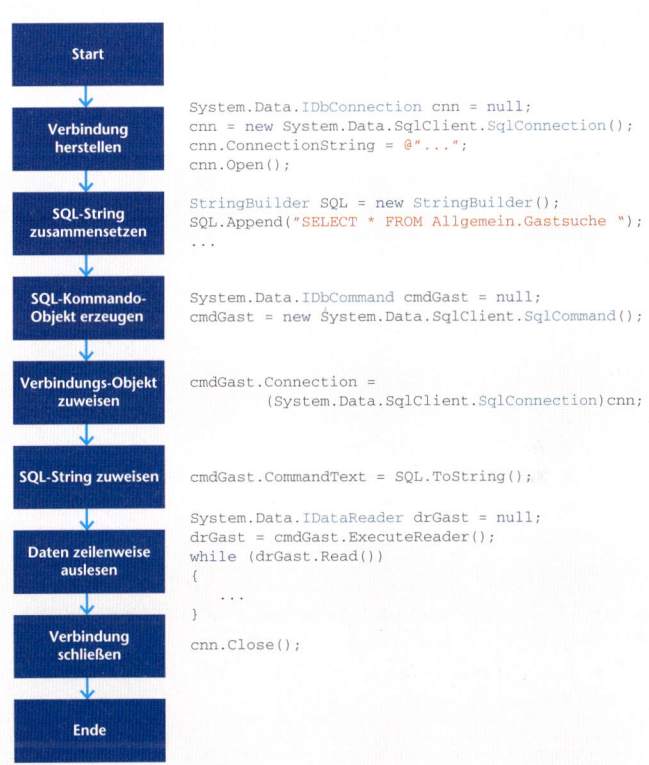

Prozess der Datenabfrage

det, oder was eleganter ist, die StringBuilder Klasse. Mit der StringBuilder-Klasse lassen sich die SQL-Statements übersichtlich aufbauen.

Mit der Methode ExecuteReader kommt man an die Daten des SQL-Statements heran, sofern dieses Daten zurückliefert. Die Methode ExecuteReader liefert ein Objekt vom Typ IDataReader zurück. Mit diesem Datentyp kann das Ergebnis zeilenweise mit Read()

durchlaufen werden. Die Methode Read() liest immer nur eine Datenzeile aus dem Ergebnis aus. Sind keine Datensätze mehr vorhanden, liefert Read den Boolean-Wert False zurück.

Die Spalten in der Datenzeile werden über eine indizierte Eigenschaft angesprochen, d. h., in eckiger Klammer wird der Name der Spalte oder der Index der Spalte angegeben:

```
drGast = cmdGast.ExecuteReader();
while (drGast.Read())
{
    object name = drGast["Name"];
    MessageBox.Show(name.ToString());
}
```

Der Rückgabewert ist vom Typ Object. Dieses muss daher in den entsprechenden Datentyp umgewandelt werden. Beispielsweise über die Convert-Klassen. Alternativ bietet das IDataReader Interface Methoden an, welche diese Konvertierung übernehmen. Diese Methoden beginnen mit Get und als Parameter muss ein Index übergeben werden.

```
drGast = cmdGast.ExecuteReader();
while (drGast.Read())
{
    string name2 = drGast.GetString(2);
    MessageBox.Show(name2.ToString());
}
```

Wie oben beschrieben, ist ADO.NET eine Technologie mit disconnected database access, d. h., die aus der Datenbank ausgelesenen Daten werden lokal im Speicher verwaltet. Das kann beispielsweise in Form von generischen Listen wie List im Namespace-System. Collections.Generic realisiert werden. Jedes Element in der Liste enthält ein Objekt und entspricht dabei einer Datenzeile. Die Klasse besteht dabei nur aus Properties.

Die folgende Klasse ist ein Beispiel, wie eine Datenzeile einer Abfrage abgebildet werden kann. Eine Instanz dieser Klasse entspricht einer Datenzeile des Suchergebnisses. Daher wird weiter unten im Source Code (btnSucheStarten_Click) in der while-Schleife bei jedem Durchlauf die Klasse erneut instanziert.

```
public class GastSuchEintragDTO
{
    public int Gastnummer { get; set; }
    public string Gastart { get; set; }
    public string Name { get; set; }
    public string Adresse { get; set; }
}
```

Der Inhalt der Liste soll in einem Data Grid View Control dargestellt werden. Solange sich der Inhalt der Liste nicht ändern würde, kann man die Liste direkt über die DataSource-Eigenschaft an das Control binden. Die Suche kann aber mehr als einmal gestartet werden, d. h., die Datenquelle des Controls kann sich ändern und der Inhalt würde nicht aktualisiert werden. Damit auch der Inhalt des Controls geändert werden kann, müssen die Klassen BindingList und BindingSource verwendet werden, welche bereits aus dem Kapitel 7 bekannt sind. Diese Klassen werden als Klassenmember des Windows-Formulars deklariert:

```
private List<GastSuchEintragDTO> mGastSuchergebnis = new
List<GastSuchEintragDTO>();

private BindingList<GastSuchEintragDTO> mBindungsListeGastSuchergebnis;
```

In dieser Aufgabenstellung werden die beiden Klassen etwas anders verwendet. Es wird nicht die Add-Methode der BindingList-Klasse verwendet, sondern die Add-Methode einer gewöhnlichen Liste. Diese gewöhnliche Liste wird dem Konstruktor der Binding-List übergeben. Dadurch lassen sich List-Klassen in BindingList-Klassen konvertieren.

Der Source Code im Button Klick Eventhandler sieht wie folgt aus:

```
[1]        private void btnSucheStarten_Click(object sender, EventArgs e)
[2]        {
[3]            System.Data.IDbConnection cnn = null;
[4]            System.Data.IDbCommand cmdGast = null;
[5]            System.Data.IDataReader drGast = null;
[6]            try
[7]            {
[8]                cnn = new System.Data.SqlClient.SqlConnection();
[9]                cnn.ConnectionString = @"Data Source=.\;Integrated
                   Security=SSPI;Initial Catalog=Hotelsoftware";
[10]               cnn.Open();

[11]               int CountFilter = 0;
[12]               StringBuilder SQL = new StringBuilder();
[13]               SQL.Append("SELECT * FROM Allgemein.Gastsuche ");
[14]               if (txtSuchtextName.TextLength > 0)
[15]               {
[16]                   SQL.AppendFormat(" WHERE Name Like '%{0}%'",
                       txtSuchtextName.Text);
[17]                   CountFilter += 1;
[18]               }

[19]               if (txtSuchtextAdresse.TextLength > 0)
[20]               {
[21]                   if (CountFilter == 0) // falls nur nach Adresse
                       gesucht wird
[22]                       SQL.AppendFormat(" WHERE Adresse LIke '%{0}%'",
                           txtSuchtextAdresse.Text);
[23]                   else
[24]                       SQL.AppendFormat(" AND Adresse LIke '%{0}%'",
                           txtSuchtextAdresse.Text);
[25]               }

[26]               cmdGast = new System.Data.SqlClient.SqlCommand();
[27]               cmdGast.Connection = (System.Data.SqlClient.
                   SqlConnection)cnn;
[28]               cmdGast.CommandText = SQL.ToString();

[29]               drGast = cmdGast.ExecuteReader();
[30]               bool Gefunden = false;
```

```
[31]                  mGastSuchergebnis.Clear();

[32]                  while (drGast.Read())
          {
[33]                      Gefunden = true;
[34]                      Hotelangebotssoftware.GastSuchEintragDTO
                          Suchergebnis = new GastSuchEintragDTO();
[35]                      Suchergebnis.Gastnummer = drGast.GetInt32(0);
[36]                      Suchergebnis.Gastart = drGast.GetString(1);
[37]                      Suchergebnis.Name = drGast.GetString(2);
[38]                      Suchergebnis.Adresse = drGast.GetString(3);
[39]                      mGastSuchergebnis.Add(Suchergebnis);
[40]                  }
[41]                  mBindungsListeGastSuchergebnis = new
                      BindingList<GastSuchEintragDTO>(mGastSuchergebnis);
[42]                  dgvGastSuchergebnis.DataSource =
                      mBindungsListeGastSuchergebnis;

[43]                  if (!Gefunden)
[44]                  {
[45]                      MessageBox.Show("Keine Daten zu Suchkriterium
                          gefunden");
[46]                  }

[47]              }
[48]          catch (Exception ex)
[49]          {
[50]              MessageBox.Show(ex.ToString());
[51]          }
[52]          finally
[53]          {
[54]              if (cnn != null)
[55]                  cnn.Close();
[56]          }
[57]      }
```

Aufgaben

1. Entwerfen und implementieren Sie die Suche nach Benutzern. Wenn das Suchergebnis aus-gewählt wird, sollen die Detaildaten in eigenen TextBoxen angezeigt werden. Die aktuelle Auswahl erhält man mit dem Event SelectionChanged und der Eigenschaft CurrentRow. Index:

```
private void dgvBetreueSuchergebnis_SelectionChanged(object sender,
EventArgs e)
{
    int SelectedIndex = dgvBetreueSuchergebnis.CurrentRow.Index;
    BetreuerSuchDTO Suchergebnis = mBetreuerSuchergebnis[SelectedIndex];
    // weiterer Code
}
```

2. Entwerfen und implementieren Sie die Suche nach Projekten. Wenn Projektstart und -ende als Nullable definiert wurden, muss man im Code auf Null wie folgt abfragen:

```
if (drProjekt[3] != DBNull.Value)
```

11.5 Daten hinzufügen

Arbeitsauftrag

Schreiben Sie ein Programm, das einen Gastdatensatz der Tabelle hinzufügt.

Der Klasse SQLCommand können beliebige SQL-Statements übergeben werden, so auch ein INSERT-Statement, um einen Datensatz einer Tabelle hinzuzufügen. Das INSERT benötigt einerseits eine Liste von Spaltennamen, andererseits eine Liste der dazugehörigen Werte. In einem Programm kommen diese Werte beispielsweise von einer Oberfläche: Der Benutzer gibt beispielsweise den Nachnamen in einer TextBox ein. Wie kommt nun dieser Wert in das INSERT-Statement? Dazu existieren mehrere Möglichkeiten:

- einen Textstring zusammensetzen mithilfe des Datentyps string und des Plusoperators (+)
- einen Textstring zusammensetzen mithilfe des Stringbuilders und des AppendFormat
- Verwendung von Parametern

11.5.1 INSERT-Statement ohne Parameter

Beispiel Textstring mit Datentyp string:

```
string insert= "Insert Into Allgemein.Gast (Gastart, ,Vorname, Nachname,
PLZ, Ort, Strasse, Telefon1, Telefon2, Email)";

insert += "Values(" + lstGastart.SelectedValue + ", " + txtFirma.Text +
"," + txtVorname.Text;

insert += "," +txtNachname.Text +"," +txtPLZ.Text + "," + txtOrt.Text +
"," + txtStrasse.Text;

insert += "," + txtTelefon1.Text + "," + txtTelefon2.Text + "," + txtEmail.
Text + ");";
```

Der Nachteil an der Variante ist einerseits die Unübersichtlichkeit, andererseits benötigt der Plusoperator Zeit. Hinzu kommt noch, dass eine nicht ausgefüllte TextBox durch einen Nullwert ersetzt werden muss, da sonst ein fehlerhaftes Insert zusammengesetzt wird: Im folgenden Beispiel wurden nur Vor- und Nachname ausgefüllt, die restlichen Felder bleiben leer. Da nicht alle Felder Mussfelder sind (wie Telefonnummer), kann das Programm nicht immer eine leere Eingabe verhindern. Daher müsste hier eine Abfrage (z. B. TextLenght) einen fehlenden Wert durch Null ersetzen.

```
insert into
allgemein.gast(Gastart,Vorname,Nachname,PLZ,Ort,Strasse,Telefon1,
Telefon2,Email) Values(1,'Georg','Mayer',null,null,null,null,null,null);
```

Die Variante mit dem StringBuilder ist schon etwas übersichtlicher und auch die Performance ist besser. Auch hier müssten fehlende Werte durch Null ersetzt werden.

```
StringBuilder SQL = new StringBuilder();

SQL.Append("Insert Into Allgemein.Gast (Gastart, Vorname, Nachname, PLZ,
Ort, Strasse, Telefon1, Telefon2, Email) ");
```

```
SQL.AppendFormat("Values ({0},{1},", lstGastart.SelectedValue);

SQL.AppendFormat("{0},{1},", txtVorname.Text, txtNachname.Text);

SQL.AppendFormat("{0},{1},{2},", txtPLZ.Text, txtOrt.Text, txtStrasse.Text);

SQL.AppendFormat("{0},{1},{2});", txtTelefon1.Text, txtTelefon2.Text,
txtEmail.Text);
```

Daher kann beispielsweise eine Hilfsfunktion implementiert werden, welche bei fehlenden Werten einen Nullwert liefert.

```
public object ToDBNull(object value)
{
    if (value == null || value.ToString() == "")
        return DBNull.Value;
    return value;

}
```

11.5.2 INSERT-Statement mit Parameter

Die vorherigen Insert-Statements wurden durch Zusammensetzen von Strings erzeugt. Neben der Unübersichtlichkeit ist ein weiterer Nachteil, dass es zu Problemen mit der Datenkonvertierung kommen kann. Beispielsweise ist die Postleitzahl als Zahl in der Datenbank definiert. Wird das SQL-Statement als String zusammengesetzt, muss Programmlogik für die Konvertierung, die Formatierung (bei Datum beispielsweise) usw. implementiert werden. Werden Parameter verwendet, übernimmt das SQL-Kommando-objekt die Konvertierung und Formatierung.

Einem SQL-Statement können von außen Werte über einen Parameter übergeben werden. Dazu werden Parameternamen definiert, welche mit einem Klammeraffen im Values-Teil beginnen.

```
Insert Into Tabelle (Spaltenname1, Spaltenname2, SpaltennameN) Values(@
Parametername1, @Parametername2, @ParameternameN);
```

Der Source Code für die Gasttabelle sieht wie folgt aus:

```
StringBuilder SQL = new StringBuilder();

SQL.Append("Insert Into Allgemein.Gast (Gastart, Vorname, Nachname, PLZ,
Ort, Strasse, Telefon1, Telefon2, Email) ");

SQL.Append("Values (@Gastart,@Firma,@Vorname,@Nachname,@PLZ,@Ort,
@ Telefon1,@ Telefon2,@Fax Email
```

Soll die allgemeine Schnittstelle IDBCommand verwendet werden, muss man wie folgt vorgehen, um den definierten Parametern einen Wert per Programmcode zu übergeben: Dem Konstruktor der Klasse SqlParameter wird der Parametername (z.B. Gastart) übergeben und der Datentyp aus der Datenbank (z.B. Int).

Es existieren SQL-Statements (Stichwort Stored Prcedures), welche auch Werte zurückliefern können.

```
System.Data.IDbDataParameter param = new
System.Data.SqlClient.SqlParameter(string paramName, SqlDbType paramType);

param.Value = Wert;

cmd.Parameters.Add(param);
```

Konkretes Beispiel für die Gasttabelle und die Spalte Gastart:

Beispiel

```
System.Data.IDbDataParameter paramGastart = new
System.Data.SqlClient.SqlParameter("Gastart", SqlDbType.Int);

paramGastart.Value = lstGastart.SelectedValue;

cmdGast.Parameters.Add(paramGastart);
```

11.5.3 Identity-Spalte ermitteln

Die Gastnummer des neuen Datensatzes wird von der Datenbank vergeben, da die Spalte als Identity definiert ist. D.h., die neue Gastnummer ist erst verfügbar, nachdem das INSERT-Statement abgesetzt wurde. Die Gastnummer wird aber im Programm benötigt, um das Angebot erstellen zu können. Um an die automatisch generierte Gastnummer heranzukommen, kann mehr als ein SQL-Statement im SQL-Kommandoobjekt abgesetzt werden. Diese Möglichkeit kann genutzt werden, um die Gastnummer mit dem Keyword Scope_identity auszulesen.

Syntax

```
Insert Into Tabelle (Spaltenname1, Spaltenname2, SpaltennameN)
Values(@Parametername1, @Parametername2, @ParameternameN);

Select Scope_Identity()
```

Am Beispiel Gastnummer sieht das SQL-Kommando wie folgt aus:

```
Insert Into Allgemein.Gast (Gastart, Firma, Vorname, Nachname, PLZ, Ort,
Strasse, Festnetz, Fax)

Values (@Gastart,@Firma,@Vorname,@Nachname,@PLZ,@Ort,@Strasse,@Festnetz, @Fax);

Select Scope_Identity();
```

Nun sind alle Puzzleteile vorhanden, um die Aufgabenstellung zu lösen.

Arbeitsauftrag

Für die Gastartliste, welche in der ComboBox auf der Bearbeitungsseite angezeigt wird, wird eine generische Liste verwendet. Diese Liste enthält Elemente vom Typ GastartDTO.

```
class GastartDTO

{
    public int ID { get; set; }
    public string Name { get; set; }
}
```

Diese Liste wird beim Start des Formulars geladen, wobei die Liste als Klassenmember definiert wird:

```
private List<GastartDTO > mGastartListe = new List<GastartDTO >();

public Angebotsformular()
{
    InitializeComponent();

    LadeGastart();
...
}
```

```
[1]          private void LadeGastart()
[2]              {
[3]                  System.Data.IDbConnection cnn = null;
[4]                  System.Data.IDbCommand cmdGast = null;
[5]                  System.Data.IDataReader drGast = null;
[6]                  try
[7]                  {
[8]                      cnn = new System.Data.SqlClient.SqlConnection();
[9]                      cnn.ConnectionString = @"Data Source=.\;Integrated
                         Security=SSPI;Initial Catalog=Hotelsoftware";
[10]                     cnn.Open();

[11]                     StringBuilder SQL = new StringBuilder();
[12]                     SQL.Append("SELECT ID,Name FROM Allgemein.Gastart order
                         by id");

[13]                     cmdGast = new System.Data.SqlClient.SqlCommand();
[14]                     cmdGast.Connection = (System.Data.SqlClient.
                         SqlConnection)cnn;
[15]                     cmdGast.CommandText = SQL.ToString();

[16]                     drGast = cmdGast.ExecuteReader();
[17]                     while (drGast.Read())
[18]                     {
[19]                         GastartDTO Gastart = new GastartDTO();
[20]                         Gastart.ID = drGast.GetInt32(0);
[21]                         Gastart.Name = drGast.GetString(1);
[22]                         mGastartListe.Add(Gastart);
[23]                     }
[24]                     lstGastart.DataSource = mGastartListe;
[25]                     lstGastart.DisplayMember = "Name";
[26]                     lstGastart.ValueMember = "ID";

[27]                 }
[28]                 catch (Exception ex)
[29]                 {
[30]                     MessageBox.Show(ex.ToString());
[31]                 }
[32]                 finally
[33]                 {
[34]                     if (cnn != null)
[35]                         cnn.Close();
[36]                 }
[36]             }
```

Ein Gast kann angelegt werden, wenn er auf der Suchseite auf den Button „Neu" klickt. Dieses Event leitet den Benutzer auf die Bearbeitungsseite um und setzt die TextBox für die Gastnummer auf einen Leerstring. Letzteres ist wichtig, damit der Speichernbutton erkennt, ob der Datensatz neu ist (keine Gastummer vorhanden) oder bearbeitet wird (Gastnummer vorhanden).

```
private void btnGastNeuanlegen_Click(object sender, EventArgs e)
{
    tabGast.SelectedTab = pgBearbeiten;
    txtGastnummer.Text = "";
    txtVorname.Text = "";
    txtNachname.Text = "";
    txtOrt.Text = "";
    txtPLZ.Text = "";
    txtTelefon1.Text = "";
    txtEmail.Text = "";
    txtTelefon2.Text = "";
}
```

Im Speichernbutton wird nun unterschieden, ob der Datensatz angelegt (INSERT) oder bearbeitet wird (UPDATE). Das Anlegen wird aus Übersichtlichkeitsgründen in einer eigenen Methode durchgeführt. Das Bearbeiten eines Datensatzes wird im nächsten Kapitel erläutert.

```
[1]       private void GastAnlegen()
[2]       {
[3]           System.Data.IDbConnection cnn = null;
[4]           System.Data.IDbCommand cmdGast = null;
[5]           object ID = -1;
[6]           try
[7]           {
[8]               cnn = new System.Data.SqlClient.SqlConnection();
[9]               cnn.ConnectionString = @"Data Source=.\;Integrated
                  Security=SSPI;Initial Catalog=Hotelsoftware";
[10]              cnn.Open();
[11]              StringBuilder SQL = new StringBuilder();
[12]              SQL.Append("Insert Into Allgemein.Gast (Gastart,
                  Vorname, Nachname, PLZ, Ort, Strasse, Telefon1,
                  Telefon2, Email) ");
[13]              SQL.Append("Values (@Gastart,@Vorname,@Nachname,@PLZ,
                  @Ort,@Strasse,@Telefon1,@Telefon2,@Email);");
[14]              SQL.Append("Select Scope_Identity()");
[15]              cmdGast = new System.Data.SqlClient.SqlCommand();
[16]              cmdGast.Connection = (System.Data.SqlClient.
                  SqlConnection)cnn;
[17]              cmdGast.CommandText = SQL.ToString();
[18]              System.Data.IDbDataParameter paramGastart = new System.
                  Data.SqlClient.SqlParameter("Gastart", SqlDbType.Int);
[19]              paramGastart.Value = lstGastart.SelectedValue;
[20]              cmdGast.Parameters.Add(paramGastart);
[21]              System.Data.IDbDataParameter paramVorname = new System.
                  Data.SqlClient.SqlParameter("Vorname", SqlDbType.Text);
[22]              paramVorname.Value = ToDBNull(txtVorname.Text);
[23]              cmdGast.Parameters.Add(paramVorname);
```

```
[24]            System.Data.IDbDataParameter paramNachname = new
                System.Data.SqlClient.SqlParameter("Nachname",
                SqlDbType.Text);
[25]            paramNachname.Value = ToDBNull(txtNachname.Text);
[26]            cmdGast.Parameters.Add(paramNachname);

[27]            System.Data.IDbDataParameter paramPLZ = new System.
                Data.SqlClient.SqlParameter("PLZ", SqlDbType.Int);
[28]            paramPLZ.Value = ToDBNull(txtPLZ.Text);
[29]            cmdGast.Parameters.Add(paramPLZ);

[30]            System.Data.IDbDataParameter paramOrt = new System.
                Data.SqlClient.SqlParameter("Ort", SqlDbType.Text);
[31]            paramOrt.Value = ToDBNull(txtOrt.Text);
[32]            cmdGast.Parameters.Add(paramOrt);

[33]            System.Data.IDbDataParameter paramStrasse = new System.
                Data.SqlClient.SqlParameter("Strasse", SqlDbType.Text);
[34]            paramStrasse.Value = ToDBNull(txtStrasse.Text);
[35]            cmdGast.Parameters.Add(paramStrasse);

[36]            System.Data.IDbDataParameter paramTel1 = new System.
                Data.SqlClient.SqlParameter("Telefon1", SqlDbType.Text);
[37]            paramTel1.Value = ToDBNull(txtTelefon1.Text);
[38]            cmdGast.Parameters.Add(paramTel1);

[39]            System.Data.IDbDataParameter paramTel2 = new System.
                Data.SqlClient.SqlParameter("Telefon2", SqlDbType.Text);
[40]            paramTel2.Value = ToDBNull(txtTelefon2.Text);
[41]            cmdGast.Parameters.Add(paramTel2);

[42]            System.Data.IDbDataParameter paramEmail = new System.
                Data.SqlClient.SqlParameter("Email", SqlDbType.Text);
[43]            paramEmail.Value = ToDBNull(txtEmail.Text);
[44]            cmdGast.Parameters.Add(paramEmail);

[45]            ID = cmdGast.ExecuteScalar();
[46]            txtGastnummer.Text = ID.ToString();
[47]        }
[48]    catch (Exception ex)
[49]    {
[50]            MessageBox.Show(ex.ToString());
[51]    }
[52]    finally
[53]    {
[54]            if (cnn != null)
[55]                cnn.Close();
[56]    }
[57]    }
```

Aufgaben

1. *Entwerfen und implementieren Sie für das Adminstrationsprogramm Benutzerverwaltung die Logik für das Hinzufügen von Benutzern.*

2. *Entwerfen und implementieren Sie für die Windows-Anwendung Projektteamverwaltung die Logik für das Hinzufügen von Projektdaten.*

11.6 Daten ändern

Arbeitsauftrag

Schreiben Sie ein Programm, das einen vorhandenen Gastdatensatz in der Tabelle ändert.

Das Update-Statement für die Änderung eines vorhandenen Datensatzes verwendet wieder die bekannten Parameter aus dem vorherigen Kapitel und wird wie folgt zusammengesetzt:

```
StringBuilder SQL = new StringBuilder();
SQL.Append("Update Allgemein.Gast SET Gastart = @Gastart,Firma = @Firma,");
SQL.Append("Vorname = @Vorname,Nachname = @Nachname,PLZ = @PLZ,");
SQL.Append("Ort=@Ort,Strasse = @Strasse,Festnetz = @Festnetz,Fax=@Fax ");
SQL.Append("WHERE Gastnummer = @Gastnummer;");
```

Auch für die WHERE Bedingung wird ein Parameter verwendet. Damit löst sich die Aufgabe fast von alleine:

Arbeitsauftrag

Im Data Grid View für die Gastsuche wird eine generische Liste von Objekten vom Typ GastSuchEintragDTO angezeigt. Dieser Objekttyp repräsentiert nicht eine Datenzeile der Tabelle Gast, sondern entspricht einer Datenzeile der View Gastsuche. Daher müssen im Klickevent des Bearbeitenbuttons alle Daten des ausgewählten Gastes geladen und auf der Bearbeitenseite angezeigt werden.

```
[1]      private void btnGastAendern_Click(object sender, EventArgs e)
[2]      {
[3]          if (dgvGastSuchergebnis.CurrentCell == null)
[4]          {
[5]              MessageBox.Show("Keine Auswahl getroffen oder kein
                 Suchergebnis vorhanden");
[6]              return;
[7]          }
[8]          int SelectedIndex = dgvGastSuchergebnis.CurrentCell.RowIndex;
[9]          GastSuchEintragDTO Auswahl = mGastSuchergbnis[SelectedIndex];
[10]         tabGast.SelectedTab = pgBearbeiten;
[11]         txtGastnummer.Text = Auswahl.Gastnummer.ToString();
[12]         System.Data.IDbConnection cnn = null;
[13]         System.Data.IDbCommand cmdGast = null;
[14]         System.Data.IDataReader drGast = null;
[15]         try
[16]         {
[17]             cnn = new System.Data.SqlClient.SqlConnection();
[18]             cnn.ConnectionString = @"Data Source=.\;Integrated
                 Security=SSPI;Initial Catalog=Hotelsoftware";
[19]             cnn.Open();
[20]             StringBuilder SQL = new StringBuilder();
[21]             SQL.Append("SELECT Gastnummer, Gastart, Firma, Vorname,
                 Nachname, PLZ, Ort, ");
[22]             SQL.Append("Strasse, Festnetz, Fax, Telefon ");
[23]             SQL.AppendFormat("FROM Allgemein.Gast WHERE Gastnummer
                 = {0}", txtGastnummer.Text);
```

```
[24]              cmdGast = new System.Data.SqlClient.SqlCommand();
[25]              cmdGast.Connection = (System.Data.SqlClient.
                  SqlConnection)cnn;
[26]              cmdGast.CommandText = SQL.ToString();
[27]              drGast = cmdGast.ExecuteReader();
[28]              drGast.Read();
[29]              txtGastnummer.Text = drGast["Gastnummer"].ToString();
[30]              lstGastart.SelectedValue = drGast["Gastart"];
[31]              txtFirma.Text = drGast["Firma"].ToString();
[32]              txtVorname.Text = drGast["Vorname"].ToString();
[33]              txtNachname.Text = drGast["Nachname"].ToString();
[34]              txtPLZ.Text = drGast["PLZ"].ToString();
[35]              txtOrt.Text = drGast["Ort"].ToString();
[36]              txtStrasse.Text = drGast["Strasse"].ToString();
[37]              txtFestnetz.Text = drGast["Festnetz"].ToString();
[38]              txtFAX.Text = drGast["FAX"].ToString();
[39]              txtTelefon.Text = drGast["Telefon"].ToString();
[40]          }
[41]      catch (Exception ex)
[42]      {
[43]              MessageBox.Show(ex.ToString());
[44]      }
[45]      finally
[46]      {
[47]              if (cnn != null)
[48]                  cnn.Close();
[49]      }
[50]      }
```

Auf der Bearbeitungsseite erledigt der Speichernbutton das UPDATE auf den ausgewählten Gast.

```
private void btnSpeichern_Click(object sender, EventArgs e)
{
    // keine Gastnummer vorhanden: Gast neu anlegen
    if (txtGastnummer.TextLength == 0)
    {
        GastAnlegen();
    }
    else
    {
        GastAendern();
    }

}
```

In der Methode GastAendern sieht der Source Code wie folgt aus:

```
[1]          private void GastAendern()
[2]          {
[3]              System.Data.IDbConnection cnn = null;
[4]              System.Data.IDbCommand cmdGast = null;
[5]              object ID = -1;
[6]              try
[7]              {
```

```
[8]          cnn = new System.Data.SqlClient.SqlConnection();
[9]          cnn.ConnectionString = @"Data Source=.\;Integrated
             Security=SSPI;Initial Catalog=Hotelsoftware";
[10]         cnn.Open();

[11]         StringBuilder SQL = new StringBuilder();
[12]         SQL.Append("Update Allgemein.Gast SET Gastart =
             @Gastart,Firma = @Firma,");
[13]         SQL.Append("Vorname = @Vorname,Nachname = @Nachname,
             PLZ = @PLZ,");
[14]         SQL.Append("Ort=@Ort,Strasse = @Strasse,Festnetz =
             @Festnetz,Fax=@Fax ");
[15]         SQL.Append("WHERE Gastnummer = @Gastnummer;");

[16]         cmdGast = new System.Data.SqlClient.SqlCommand();
[17]         cmdGast.Connection = (System.Data.SqlClient.
             SqlConnection)cnn;
[18]         cmdGast.CommandText = SQL.ToString();

[19]         System.Data.IDbDataParameter paramGastart = new System.
             Data.SqlClient.SqlParameter("Gastart", SqlDbType.Int);
[20]         paramGastart.Value = lstGastart.SelectedValue;
[21]         cmdGast.Parameters.Add(paramGastart);

[22]         System.Data.IDbDataParameter paramFirma = new System.
             Data.SqlClient.SqlParameter("Firma", SqlDbType.Text);
[23]         paramFirma.Value = ToDBNull(txtFirma.Text);
[24]         cmdGast.Parameters.Add(paramFirma);

[25]         System.Data.IDbDataParameter paramVorname = new System.
             Data.SqlClient.SqlParameter("Vorname", SqlDbType.Text);
[26]         paramVorname.Value = ToDBNull(txtVorname.Text);
[27]         cmdGast.Parameters.Add(paramVorname);

[28]         System.Data.IDbDataParameter paramNachname = new
             System.Data.SqlClient.SqlParameter("Nachname",
             SqlDbType.Text);
[29]         paramNachname.Value = ToDBNull(txtNachname.Text);
[30]         cmdGast.Parameters.Add(paramNachname);
[31]         System.Data.IDbDataParameter paramPLZ = new System.
             Data.SqlClient.SqlParameter("PLZ", SqlDbType.Int);
[32]         paramPLZ.Value = ToDBNull(txtPLZ.Text);
[33]         cmdGast.Parameters.Add(paramPLZ);

[34]         System.Data.IDbDataParameter paramOrt = new System.
             Data.SqlClient.SqlParameter("Ort", SqlDbType.Text);
[35]         paramOrt.Value = ToDBNull(txtOrt.Text);
[36]         cmdGast.Parameters.Add(paramOrt);

[37]         System.Data.IDbDataParameter paramStrasse = new System.
             Data.SqlClient.SqlParameter("Strasse", SqlDbType.Text);
[38]         paramStrasse.Value = ToDBNull(txtStrasse.Text);
[39]         cmdGast.Parameters.Add(paramStrasse);

[40]         System.Data.IDbDataParameter paramFestnetz = new System.
             Data.SqlClient.SqlParameter("Festnetz", SqlDbType.Text);
```

```
[41]                     paramFestnetz.Value = ToDBNull(txtFestnetz.Text);
[42]                     cmdGast.Parameters.Add(paramFestnetz);

[43]                     System.Data.IDbDataParameter paramFax = new System.
                         Data.SqlClient.SqlParameter("Fax", SqlDbType.Text);
[44]                     paramFax.Value = ToDBNull(txtFAX.Text);
[45]                     cmdGast.Parameters.Add(paramFax);

[46]                     System.Data.IDbDataParameter paramKuNr = new
                         System.Data.SqlClient.SqlParameter("Gastnummer",
                         SqlDbType.Int);
[47]                     paramKuNr.Value = txtGastnummer.Text;
[48]                     cmdGast.Parameters.Add(paramKuNr);

[49]                     cmdGast.ExecuteNonQuery();
[50]                     MessageBox.Show("Geändert!");
[51]                 }
[52]             catch (Exception ex)
[53]             {
[54]                     MessageBox.Show(ex.ToString());
[55]             }
[56]             finally
[57]             {
[58]                     if (cnn != null)
[59]                         cnn.Close();
[60]             }
[61]         }
```

Aufgaben

1. Entwerfen und implementieren Sie für das Administrationsprogramm Benutzerverwaltung die Logik für das Löschen von Benutzern.

2. Entwerfen und implementieren Sie für die Windows-Anwendung Projektteamverwaltung die Logik für das Löschen von Projektdaten.

11.7 Daten löschen

Arbeitsauftrag

Löschen Sie einen ausgewählten Gast aus der Datenbank.

Das Löschen eines Datensatzes ist nicht weiter schwierig. Es muss zum ausgewählten Gast die Gastnummer ermittelt werden und diese als Filterkriterium in der WHERE-Klausel angegeben werden.

```
StringBuilder SQL = new StringBuilder();
SQL.Append("DELETE FROM Allgemein.Gast WHERE Gastnummer = @Gastnummer;");
```

Der ausgewählte Datensatz im Suchergebnis wird über den RowIndex der aktuellen Zelle ermittelt. Der RowIndex des DataGridViews entspricht dem Index in der Liste mGastSuchergebnis.

```
[1]      private void btnGastLoeschen_Click(object sender, EventArgs e)
[2]      {
[3]          if (dgvGastSuchergebnis.CurrentCell == null)
[4]          {
[5]              MessageBox.Show("Keine Auswahl getroffen oder kein
                 Suchergebnis vorhanden");
[6]              return;
[7]          }
[8]          int SelectedIndex = dgvGastSuchergebnis.CurrentCell.RowIndex;
[9]          GastSuchEintragDTO Auswahl = mGastSuchergebnis[SelectedIndex];
[10]         if (MessageBox.Show("Wollen Sie diesen Gast wirklich
             löschen", "Achtung", MessageBoxButtons.YesNo) == System.
             Windows.Forms.DialogResult.Yes)
[11]         {
[12]             System.Data.IDbConnection cnn = null;
[13]             System.Data.IDbCommand cmdGast = null;
[14]             object ID = -1;
[15]             try
[16]             {
[17]                 cnn = new System.Data.SqlClient.SqlConnection();
[18]                 cnn.ConnectionString = @"Data Source=.\;Integrated
                     Security=SSPI;Initial Catalog=Hotelsoftware";
[19]                 cnn.Open();
[20]                 StringBuilder SQL = new StringBuilder();
[21]                 SQL.Append("DELETE FROM Allgemein.Gast WHERE
                     Gastnummer = @Gastnummer;");
[22]                 cmdGast = new System.Data.SqlClient.SqlCommand();
[23]                 cmdGast.Connection = (System.Data.SqlClient.
                     SqlConnection)cnn;
[24]                 cmdGast.CommandText = SQL.ToString();
[25]                 System.Data.IDbDataParameter paramGastNr = new
                     System.Data.SqlClient.SqlParameter("Gastnummer",
                     SqlDbType.Int);
[26]                 paramGastNr.Value = Auswahl.Gastnummer;
[27]                 cmdGast.Parameters.Add(paramGastNr);
[28]                 cmdGast.ExecuteNonQuery();
[29]                 MessageBox.Show("Gast gelöscht!");
[30]                 mGastSuchergebnis.Remove(Auswahl);
[31]                 mBindungsListeGastSuchergebnis = new
                     BindingList<GastSuchEintragDTO>(mGastSuchergebnis);
[32]                 mBindungsQuelleGastSuchergebnis.DataSource =
                     mBindungsListeGastSuchergebnis;
[33]                 dgvGastSuchergebnis.DataSource =
                     mBindungsQuelleGastSuchergebnis;
[34]             }
[35]             catch (Exception ex)
[36]             {
[37]                 MessageBox.Show(ex.ToString());
[38]             }
[39]             finally
[40]             {
[41]                 if (cnn != null)
[42]                     cnn.Close();
[43]             }
[44]         }
[45]     }
```

Aufgaben

1. Entwerfen und implementieren Sie für das Administrationsprogramm Benutzerverwaltung die Logik für das Löschen von Benutzern.

2. Entwerfen und implementieren Sie für die Windows-Anwendung Projektteamverwaltung die Logik für das Löschen von Projektdaten.

11.8 Testen

Nun haben Sie Ihr erstes Programm mit Datenbankanbindung implementiert. Öffnen Sie nun Ihre Anwendung und testen Sie diese gründlich. Suchen Sie erstens nach Gast, bearbeiten Sie zweitens einen vorhandenen Datensatz. Außerdem legen Sie neue Gäste an und löschen bereits vorhandene Gäste.

Was fehlt noch? Weitere Aufgaben sind das Speichern des Angebots mit einer oder mehreren Unterkünften in der Datenbank und das Speichern des Angebots in einer Textdatei (evtl. Worddatei) sowie das Versenden des Angebots.

11.9 Datenbankprogramm mit Transaktionen

Arbeitsauftrag

Erstellen Sie ein Datenbankprogramm mit Transaktionen.
Im Kapitel 10.4.3 „Transaktionen" wurde demonstriert, wie mehrere Angebotspositionen innerhalb einer Transaktion in der Datenbank angelegt werden können. In einem Programm wird für Transaktionen die Schnittstelle IDbTransaction verwendet. Das dazugehörige Objekt wird über die Methode BeginTransaction des Connectionobjekts erzeugt und damit auch gleichzeitig eine Transaktion gestartet.

Einem Kommandoobjekt muss das Transaktionsobjekt über die Eigenschaft Transaction zugewiesen werden. Die Transaktion wird im Erfolgsfall mit der Methode Commit oder im Fehlerfall mit der Methode Rollback beendet.

```
System.Data.IDbTransaction trans = null;
trans = cnn.BeginTransaction();

cmdAngebot = new System.Data.SqlClient.SqlCommand();
cmdAngebot.Connection = (System.Data.SqlClient.SqlConnection)cnn;
cmdAngebot.Transaction = trans;
cmdAngebot.CommandText = SQLAngebot.ToString();

trans.Commit();
trans.Rollback();
```

Arbeitsauftrag

Öffnen Sie Ihr Programm und testen Sie es durch. Sie haben nun eine erste Idee davon erhalten, wie ein Programm entwickelt wird. Wichtig ist immer die Reihenfolge: Analyse, Entwurf, Programmierung und Test. Um bei Auslieferung die gute Qualität einer Software garantieren zu können, sollte diese eine Mindestzahl von Tests durchlaufen haben.

Aus Platzgründen ausgelassen: Klasse AppartementPreisdaten aus Kapitel 7.1. Analog zu der Preisliste für die Zimmer gibt es hier ebenfalls eine Liste für die Appartementpreise, welche der ComboBox Kategorie zugewiesen wird.

Der Source Code für den Klick-Eventhandler des Buttons „Fertigstellen" sieht wie folgt aus: Der Code enthält die Hilfsvariable TransStarted. Dieser Boolean enthält die Information, ob die Transaktion gestartet wurde. Damit kann im Fehlerfall (Catch Block) geprüft werden.

```
[1]     private void btnFertigstellen_Click(object sender, EventArgs e)
[2]     {
[3]         if (dgvGastSuchergebnis.CurrentCell == null ||
            AngebotspositionsListe.Count == 0)
[4]         {
[5]             MessageBox.Show("Es wurde kein Gast im Suchergebnis
                ausgewählt oder keine Angebotspositionen erstellt!");
[6]             return;
[7]         }
[8]         int SelectedIndex = dgvGastSuchergebnis.CurrentCell.
            RowIndex;
[9]         GastSuchEintragDTO Auswahl = mGastSuchergebnis[SelectedIndex];
[10]        System.Data.IDbConnection cnn = null;
[11]        System.Data.IDbCommand cmdAngebot = null;
[12]        System.Data.IDbCommand cmdAngebotsposition = null;
[13]        System.Data.IDbTransaction trans = null;
[14]        bool TransStarted = false;
[15]        try
[16]        {
[17]            cnn = new System.Data.SqlClient.SqlConnection();
[18]            cnn.ConnectionString = @"Data Source=.\;Integrated
                Security=SSPI;Initial Catalog=Hotelsoftware";
[19]            cnn.Open();

[20]            trans = cnn.BeginTransaction();
[21]            TransStarted = true;

[22]            // Angebotdaten insertieren
[23]            StringBuilder SQLAngebot = new StringBuilder();
[24]            SQLAngebot.Append("Insert Into Angebotsmodul.
                Angebot(GastNummer,AngebotsDatum) ");
[25]            SQLAngebot.Append("Values (@GastNummer,
                @AngebotsDatum);");
[26]            SQLAngebot.Append("Select Scope_Identity()");

[27]            cmdAngebot = new System.Data.SqlClient.SqlCommand();
[28]            cmdAngebot.Connection = (System.Data.SqlClient.
                SqlConnection)cnn;
[29]            cmdAngebot.Transaction = trans;
[30]            cmdAngebot.CommandText = SQLAngebot.ToString();

[31]            System.Data.IDbDataParameter paramGastNummer = new
                System.Data.SqlClient.SqlParameter("GastNummer",
                SqlDbType.Int);
[32]            paramGastNummer.Value = Auswahl.Gastnummer;
[33]            cmdAngebot.Parameters.Add(paramGastNummer);
```

```
[34]              System.Data.IDbDataParameter paramAngebotsDatum = new
                  System.Data.SqlClient.SqlParameter("AngebotsDatum",
                  SqlDbType.DateTime);
[35]              paramAngebotsDatum.Value = DateTime.Now;
[36]              cmdAngebot.Parameters.Add(paramAngebotsDatum);

[37]              object oAngebotsID = cmdAngebot.ExecuteScalar();
[38]              int AngebotsID = Convert.ToInt32(oAngebotsID);

[39]              // Jede Angebotsposition einzeln insertieren
[40]              int Positon = 1;
[41]              foreach (Angebotsposition item in AngebotspositionsListe)
[42]              {
[43]                  if (item.UnterkunftsObjekt is Appartement)
[44]                  {
[45]                      StringBuilder SQLAngebotsposition = new
                          StringBuilder();
[46]                      SQLAngebotsposition.Append("Insert Into
                          Angebotsmodul.AngebotsPosition(AngebotsNummer,
                          Position,Anzahl,AppartementKategorie,Von,Auf-
                          enthaltsdauer) ");
[47]                      SQLAngebotsposition.Append("Values (@Angebots-
                          Nummer,@Position,@Anzahl,@AppartementKatego-
                          rie,@Von,@Aufenthaltsdauer);");

[48]                      cmdAngebotsposition = new System.Data.
                          SqlClient.SqlCommand();
[49]                      cmdAngebotsposition.Connection = (System.Data.
                          SqlClient.SqlConnection)cnn;
[50]                      cmdAngebotsposition.Transaction = trans;
[51]                      cmdAngebotsposition.CommandText = SQLAngebots-
                          position.ToString();

[52]                      System.Data.IDbDataParameter paramAngebotsNum-
                          mer = new System.Data.SqlClient.SqlParame-
                          ter("AngebotsNummer", SqlDbType.Int);
[53]                      paramAngebotsNummer.Value = AngebotsID;
[54]                      cmdAngebotsposition.Parameters.
                          Add(paramAngebotsNummer);

[55]                      System.Data.IDbDataParameter paramPosition =
                          new System.Data.SqlClient.SqlParameter("Posi-
                          tion", SqlDbType.Int);
[56]                      paramPosition.Value = Positon;
[57]                      cmdAngebotsposition.Parameters.
                          Add(paramPosition);

[58]                      System.Data.IDbDataParameter paramAnzahl = new
                          System.Data.SqlClient.SqlParameter("Anzahl",
                          SqlDbType.Int);
[59]                      paramAnzahl.Value = item.Anzahl;
[60]                      cmdAngebotsposition.Parameters.Add(paramAnzahl);

[61]                      System.Data.IDbDataParameter paramKat = new
                          System.Data.SqlClient.SqlParameter("Apparte-
                          mentKategorie", SqlDbType.Int);
```

```
[62]                              paramKat.Value = item.UnterkunftsObjekt.
                                  KategorieNummer;
[63]                              cmdAngebotsposition.Parameters.Add(paramKat);

[64]                              System.Data.IDbDataParameter paramVon = new
                                  System.Data.SqlClient.SqlParameter("Von",
                                  SqlDbType.DateTime);
[65]                              paramVon.Value = item.UnterkunftsObjekt.Von;
[66]                              cmdAngebotsposition.Parameters.Add(paramVon);

[67]                              System.Data.IDbDataParameter paramDauer = new
                                  System.Data.SqlClient.SqlParameter("Aufent-
                                  haltsdauer", SqlDbType.Int);
[68]                              paramDauer.Value = item.UnterkunftsObjekt.
                                  Aufenthaltsdauer;
[69]                              cmdAngebotsposition.Parameters.
                                  Add(paramDauer);
[70]                              cmdAngebotsposition.ExecuteNonQuery();
[71]                              Positon += 1;
[72]                          }
[73]                      }
[74]                  trans.Commit();
[75]                  MessageBox.Show("Angebot wurde erstellt!");
[76]              }
[77]          catch (Exception ex)
[78]          {
[79]              if (TransStarted)
[80]                  trans.Rollback();
[81]              MessageBox.Show(ex.ToString());
[82]              throw;
[83]          }
[84]          finally
[85]          {
[86]              if (cnn != null)
[87]                  cnn.Close();
[88]          }
[89]      }
```

Aufgabe

Erstellen Sie eine Konsolenanwendung zum Importieren von Wetterdaten. Erstellen Sie dafür zunächst die Datenbank aus Kapitel 10. Der Konsolenanwendung wird das Verzeichnis inklusive Dateiname, in dem die CSV-Dateien gespeichert sind, als Parameter übergeben. Die Wetterinformationen werden über den Dateinamen wie folgt mitgegeben: Der Name der Datei entspricht dem Inhalt der Spalte Name in der Tabelle Wetterinfo. Die Adresse wird nachträglich von einem User editiert.

- MessstationNr_Messart.csv
- Messstation5_Wind.csv

Sind diese Wetterinformationen noch nicht vorhanden, werden diese angelegt und erst dann die eigentlichen Wetterdaten importiert. Zuerst wird der Eintrag über Id und Zeitstempel gelöscht und dann neu eingetragen. Verwenden Sie die Klasse Wetterdaten aus Kapitel 6.

Stichwortverzeichnis

Bildquellenverzeichnis

Microsoft Deutschland GmbH, Unterschleißheim: S. 18, 19, 87, 116, 128–130, 132, 174, 181, 185, 187, 189, 191, 197, 205, 206, 211, 237, 238, 262
Fotolia Deutschland GmbH, Berlin: S. 82, 104.1 (gnohz), 104.2 (contrastwerkstatt), 104.3 (Jerome Dancette)

Umschlagfoto: Dieter Drucks (Grafik), MEV (Tastatur), Microsoft Deutschland Gmbh (Screenshot)